教材编审委员会

创业实务教程

Venture Practice Tutorial

陈文彬　吴恒春　主编

暨南大學出版社
JINAN UNIVERSITY PRESS
中国·广州

图书在版编目（CIP）数据

创业实务教程/陈文彬，吴恒春主编．—广州：暨南大学出版社，2010.2（2012.6 重印）
ISBN 978－7－81135－454－6

Ⅰ.①创… Ⅱ.①陈…②吴… Ⅲ.①企业管理—高等学校—教材 Ⅳ.①F270－49

中国版本图书馆 CIP 数据核字（2010）第 015487 号

出版发行：暨南大学出版社

地　址：中国广州暨南大学
电　话：总编室（8620）85221601
营销部（8620）85225284　85228291　85228292（邮购）
传　真：（8620）85221583（办公室）　85223774（营销部）
邮　编：510630
网　址：http：//www. jnupress. com　http：//press. jnu. edu. cn

排　版：暨南大学出版社照排中心
印　刷：佛山市浩文彩色印刷有限公司

开　本：787mm×1092mm　1/16
印　张：14
字　数：357 千
版　次：2010 年 2 月第 1 版
印　次：2012 年 6 月第 2 次
印　数：3001—6000 册

定　价：26.00 元

序

人类的发展史，就是人类的创业史。“创业是人类所知道的最强大的经济力量。”各国经济、世界经济时好时坏，但人们创业的热情始终高涨，没有停息过。

据统计，2004—2009年，我国高校毕业生人数虽然有不同程度的增加，但大学毕业生参与自主创业的人数比例一直保持在0.3%～0.4%。我国大学毕业生创业率低的一个原因是，目前我国的资本市场相对落后，创业投资处于起步阶段，融资困难，许多创业计划难以付诸实践；另一个原因是我国高校大学生缺乏创业教育，创业文化氛围不浓，创业技能欠缺。

2008年10月30日，国务院办公厅批转了人力资源社会保障部等11个部门联合发布的《关于促进创业带动就业工作的指导意见》，这是贯彻落实党的十七大提出的“实施扩大就业的发展战略，促进以创业带动就业”的重大举措。

当前我国正在进行产业结构调整，包括大学毕业生在内的大量劳动力需要通过创业来解决就业。更为重要的是，目前正处于一个知识创新时代，要建设创新型国家，需要以多种形式来发展创新理念，通过创业、创新教育培养大批创新型人才。

有关新闻披露，在人才市场上国有企业只占一成，私营企业占到五成以上。而大学毕业生除了到私营企业就业以外，更多的是要求他们自主创业。用人单位对人员的品德要求越来越高，而自主创业所需要的知识结构更不是应试教育体制下教育出来的学生所能胜任的。这就有了要单独编一本《创业实务教程》的需求。

这表达了我们对所培养的学生素质的定位，也是一种尝试，我相信这本书将起到我们希望的作用。是为序。

侯德富

2010年1月5日

前　言

创新时代呼唤创业教育

就业是民生之本，创业是高质量的就业。胡锦涛总书记在十七大报告中指出：“实施扩大就业的发展战略，促进以创业带动就业。”培育大学生的创业精神是时代潮流，大势所趋。

《关于深化教育改革，全面推进素质教育的决定》强调：“高等教育要重视培养大学生的创新能力、实践能力和创业精神，普遍提高大学生的人文素养和科学素养。”这都是根据当今世界科学技术突飞猛进、知识经济初露端倪、国力竞争日趋激烈及教育在综合国力形成中的重要作用，对造就和培养21世纪一代新人提出的新的更高的要求。21世纪是创新的时代，创新时代呼唤创业教育。

实施创业教育不仅仅是缓解目前毕业生就业压力的权宜之计，更重要的是通过创业教育培养大学生的综合素质水平及适应社会发展的创新意识与能力。而创新型人才的培养离不开创业教育。创业教育是一种全新的教育思想和教育理念，也是一种社会与学校相互参与的新的学习观念。

不论在什么时候、什么环境下，世界各地都有人在考虑创业、努力创业和叹息创业。创业的高风险与创业结果的不确定性，有时连创业者自己都惊叹不已。成功的创业靠的不仅仅是良好的运气和大量的金钱，更需要一个切实可行的计划、较系统的创业知识和一份持续的创新冒险精神。

本书的结构

《创业实务教程》各章节的顺序是围绕创业企业的实际操作过程来组织的。

第一篇（第一、第二章），介绍创业的有关基本认识，主要包括：创业的内涵，创业的类型，创业的一般过程，创业者应具备的知识、能力与素质。

第二篇（第三至第八章），从创业企业的过程来介绍各个创业环节，依次为：创业环境分析、创业机会的寻找与评估、创业模式的确定、创业地点的选择、创业的融资渠道与手段，以及创业计划的制定与实施。

第三篇（第九至第十二章），主要讨论了创业企业的管理，包括创业团队管理、创业营销管理、创业财务管理和创业风险管理。

本书的特征

创业故事导读

每章第一节以创业故事开头以激发学生的创业兴趣，启发学生深入切实的思考。

每章目标

清晰的学习目标使学生更容易掌握创业所需要的基本知识和创业的重要环节。

每章讨论

每章第一节就提出了本章主要内容的讨论主题，以引导学生自主地学习，而不是被动地接收，将学生置于教学过程中的主要角色，教师只是一个组织者、参与讨论的成员和总结者。

案例

每章均提供了短案例，为学生提供分析和讨论的切实素材，增强学生的分析、诊断能力。

实训项目

每章的最后是要求学生实训的项目，意在提高学生的实际创业操作能力。

本书由陈文彬、吴恒春主编，邹建峰、谭少霞、李志贤和李婉参加部分编写，由陈己寰担任主审。

由于国家关于创业的政策和措施不断出台，创业所涉及的领域十分广泛，再加上作者水平有限，书中有不当甚至错误之处，敬请广大读者批评指正。

编　者

二○一○年一月

目　录

第一编　创业基础

第二编　创业过程

第三编　创业管理

第一编

创业基础

第一章　创业概述

第一节　读创业故事的思考与讨论

[创业故事导读]

一个阳光灿烂的下午，在上海浦东商城路的一栋高楼里，刘永好坐在自己宽大的办公室里，带着谦和的笑容，眼里透着温暖的光芒，平静而睿智地跟记者畅谈自己的工作和生活。这位曾被福布斯杂志评为年度中国内地富豪排行榜的中国首富，还是那身似乎不变的打扮：宽松的浅色纯棉休闲裤，格子衬衣，外套休闲西装。刘永好是中国传统版本中不折不扣的创业英雄。围绕创业这个话题，记者和刘永好交流他的创业经历。32 岁那年，刘永好还在读书，春节快到了，家里只有两元多钱，可四岁的儿子说：爸爸妈妈，我们要吃肉。刘永好夫妇觉得对不起孩子，就用这两元钱到市场上买了一只鹅，因为鹅比较便宜。但后来这只鹅丢了，儿子还吵着要吃肉。刘永好想，能不能凭自己的能力创造一点财富，让全家好好过个年呢？于是，他用了十天时间去搞无线电修理，结果挣了三千多元，总算能过个年，还解决了自己下学期的费用。有人曾当面拿出一张他品尝猪饮料的照片问他为什么，刘永好说，这是一种职业习惯，既然我们要对产品负责，就要了解产品，所以有了新原料，我都要亲自尝一尝。和那些动辄拿着洋洋洒洒创业计划书的人不同，这位从四川中小县城走出来的中国首富喜欢从小事做起。刚创业时，他四点钟就起床，打扫卫生，蹲在地上观察小鸡，做记录。常常一蹲就是两个小时，待在棚子前一动也不动。他说，自己特别喜欢通过一件小事来观察一个人。因为他认为，只有那些从小事做起，不断通过实践锻炼能力者才有可能成功。刘永好开始对无线电感兴趣时还是个初中生，后来下乡，就自学无线电维修。当时，他的无线电维修做得很好、很认真，这对他后来经商很有帮助。因为修理无线电需要逻辑判断，不断找出机器的毛病，然后改正它，这一点与办企业相似。此外，创业者要有一个良好的心态，遇到挫折也不轻易退却。他认为，那些不敢打破坛坛罐罐留恋于既定生活轨道的人，不要去创业。刘永好说，今天的创业者要有远大的理想和抱负，并学会把远大的目标分解简化成具体的一件件事情。因为一个困难一个困难地去克服，比一下子面对一大堆困难要好得多。在创业准备还不充分的时候，可以先把创业冲动埋在心中，积累能量，等待机会，因为未来的不确定性能不断给你提供新的机会。刘永好拿自己举例："刚开始，其实我们并不想养鹌鹑，我们准备创办电子工厂，结果失败了，因为当时不能注册。后来我们一直把创业冲动埋在心里。1982 年，政府号召农村发展专业户，我们四兄弟觉得机会来了。所以，大学毕业后，我们都放弃了公职跑到农村去创业。当时，大家很瞧不起农村，但是我们想越是人们不注意、瞧不起的地方就越有机会。”他说，当初创业最大的困难是社会不理解，政策的不确定性导致风险很大，但社会留给创业者的竞争空间也很大，一旦创业，那些有学识有眼光的人就很容易成功。现在成功的几率很小，即使最优秀的人才，成功的可能性也只有1%。而失败后成功的可能性却是很大的。对于今天的创业者，拥有第一桶金是非常令人羡慕的。因为这意味着创业有一个良好的开端，而一个良好的开端就等于成功了一半。现在拥有一百多家企业的刘永好在开始创业时，并没有第一桶金。他说，当时，为了办企业，我们四兄弟卖掉了手表、自行车和自己装的电视机，凑了1 000元，然后在发展中不断流动起来。我们花了一年时间，把1 000元变成了3 000元。又花了一年时间，把3 000元变成了10 000元。到了第七年，1 000元已经变成了10 000 000元。那是1989年，回忆起往事，刘永好感慨万千：“记得刚开始，1 000元变成了500元，但我们并不是很着急，反而认为这500元的损失值得，因为我们的知识和能力增长了。”他有个笔记本，是创业时的原始记录。里面记录了创业时的每笔收益，几乎都是几角钱，最多的也只有几元钱。他认为，对于一个创业者而言，这样的原始资本积累是很重要的。如果第一桶金来得太容易，反而容易失败。因为来得太容易，就不会认真地用好每一分钱。每个人都想花费少一点，而得到多一点，这是一种大众世俗文化。但是在东方希望集团，刘永好一直是这种文化的最大抗争者。他说，我们非常尊重这种文化的存在，正因为有了这种文化，企业的发展才有了原动力。但有一点必须引起警惕，创业者办企业时，一定要超越这种文化，不要老想着去赚钱，而应考虑如何去满足客户的需求。追求盈利，是每一个创业者必须考虑的问题，但对于第一个创业者来说赚钱并不是一相情愿的事情，能不能赚钱不取决于你自己，而是客户。你给客户提供了超值的服务，提供了价值，你就能赚到钱。他说，东方希望集团之所以能赚钱，是因为我们帮助千千万万的农民赚到了钱，所以我们才能赚钱，我们一直在企业内部树立这样的文化，一定要把自己赚钱建立在别人能赚钱的基础上，这也是东方希望集团从川中一个小城慢慢走到全国，走向世界的一个基石。中央电视台2006年度十大经济人物颁奖典礼上，对刘永好的一句评价给人们留下了深刻的印象：“他对财富的更新认识，让我们看到了积极的财富观念和财富本身价值相等。”刘永好的资产达数亿元，外界想象他应该过着很奢华的生活，但在他身上看不到一点奢华的影子。他甚至烟酒不沾，喝的也主要是白开水。他对记者说，创业时，我们用自己的劳动换取财富让自己的生活好一点，但是企业一旦做大，你就会去思考赚钱做什么。如果是为了享受，企业就做不下去，因为做企业并不是享受。这个时候，必须提升自己对财富的认识，想清楚赚钱究竟是为了什么。如果这个问题没有考虑清楚，你就会很困惑。在我赚到一千万之前，我是为自己；当我赚到一千万以后，我就是为社会。这一点，我也是逐步认识到的。其实一个人花不了多少钱。有人说，要把钱传给后人，可中国的老祖宗说过，富不过三代。留给后人的钱多了，他们会不思进取，财富也不会持久。因此，儿子刚过七岁生日，刘永好就把他送往美国，让他独自在一个完全陌生的环境中磨砺自己。现在儿子已经从美国学成归来，在公司帮助父亲打理事务。对钱财，刘永好有非常理性的认识：“这是社会的财富，不过由我支配而已，任何人都没有权力浪费。我骨架大，衣服不好买，上次去家乐福，看到有一种纯棉衬衫很适合我，我就一下子买了十件，花了四千多元。后来福布斯杂志来给我拍照片，当时我就穿着这种衬衫。也许有人会认为我是在省钱，其实不是。我对生活的认识很简单，舒服就行，而无所谓什么档次、名牌。还有一个重要的原因，就是简单的生活能帮助我节省时间。”一次到北京出差住在酒店，刘永好夫妇来到一楼餐厅准备吃早餐，一看价目表上写着每位88元，他们退了出来，最后在街上买了几个四角钱一个的油饼。刘永好给记者讲了自己的一个小故事，有一次，他临时决定去北京，司机把他送到机场，买票时，售票员看了半天，问他是不是东方希望集团的刘永好。他点头说是。于是她说，买头等舱吧。他说，普通舱。当时售票员就嘀咕，普通舱，普普通通，哪有什么传奇色彩。讲完，刘永好哈哈大笑。其实他是一个非常普通的人，他愿意过一种普通人的生活。东方希望集团从四川迁出以后，其总部一直不显山露水地藏在商城路一栋不怎么有名的大厦里面，与浦东的高级写字楼相比，这里的设施显得有些简陋。给记者印象最深的是，他的办公室里到处都是书。刘永好说，我现在花时间最多的事情就是学习。现在的东方希望集团拥有一百多家企业，刘永好本人还是民生银行最大的股东之一。可记者发现，尽管拥有这么多企业，但他并不像人们想象的那样，整天忙得团团转。在记者采访的时间内，甚至没有一个电话打进来。他解释道：企业做大了，必须改变凡事亲历亲为的观念，一定要让职业经理人来做，强调分工合作。我原来一人管十几家企业，整天忙得不得了，后来明白了，是权力太集中，所以痛下决心，大胆放权。放权之后干什么？我现在每天有七八个小时的时间在学习。因为对中国企业家而言，企业变得越来越没有国别。面临的竞争是全球的竞争，不学习马上就会被淘汰。刘永好加重语气说道，要学习，不断学习。这是每一个创业者都必须终生坚持的习惯。

思考与讨论

1. 什么是创业？创业的要素有哪些？
2. 简述创业的过程。
3. 怎样处理创业与守业的关系？
4. 请同学们相互交流各自的财富观。

第二节　创业的内涵

一、创业的含义

武汉市市长阮成发在解读政府工作报告中有关观点时指出，大力推进全民创业，就是要制定实施全民创业行动方案，实行更加有效的扶持政策，引导和支持百姓创家业，能人创企业，干部创事业，进一步激发全社会的创业活力，在全市形成竞相创业的生动局面。据此理解，对于公务人员来说，显然主要是创事业，是兢兢业业地把担负的公职履行好，而不是去兼职、经商、开店铺等。而各阶层的民众，则可以结合各自的实际，找准切入点，发展自己的家业、企业和事业。开工厂、办公司是创业，开个小店、摆个小摊也是创业，养猪养鸭或进城擦鞋等亦是创业。总之，这里的“业”指百业，只要合法经营，能劳而有获，能为社会增添财富，就属于可创之业。

“赢在中国”108 将方波在接受雅虎采访时说，创业这个东西是很广义的，实际上就是创立自己的一份事业，这种事业可以是自己独自创立的，也可以是一个团队共同创造的。他还说，其实创业的含义应该更广一些，不一定自己成立公司才是创业。创业既要有个人价值又要有社会价值，无论你是在给他人打工还是自己创业，最重要的是心中要有社会责任感，这样才能把事情做好。

对“创业”一词，新华词典解释为开创事业。这相当于没有解释，因为创与开在这里属同义词。辞源解“创”为“始造”，那么创业就是始造一种事业。但创业与创造不同，与创新更不同。无论是创造还是创新，都有一种理论或技术“出新”的意思在内，而创业不过是开创一种属于自己的事业而已。也就是说，创业是个人或创业者事业的初设，对于社会而言既不是填补空白，更不是革故鼎新之举。如果一条街上已经有一百家餐厅，你再开设一家，对于这条街而言不过是增加了一家餐厅，而对于个人而言仍然是创业。这就是创业与创造和创新的明显不同之处。

以上是从广义的角度去理解创业的含义。

对本书而言，主要是从狭义的角度去阐明创业，即创业是创业者通过发现和识别商业机会，组织各种资源，提供产品和服务以创造价值的过程。在这一定义中，包含以下几个要素：创业者、商业机会、组织、资源。

1. 创业者

创业者是置身于创业过程核心的个人或者团体，是创业的主体。创业者通常独自创业，但是在许多情形下创业团队是十分重要的。团队成员扮演不同的角色并承担相应的责任。创业者承担个人钱财和声誉上的风险，在创业过程中起着关键的推动和领导作用，包括：商业机会的识别，企业组织的创立、融资，产品创新，资源获取和有效配置及运用，市场开拓等。

创业的成功与失败，在很大程度上取决于创业者和创业团队的素质与经验。创业者和创业团队在创业中的作用比创意、机会、资源更加重要，因为创意能否转化为机会，机会能否实现其价值和资源能否得到有效利用，都取决于创业者和创业团队的素质和经验。

被誉为“全球风险投资之父”的美国风险投资家多里特有一句名言：我更喜欢拥有二流创意的一流创业者和团队，而不是拥有一流创意的二流创业者和团队。这个观念如今已成为风险投资界的一个投资原则。实际上，风险投资家在选择投资项目时，首先评价的要素就是创业者和创业团队，其次才是技术先进性、产品独特性，以及市场潜力和盈利前景等。

2. 商业机会

商业机会是由当前服务于市场的企业留下的市场缺口，它意味着顾客能得到比当前更好的产品和服务。商业机会就是创业机会，而利用这种商机，是创业者进行创业的主要驱动力。利用商业机会并将其转化为价值的过程就是创业的过程。创业者往往从发现和识别商业机会开始创业，努力以推陈出新的方式来做重要的事情，并且做得更好。这种改进的做事方式是创业者对市场的创新，如果市场认同这种改进，并且创业者可以有效地提供这种创新而且盈利，那么就可以创造价值。

机会具有可利用性、永恒性和适时性三个特点。机会的可利用性指机会对于创业者具有的价值。创业者可以利用它为他人和自己谋取福利，体现为购买者和最终使用者利用可以增加价值的产品和服务，以及赚取利润。机会的永恒性指机会永远存在，关键在于能否发现和识别。变化的环境、经济转型、市场机制不完善、信息不对称、市场空白等，都孕育着无限的商机。机会的适时性指一个机会转瞬即逝，如果不及时抓住，就可能永远错过。因此，及时发现、识别并抓住有价值的创业机会，是成功创业的第一步。

3. 组织

组织是协调创业活动的系统，是创业的载体。创业活动是在组织中进行的，离开了组织，创业活动就无法协调，创业的资源就无法整合，创业者的领导作用就无从谈起。

创业组织的显著特征是创业者强有力的领导，以及缺乏正式的结构和制度。在许多方面他们还不成熟，但这并不会成为成长的障碍，他们接受新事物快，并能迅速地对变化作出反应，在此过程中他们得以发展壮大并走向成熟。

人们现在从更广义的观点来看待创业型组织，即它是以创业者为核心而形成的关系网络，不仅包括正式创新企业内的人，还包括这个企业外的人或者组织，包括顾客、供应商和投资者。这种扩展的组织概念有利于决定如何创建组织、如何确定和保持竞争地位。

4. 资源

资源是组织中的各种投入，包括人、财、物。资源不仅包括有形资产，还包括无形资产，如品牌、专利、企业声誉等。所有这些资源都属于投资，创业者的关键职能之一就是吸引这些投资，将其转化为市场需要的产品和服务，实现商业机会的价值。

创业者需要组织企业内外的资源，包括资源的确定、筹集和配置。创业者创立的资源是一个投入产出的系统，即投入资源与产出产品和服务，创业的过程就是不断投入资源以连续提供产品和服务的过程，能否以最小的投入获得最大的产出，使企业具有竞争力并盈利，是衡量创新、记录活动成效的标准之一。

在创业初期，创业者拥有的资源有限，因而寻求的是控制资源而不是拥有资源，他们愿意租借资源，如发现和适当利用外部资源，如律师、注册会计师、银行家、管理咨询专家、外部董事及其他专家，而不是自己拥有这些资源。利用外部资源可以节省成本，加快企业的成长速度和提高企业的成功率，这是创业者最容易忽视的挑战之一。一些创业者倾向拥有所有资源，这不仅提高了创业的难度和成本，而且降低成功的概率。因为当一切就绪时，可能就错过了最好的创业时机。

综上所述，创业是创业者、商业机会、组织和资源相互作用，互相匹配，以创造价值的动态过程。创造价值是创业的目的，创业者创业的个人动机尽管不一致，但是成功的创业者主要是为了创造价值，将商业机会转化为社会需要的产品和服务。

二、创业的类型

在这个世界上，流传着很多创业故事，创业者有着各种各样的创业起因，从事着不同的行业。了解创业的类型可以让初创业者借鉴现成的成功经验或吸取失败的教训，选择最适合自己的创业方式和模式。

（一）根据创业的创新程度可将创业分为四种类型

1. 复制型创业

复制原有公司的经营模式，创新的成分很低。例如，某人原本在餐厅里担任厨师，后来离职自行创立一家与原服务餐厅类似的新餐厅。新创公司中属于复制型的比率虽然很高，但由于这种类型创业的创新贡献太低，缺乏创业精神的内涵，不是创业管理主要研究的对象。这种类型的创业基本上只能称为“如何开办新公司”，因此很少会被列入创业管理课程中作为学习的对象。

2. 模仿型创业

这种类型的创业，虽然也无法给市场带来新的价值，创新的成分也很低，但它与复制型创业的不同之处在于，对于创业者而言创业过程具有很大的冒险成分。例如，某一纺织公司的经理辞掉工作，开设一家当今流行的网络咖啡店。这种形式的创业具有较高的不确定性，学习过程长，犯错机会多，代价也较高昂。这种创业者如果具有适合的创业人格特性，经过系统的创业管理培训，掌握准确的市场进入时机，还是有很大机会可以获得成功的。

3. 安定型创业

这种类型的创业，虽然为市场创造了新的价值，但对于创业者而言，本身并没有太大的改变，做的也是比较熟悉的工作。这种创业类型强调的是创业精神的实现，也就是创新的活动，而不是新组织的创造。企业内部创业即属于这一类型。例如，研发单位的某小组在开发完成一种新产品后，继续开发另一种新产品。

4. 冒险型创业

这种类型的创业，会给创业者本身带来极大改变，个人前途的不确定性也很高；对新企业的产品创新活动而言，也将面临很高的失败风险。冒险型创业是一种难度很高的创业类型，有较高的失败率，但成功后所得的报酬也很惊人。这种类型的创业如果想要获得成功，必须在创业者能力、创业时机、创业精神发挥、创业策略研究拟定、经营模式设计、创业过程管理等各方面都有很好的搭配。

（二）按照创业者的创业动机可将创业分为三种类型

1. 主动式创业

这种类型的创业者喜欢创业，也适合创业，他们有强烈的创业激情和冲动，甚至把创业作为一种生活方式，结果如何反而不重要。他们清楚地意识到自己的长处，也知道自己的人生目标是什么，因此他们毫不犹豫地去做了。这种人是创业者中的极品，成功的可能性最大，很多人可以把事业做得很大。当然，这种人可能不会很多，那么退而求其次，有些人可以没有多少文化、多少经验，可以暂时不知道自己的目标和自己的长处，可以没有创业的初始资源，但是他们有激情、有勇气、有胆识、敢实践、能吃苦，再加上一点创业的理性，他们同样能成功。

2. 被动式创业或者就业型创业

这种类型的创业者并没有创业的欲望，创业是迫不得已的选择。这些人或许是因为下岗了找不到工作，或者是因为家里的经济负担太重，希望选择自己创业，杀开一条血路，总之，原因各种各样。对他们而言，创业是一个痛苦无奈的选择。他们一般从小项目开始起步。因为别无选择，只好努力去做，有些人虽然没有知识和经验，但他们能吃苦，于是他们中的很多人也成功了。很多人甚至会发现，创业原来就这么简单，别人能做的事情他们也能做，只要敢于实践。或许我们每个人都有经商的潜质，我们缺少的是发现和挖掘。

3. 温饱型创业

这种类型的创业者开始并没有大的创业欲望和理想，只是做着小本生意。他们把自己做小本生意当作一种职业。在他们眼里，他们的职业和普通的上班族并没有什么不同，都是为了混口饭吃。现在的个体工商户，可能大多属于这一类型。但是因为他们是自己做生意，他们比上班族有更多的发展机遇，也有更多的发展可能性。于是，他们中的一部分人，从小本生意起步，或者通过自己的努力不断积累资本和经验，或是因为机遇，事业逐渐发展壮大了。

（三）依据创业的基础或起点不同可将创业分为创建新企业和企业内部创业

1. 创建新企业

创建新企业是指创业者个人或团队从无到有地创建全新的企业组织。如创办一家新公司，开一家小商店，或者合伙办一家工厂等。

2. 企业内部创业

企业内部创业是由一些有创业意向的企业员工发起，在企业的支持下承担企业内部某些业务内容或工作项目，进行创业并与企业分享成果的创业模式。在现有企业中，改进生产技术、开发新的产品、增加产品功能、开拓新的市场等均为企业内部创业。

三、创业的一般过程

我们从创业的含义、创业要素，以及诸如刘永好兄弟创业的实例，可以看出：①创业是一个过程，而不是一个事件；②追求机会是创业的核心要素；③创业过程由机会发现、机会评价、机会开发及创业结果组成；④在创业过程中，创业者是核心要素；⑤创业过程受社会或环境因素的影响；⑥创业可以在新创建的企业中发生，也可以在已创建的企业中发生。

可以将创业过程作如下分析：

1. 创业者创业思想的形成和动机的产生

一个人能否成为创业者，除极少数的个别现象外，通常受三方面因素的影响：第一，个人成长过程中所形成的个人特质，这与个人所生活的环境有关。如潮州人多数不愿意为他人打工，即使是开一间小店，也要自己做老板。又如温州人有强烈的创业愿望。第二，创业者承受风险意识的强弱。这不仅仅与一个人的现有财力有关，而且要求创业者具有冒险精神。有些人有创业的动机和条件，但不愿承担太多风险，于是，他们会放弃许多创业机会。对他们而言，创业的机会成本太大，不愿意放弃既得利益，因此，他们不会成为创业者。第三，创业机会的多少。从现实来说，创业机会不是人人均等的，而创业机会的增多却会形成巨大的利益驱动，促使更多的人创业。

2. 创业机会的识别

一个创意的形成就意味着创业机会识别的开始。Vesper（1989）区分了创意的两种来源：一种是意外发现的，一种是经过深思熟虑才发现的。他观察到大多数的创意是意外发现的。多数创意是从职业中产生的，但也可能是从业余爱好、社交或步行观察中发现的。有些学者关注于创意的特定来源。值得一提的是，不少研究者把社会关系网络视为创意的一种来源（Birley，1985；Aldrich 和 Zimmer，1986；Christensen 和 Peterson，1990；Hills，Lumpkin 和 Singh，1997）。研究发现创业者会利用他们的社会关系网络来获得创意，并收集信息以识别创业机会（De Koning，1999）。Teach 等人（1989）揭示了与机会识别过程相关的 8 个要素：①正式计划；②正式评价；③市场与技术驱动；④细致调查；⑤意外发现；⑥先前职业；⑦创新与改进；⑧信息调查。

3. 资源的利用与整合

Bhave（1994）把企业创建过程中机会识别的过程称为机会阶段。在内部和外部因素的刺激下，最初的想法被“过滤”或“提炼”成机会，用他的话说，即商业概念。在这一阶段，创业者将整合知识、经验、技能和其他市场所需的资源。

4. 创业机会的开发

创业机会可以通过创立新的企业来开发，也可以在现存企业内开发。通常，我们更倾向于创立新的企业。通过一个具体的企业组织来推动商业概念转换成可销售的产品或服务。在这个阶段，创业者拥有的不再是一个商业概念，而是一种现实产品或服务。

5. 新创企业的发展与壮大

通过创业者及创业团队的一系列努力，将企业带向新的高度。

6. 退出市场

退出市场，可能是由于创业失败，有多种因素可使创业失败。这个问题将在本书的相关章节中专门讲述。创业者还可能因为其他原因有意识地退出新创企业的运作；有些创业者出于财富创造和个人发展因素的考虑转入其他行业；有些创业者将企业出售，使他们的企业资本化。

四、创业与守业

创业当然很难，非得经过多次磨难才能完成。尤其古代天下大乱时，群雄四起，攻城略地，战争激烈，创业的艰难是显而易见的。而守业更难，因为得到后，人容易骄傲自满、享乐腐化。国家的衰败由此开始，个人的奋斗成果也易失去。

人们常说“富不过三代”，也经常有人说“创业容易守业难”。为什么呢？因为通常第一代，也就是创业的人是经历了很多艰难困苦才打下江山的，创立了事业的模型，在事业上了轨道之后，环境比较宽裕，压力没有那么大，对自我的要求也可能因此降低，开始去寻求其他刺激，或者沉迷于自己的功绩当中。至于三代之说，也是这个道理。第二代，可能小的时候日子还是比较清苦的，长大后也会懂得珍惜生活。至于第三代，可是含着金汤匙出生的，自小生活无忧无虑，当然容易大手大脚，就此吃垮祖业。

历史相关的事例比比皆是。如唐玄宗，唐朝最兴盛的“太平盛世”是在他统治期间创下的，可是唐朝由盛转衰也是自他而始。由任用贤臣、大举改革到任用宦官、专宠女色，最后落得个并不风光的结局，不知他在地下是后悔还是得意。在安逸的环境中，有些人一时找不到追求何在，或觉得目前拥有的一切已经足够，要补偿以前所缺乏的东西，于是更多地选择了外在的刺激，如花钱买快乐；至于那些能带来心灵清静的方式，如读书，很少有人会去做，他们的理由是：“我前半辈子穷惯了，现在不去快活一番，几时快活去？”

超过一半的创业个案最终以失败而告终。很多创业者会有这样的经历：创业前认为最艰难的时期是筹备创业的阶段，而公司正式运作后，便可松懈一下。而创业后，却发现公司运转过程中，各种各样的问题接踵而至，常常令他们不知所措。事实上，在企业的成长过程中，经常会出现各种疑难杂症，如果不正确“诊治”，就可能“出师未捷身先死”。

“宅急送”快运有限公司是一家以物流快递业务为主的民营企业。1993 年年底，而立之年的陈平带着发展快递事业的信念从日本回到北京，创立了“宅急送”。公司从最初的一间 20 多平方米的简易办公室、3 辆红叶车、7 个人发展到现在总资产超过 2 亿元、员工 6 600 多人、车辆 1 200 多台、年货物周转量超过 2 千万件的大企业。2003 年，“宅急送”被评为“中国成长企业百强”第四名，总裁陈平也被评为“中国十大创业新锐人物”。

对于创业与守业的关系，本书将陈平《创业难守业更难》一文中的观点总结如下，以供参考。①

1. 对创业起家的法宝，大胆说“不”

守业的基本前提，就是要敢于向已经形成并被视为取胜的法宝提出质疑，甚至否定。“宅急送”与竞争对手相比，既没有政府项目，也没有大资本投入，更没有行业巨头的合营。企业从小到大的法宝只有一个，那就是汇集了一批把快运作为奋斗事业，吃苦耐劳、朴实无

---

① http：//i. cn. yahoo. com/shixia110/blog/p_ 224/

华的群体。“宅急送”是靠人才起家的。

创业时条件艰苦，基础薄弱，靠人的干劲、热情和拼命精神可以弥补客观条件的不足。现在客观条件发生了变化，客户已不再满足物品的提取送达、物流方案的筹划等简单事宜，个性化服务的要求越来越高，物品已不再局限24小时内速递，配送范围逐步向地、县级城市延伸。网络的连线，基地集中分拣，使货物的吞吐量成倍上升。可以想象，以大干快上、废寝忘食为主导的精神力量已无法战胜现实给企业出的各种难题，所以，质疑、修正起家时的法宝，是解决守业难的首要课题。

2. 对于已形成的经验，果断打破——变

创业时期的企业，无不是靠市场拉动而成长的。“宅急送”在市场推广、品牌塑造、客户开发等方面形成了自己独特的经验。然而，由于业务工作的相对滞后，业务操作水平低下而引发丢失客户的窘境，让“物流经验”的创造者们束手无策。把工作的重点转到业务的研发与规范上来，是守业的关键。

守业的真正含义不是死抱着创业的传统不放，而是对创业留下的经验进行改良革新。

3. 对于已有的发展，换档加速——进

永不满足，锐意进取。这是“宅急送”创业历程的真实写照。陌生拜访、集团开发、市场公关、客户俱乐部等行之有效的办法，使“宅急送”在短时间内取得了骄人的成绩，市场开发由此向深度和广度不断挺进。竞争对手利用“宅急送”注重市场整体开发，忽视了个性客户挖掘之弱点，不断蚕食“宅急送”已占领的疆土。在这个节骨眼上，如果偏重于严防死守，必将处于被动挨打的境地。“进攻是最好的防守。”“防守反击”应该是处于守业阶段市场开发的上上策。

4. 对于出现的漏洞，果断处置——堵

千里之堤，溃于蚁穴。大企业的毛病就是对小问题熟视无睹，等到发现时已经“病入膏肓”。如果“宅急送”破产，不会是因为客户的流失、业务的低下、人员的跳槽或车毁人亡，破产的原因100%来自现金流的断档或决策失误。要消除三个误区：市场、业务、财务都在管，结果都没管；收钱讨账会影响客户关系；对责任人不敢动真格的。应采取以下办法：一方面，由收款会计、财务经理、总经理组成收款三人组，每月例会处理呆死账；另一方面，对到期不付款的客户预警，直至采取律师函、扣押货、上诉等手段解决。

对于一个胸怀宏伟目标，时时鞭策自己的企业来说，永远都在创业，而不言有业可守。把奋斗目标定高些，定在看似达不到而拼命努力就能达到的位置，周而复始，“能为又不可为，不可为又能为”。在这样一个环境里，创业者就能永远保持创业时的激情和干劲，永远保持家大业大时的耳聪目明，永远保持鲜花掌声时的稳健大气。

在现代化管理模式下，完成一个经济实体的注册、登记，政府从行政法规、国家对企业管理的角度办完各项手续并不难。难的是一个企业在法定程序上存在后，还要在经济竞争的角度、在市场的角度也能存在和发展。

秦始皇自称始皇帝，意图由他开创基业乃至万世不朽，但秦到二世而亡。从这一点上看，秦帝国不算创业成功，只能算是开国成功。在某种程度上可以说，创办一个企业与改朝换代开国有共同之处。所以古人说：创业难守业更难。从这个意义上说，创业就是开创基业，守业就是让基业得以继续发展。

乘改革开放政策的东风，珠江三角洲在1990年前后的几年间，曾经出现过一次创业的高潮。各行各业蓬勃发展，各种企业如雨后春笋般出现。时隔三十年，我们回顾一下当年的那些老板，高低相差判若云泥。其中顶尖者身家数以十亿计，荣登福布斯富豪榜，名列全国五百强，成为当地纳税大户而受到各方面的青睐；其上等者也称雄一方，身家过亿；其中等者家产也过数百万或数千万；其下等者则苦苦支撑，勉强能叫做老板而已，市场稍有风吹草动很快就反映到企业员工的福利上来。

就算是从二十多年前创业，到改革开放政策实施三十年后的今天仍然在苦苦支撑也算是某种程度上的成功。更有甚者则只是在经济竞争的战场上昙花一现就败下阵来。

在经济竞争的战场上没有缴枪不杀，只有你死我活。从这个角度看，经济竞争的战场更为残酷和激烈。

为什么会有这么大的区别？找到其中的原因，明白其中的原因，力争使自己的企业从创业、守业、发展、壮大一帆风顺。

五、家族企业的利弊

很多企业是由家族企业开始的。现在媒体认为家族式管理的企业颇多诟病，这些企业被说得一无是处。笔者在温州求是学院工作时，现为四川省省长的蒋巨峰当时还是温州市市委书记，他当时就有一段讲话，大意是说我们不能把家族式企业说得一无是处，很多企业创业初只能从家族式企业开始。在经过一番调查后，笔者深以为然。企业初创，小本经营，哪里有钱正式招聘人才？就算是人才，又有谁愿意为一个只有三五个工人的小摊子打工？进行小规模的日用品、小电器作坊式加工，一家大小齐上阵，老公跑业务，老婆管财务兼工人，小姨子当会计记账也兼工人，大舅子开车算是司机兼采购和押车员，老太婆做饭，老头子守门，这就是一个企业了。创业开头，不这样又能如何？一大家子在一起，没有什么明确分工，典型的搭伙求财。有事大家七嘴八舌商议，有时也争论。这时的企业只有一个目的，就是赚钱。什么名位、权力都不计较，也无法计较，什么都没有计较什么？赚了一些钱后，手头松动了，加工订单也越来越多，感到人手不够，就想法在外来人员中找几个工人，一家子也把这两三个工人当家人看，吃在一起，干在一起，让工人也感受到家庭般的温暖。再继续扩大，工人越来越多了，企业也有了一些基础，创业者家人的面子观也会越来越强，于是就有必要分工了，正儿八经的经理、会计、采购、保管都定了位，各司其职。但这就产生了矛盾，有了一定数量的工人，就有显示权力和获得更大利益的空间，于是分心了，就各有打算，于是就争吵。家族式企业几乎都走过这一段路。

从以上论述我们可以分析得出，创业初期的家族化即使不可避免，也是情有可原的，而且利多害少。其原因有如下几点：①创业初期的家族化企业大家一同为赚钱奋斗，可以不讲地位身份，不讲报酬待遇，甚至可以不发工资，大家有饭吃就够了；②家族化创业团队可以充分发挥家庭每一个成员的作用，连放学回家的孩子都可以干些力所能及的手工活；③没有独立的管理班子，管理班子完全融入工人队伍中，可以说既是管理人员也是工人，可以节省人力成本；④可以集思广益，家族会议既是全体职工大会也是董事会会议；⑤可以减少一层监督机构，大家都是一家人，互相信得过，就算是有个别人贪了一点小便宜也是肥水不流外人田，大家都能容忍。因此，创业初期的家族式作坊对企业的发展来说利多害少。

完成了初步资金积累，得到了第一桶金后，这些以家族为原始团队的企业就开始分化了。有的继续在家族化的路上艰难跋涉，有的逐渐淡化了企业的家族化色彩。到企业发展到一定规模后，家族式企业的弊病会越来越突出。

（1）企业扩大了，工人多了，专职管理就显得必要了。与此同时，参与创业的家族成员的欲望也开始膨胀了，过去所没有的权威、权力、荣誉都在每一个家族成员身上产生并表现出来。这本身就符合人的需求五大层次的规律，生存问题解决了，安全问题也有保障了，接着一定会产生第三层次的需要，那就是尊严和荣誉。而尊严和荣誉都要在人群中才能得到体现和实现。企业发展了，工人多了，谁说话算数，谁有权指挥这些工人就成为权力争夺的焦点。到这一步，工人就会面临着多头统治，老板这样指挥，老板的大舅子那样要求，老板娘又是一种说法，老板的妹妹也来插一手，让工人不知所措。尤为可怕的是每一个家族成员都有权炒工人的鱿鱼，工人们谁都得罪不起。为了自保，每个工人都找一个家族成员做自己的靠山。这样，工人中的小团体也就形成了，谁也不能发挥正常的管理和指挥权。

（2）比上述指挥混乱更可怕的是家族成员各有私心，各有自己的小算盘，私下把利润截留，或者暗地里在外面另搞小摊子，吃公攒私。这样做是因为他认为企业能有今天，不是哪一个人的功劳，你能拿我也能拿。因此拿得心安理得，完全是“崽卖爷田不心疼”的心态。

（3）比指挥混乱、各怀私心还要可怕的是不能引进高层人才。家族式企业你争我夺的核心是经济权益、指挥权、话语权。他们自己的权力尚嫌不足，怎么可能再引进高层管理人才来分他们的权力？就算是引进了也难以发挥作用，引进的人才也会成为花瓶、摆设。这样当然也就留不住人才。

管理大型企业和管理家庭式小作坊是完全不同的。在我国经济从计划经济向市场经济转型的过程中，运气、机遇、政策、好的地理位置、胆量、勤奋都能让人成功。在这种全国私营企业超常规膨胀的大环境下，办成一个有相当规模的企业并不需要创业者具有高深的专业知识。所谓“白猫黑猫，抓住老鼠就是好猫”，这话本来不错，但在经济超常发展过程中，瞎猫也能抓住老鼠。这样的例子是很多的。但在市场日益走向规范化，企业达到一定规模后就需要精细而科学的管理，特别是失去了获得暴利的机会后，如果企业的正常利润保持在十个百分点左右的时候，那这点利润可能会被内部指挥混乱吃光。这样的事例不鲜见，是应引以为戒的。

本章实训

实训项目一：

你认同以下创业类型吗？请同学们阅读、思考与讨论。你比较倾向于哪一类型的创业？

中国富豪创业第一种类型：志存高远型

根据《科学投资》的研究案例，在中国的企业家中像孙正义那样雄心勃勃，有计划、有条理地实现着自己富豪梦的虽不多，但并不是绝对没有。《福布斯》中国富豪榜排名第一位、个人资产总计达到83亿元的希望集团刘氏兄弟在最初创业时虽然没有孙正义那样有计划、有条理，但这四兄弟个个都不乏野心和雄心。与一般的创业者不同，刘氏兄弟一开始就悟透了“舍得”二字。刘氏四兄弟刘永言、刘永行、刘永美、刘永好，本来都在国家企事业单位，都有一份好工作。老大刘永言在成都906计算机所工作，老二刘永行从事电子设备的设计维修，老三刘永美在县农业局当干部，最小的刘永好在省机械工业管理干部学校任教。他们没有像大多数有条件的创业者那样脚踏两只船，随时做着创业失败后洗脚上岸的准备。他们将自己置之死地而后生，所以能够勇往直前，从孵小鸡、养鹌鹑开始，根据实际情况随时扩张创业项目，一直发展到搞饲料、电子、房地产、金融和资本运作，多重经营，多管齐下，终成大业。尤为难能可贵的是，刘氏兄弟在家族企业做大以后，当兄弟之间在企业发展方向上意见相左时，能够平稳地进行产权分割，完成和平过渡，没有伤到企业的元气，留下了企业进一步做大的空间。类似刘氏兄弟这样能够如此平稳地解决家族企业产权问题，在中国家族企业中是不多见的。刘氏兄弟的第一桶金是孵小鸡所得的1万元人民币，花了2个月的时间，投入之小以今天的眼光看几乎可以忽略不计。

中国富豪创业第二种类型：逼上梁山型

从20世纪70年代末一直到20世纪80年代的后半期，长达10年的时间内完成创业的中国富豪大多属于这种类型。从20世纪90年代一直到今天，此种类型时有出现。其典型代表是连续数年位居《福布斯》中国富豪排行榜前列的李晓华，以及创办广东七喜电脑有限公司的易贤忠。李出身贫寒，一家6口挤住一间仅7平方米且没有窗户的房间。李只有初中文化程度，后下放北大荒。返城后在外经贸部出口大楼食堂做过炊事员，曾因贩卖电子表被劳动教养3年，既而被单位除名。李在走投无路之际为养家糊口，开始倒腾些小生意，成为中国第一批个体户。李的第一桶金是靠在北戴河贩卖所谓“美国冷饮”掘得的，当时投入的资金是3 500元，这是当时李的全部家当，获利则达10万元人民币，时间只有一个夏天。后来，李又在秦皇岛开设录像厅，获利百万。李真正暴发是后来东渡日本，成为章光101毛发再生精在日本的总代理。李以拥有中国内地第一辆法拉利跑车而闻名，时间为1993年。目前李的个人资产据《福布斯》统计逾20亿元人民币。

易贤忠在创业前为广州一家国有制药集团属下企业厂长，因女儿患脑疾，为筹集医药费被迫下海。易的第一桶金是为停业装修的广州南方大厦制作500只节能电子镇流器，资本金为从广东中山小榄镇一个小老板处赊销的价值5 000元的电子原材料。易以自己50平方米的住房做工厂，获利千元。据此成立白云节能电子电器厂，3个月获利14万元，易将之视为自己真正的第一桶金。易在筹得为女儿治病的钱后，又继续回原厂上班，后因工厂衰败，不得已第二次下海，创立广东七喜电脑有限公司。目前易的个人资产过亿。

中国富豪创业第三种类型：争气型或曰受刺激型

其典型代表是重庆小天鹅集团董事长廖长光。小天鹅集团以酒店业和饮食业为主要经营对象，风靡大江南北的重庆鸳鸯火锅即廖长光首创。廖家境普通，曾下乡做过8年知青，回城后在重庆城建局当电工，娶何氏七妹何永智为妻。何以貌美而出名，当时在一家鞋厂当设计师，并擅长服装设计。何氏七姊妹，6个嫁得如意郎君，只有廖身份“低微”，而七妹何永智为七姊妹中最靓丽者，廖因此备受众人挤对，境况难堪。廖受此刺激，发誓创业，以出人头地。廖辞职下海后，以出卖住房所得3 000元为本金，租得16平方米小店面一间，开始经营火锅。初时生意颇为不顺，不赚反亏。廖在妻子的理解与帮助下，坚持不懈，专力创新，数月后开发出迥异于传统重庆麻辣味火锅的荔枝味火锅，开始扭亏为盈。廖继而又开发出后来风靡大江南北的重庆鸳鸯火锅，事业开始独上层楼，由小店到大店再到企业集团。廖于1982年下海，第一桶金便价值百万。目前廖的个人资产达1亿元。顺便说一句，大富豪李晓华当年也曾蒙受类似遭遇。

中国富豪创业第四种类型：家族遗传型

其典型代表为2001年《福布斯》中国富豪榜排名第4位的荣智健和排名第63位的罗忠福。荣、罗两人又有不同。荣智健为中国著名红色资本家、国家副主席荣毅仁之子，祖传基业，创业条件非他人可比。1978 年，荣持通行证南下香港。1985 年，荣正式成为香港居民。荣目前为香港中信泰富集团董事长。据《福布斯》估计，2008 年荣名下个人资产达 30 亿元。

罗同样出身商业世家，其祖父在新中国成立前曾做过遵义商会会长。罗从小精明干练，精于计算。罗的第一桶金为做沙发赚得。当时罗新婚燕尔，苦于在遵义买不到沙发，受汽车废垫启发，察觉做沙发原理简单，于是开始试做，渐成气候。罗的第一桶金价值 10 万元，时为 1979 年。目前罗的身家据估计达 8 亿元。

中国富豪创业第五种类型：顺理成章型

其典型代表为鲁冠球、沈爱琴、李桂莲等，因所属企业均由原乡镇企业或集体企业转制而来，历史悠久，发展顺遂，符合政策，顺理成章。一般来说，在创业者个人的第一桶金问题上，此类企业大多概念模糊。

中国富豪创业第六种类型：赌徒型

其典型代表是有“中国鸡王”之称的大连韩伟企业集团创始人韩伟。1956 年，韩伟出生于大连三涧堡镇东泥河村一户农民家庭。韩读书不多，仅初中毕业。韩拥有木匠手艺，并略懂畜牧知识，因此在 70 年代中期被招为三涧堡镇畜牧助理员。1984 年，韩辞职下海，创业本金为从亲友处告借而得的 3 000 元，豢养蛋鸡 50 只。同年底，韩从银行贷得 15 万元，开始兴办养鸡场，一举成为大连最大的饲养专业户，也成为大连负债最多的个体户。韩此举所冒风险极大，而最大风险在于银行。一旦发生鸡瘟或因其他原因创业失败，韩些微的个人私产固然荡然无存，但无疑也将给银行造成极大一笔坏账。韩之所以能在无抵押的情况下从银行贷出如许巨款，原因在于当时大连市正在大搞“菜篮子工程”，韩的鸡场扩建计划正是“急政府之所急”。在政府的支持下，韩很快又贷款集资 208 万元，建起一座占地 44 亩，建筑面积8 000 平方米，能饲养 8 万只鸡的现代化养鸡场。从这一点说，韩不愧为一个顺时而动，把握政策机遇的弄潮儿。其鸡场第一年产值便达 210 万元，这是韩掘得的第一桶金。目前韩的个人身家据估计达 4.5 亿元。与靠在海南开发热中掘地发家的潘石屹、冯仑等一样，韩伟能成为富豪，可谓是时势造英雄。

中国富豪创业第七种类型：热血型或曰冲动型

张思民、吴志剑均属于此类。张思民尤为典型。此类创业者大多以失败告终，偶有所成者，也大多历经坎坷，并且在企业发展过程中屡经反复。底气不足或曰后劲不足是此类企业最大的特征。1999 年 3 月，吴志剑就因所属政华企业集团欠债 2 亿元，被深圳市政府在新闻媒体上通令不得进行高消费，不得坐高级车住别墅。张思民的海王集团在 1992 至 1997 年之间，也曾遭遇极大风险，企业险些翻船。后通过上市，续接上因盲目投资而险些断裂的资金链，才得以生存下来。海王目前仍在经受缺乏拳头产品的困扰，其未来走向仍有待观察。张思民的第一桶金是来自澳大利亚投资家的投资，这笔投资达 100 万美元，张在股份中占大头。张用以创业的原始资本，是 3 000 元的日常积蓄。吴志剑的第一桶金，则是承包原深圳物资公司华东商场，半月获利 17 万元。吴的创业资本乃写作所得的 2 000 元稿费。

中国富豪创业第八种类型：因缘际会型或曰无心插柳型

其典型代表为 2001 年《福布斯》中国富豪榜排名第 38 位的张果喜，以及前《福布斯》中国富豪吴炳新。此类创业者的典型特征是本来没想发财，只是想解决生存问题，后来竟不期而遇地成功了。1972 年，张果喜受在江西余江下放的上海知青的影响，怀揣 200 元，到上海找生路。偶然的机会，在上海四川北路的上海雕刻艺术厂发现一个雕刻樟木箱竟可卖 200 多元。张顿时灵机触发，立刻返回老家按照上海生产樟木箱的程序“依葫芦画瓢”。半年后，张的第一只雕刻樟木箱出品。通过上海工艺品进出口公司，张自己制作的第一件产品参加了广交会，并幸运地拿到了20套樟木箱的订单，赚了1万多元。这是张掘得的第一桶金。张的创业资本，为变卖家产所得1 400元及江西余江当地盛产的樟木原料。目前张的身家据《福布斯》估计为12亿元人民币。如果没有30年前的那次上海之行，现在的张还可能只是江西余江乡下的一介老农，天天为吃饱肚子而发愁。

这一类型还有一位代表即吴炳新。孔子曰：三十而立，四十不惑，五十而知天命。吴创业即始于知天命之年。吴一生坎坷，当过工人，做过干部，还做过一任职校的校长。20世纪80年代初，吴从内蒙古包头矿务局病退，医生称其罹患肝癌，后肿瘤自动缩小，乃至消失，吴认为是自己本身就有免疫力的原因。吴的家境一直不太好，病退后，为贴补家用，吴亲自动手搭暖房、卖豆芽，做些小本生意。1987年初，吴承包包头一家濒临倒闭的小糕点厂，随后又承包了一家同样濒临倒闭的小商场。吴自称，其接手糕点厂时身上只有300元，为办厂，借了2 000元，贷了1万元，从而掘得平生第一桶金，数目达数万。吴后来承销天安851、上海交大昂立一号，掘得第二桶金、第三桶金。吴的真正发达，是推出据说集双歧杆菌、乳酸杆菌和肠道链环菌3种有益菌种于一体的生物保健型药物三株口服液。将双歧杆菌、乳酸杆菌和肠道链环菌这3种有益菌种集于一体并保持其活性，是一个世界性难题，对生物、医学都不甚了解的吴，能够破解这样一个世界性的难题，令人存疑。吴因缘际会，勤力创业，借三株口服液而一夜暴富，后因湖南常德一起产品官司而家道中落，一蹶不振。起起落落，令人深思。据《福布斯》估计，2000年吴的身家达2.1亿美元，约合人民币17亿元，目前身家不详。

中国富豪创业第九种类型：知识型

具体而言，此种类型有种种不同，如中宜环能（CECO）董事长吴桐，是拥有自有专利技术，靠自有专利技术发达的一类。吴现年35岁。2001年，吴在北京创办中宜环能环保技术有限公司。吴擅长发明，名下拥有多项专利技术，仅其“城市垃圾处理综合集成系统”一项专利，据估计无形资产就达12.5亿。吴的专利加起来，价值超过100亿美元。在进京创办中宜环能环保技术有限公司之前，吴曾在深圳创业，获利数千万，因遭欺诈，资产荡尽。2001年3月，吴携2 000元进京二次创业。3个月后，仅向韩国某著名企业出售“城市垃圾分类焚烧技术”15年使用权，获利即超过2 000万美元。吴眼下成为媒体焦点人物，原因之一是其创造财富的能力，之二是他的学历涉嫌造假。吴自称，其11岁即进入中国科技大学少年班学习，主修原子能物理学，有“神童”之誉；14岁赴美，获芝加哥大学国际金融学博士；18岁赴德，获柏林大学经济学博士。但经有心人查证，吴的科大少年班学历和美国芝加哥大学国际金融学博士皆属子虚乌有。其柏林大学经济学博士亦令人存疑。这不免让人想起数月前的吴征事件，此事可算是“吴征博士事件”的翻版。钱钟书先生笔下的方鸿渐看来并非杜撰。如今国内的“海龟博士”漫山遍野，占据着最好的位置，享受着最好的待遇，荣光无限，创业就业一律“超国民”，有关部门今后对类似的“海龟”，是否应该多看两眼呢？其实吴用不着靠这样假造学历来给自己增光添彩。吴的诸多创造发明，均已经过实践检验，成效显著，吴因此在环保界享有极高声誉，比那种学历造假带来的荣誉，这样的荣誉要大得多，也实惠得多。吴此举令人无法解释。

资料来源：http：//tieba. baidu. com/f? kz = 131652615

实训项目二：读文言文，分组辩论“守业比创业难”

【原文】上①问侍臣：“创业与守成孰难?”房玄龄曰：“草昧②之初，与群雄并起角力而后臣之，创业难矣!”魏徵对曰：“自古帝王，莫不得之于艰难，失之于安逸，守成难矣!”上曰：“玄龄与吾共取天下，出百死，得一生，故知创业之难，徵与吾共安天下，常恐骄奢生于富贵，祸乱生于所忽，故知守成之难。然创业之难，既已往矣；守成之难，方当与诸公慎之。”玄龄等拜曰：“陛下及此言③，四海之福也。”

（选自《资治通鉴·唐纪》）

【注释】①上：指唐太宗。②草昧：此指开创国家。③及此言：说到这个道理。

【译文】

贞观年间，唐太宗经常与大臣们讨论创业与守成的难易问题。一天，他问房玄龄、魏徵等人：“创业与守成孰难?”房玄龄回答说：“天下大乱时，群雄四起，攻城略地，战争激烈，创业的艰难是显而易见的。”魏徵不同意这样的看法，他说：“君主打天下是在混乱中歼灭敌人，能够得到百姓的拥护，因此创业并不太难；得到天下后，容易骄傲自满、享乐腐化，国家的衰败由此开始。所以，自古以来的帝王莫不得之于艰难，而失之于安逸。”太宗说：“玄龄与朕共定天下，出百死，得一生，故深知创业之难。魏徵与朕共定天下，深知骄奢生于富贵，祸乱生于疏忽，故知守业之难。但创业的艰难时期已过，眼下守业困难，正是诸公必须谨慎对待的!”房玄龄等大臣拜说：“皇上说这话，真是四海臣民的福气啊!”

实训项目三：师生互动

师生共同讨论、总结或点评本章第一节的讨论主题。

第二章 创业者

第一节 读创业故事的思考与讨论

[创业故事导读]

案例一：

“不安分者”眼中的商机

高中毕业后干起家电维修的小胡和小姜，每天都以修收录机、电视机为生，但前者是一个经营上的“不安分者”，后者则是一个循规蹈矩的“老实人”。不久前，小胡突发奇想，寻找到新的商机：他发现当地的农民用上了自来水后，将来就有可能使用洗衣机，有洗衣机便会有维修洗衣机的业务。于是，他买回本地市场上常见品牌的洗衣机供周围的人使用，目的之一是让人们尝尝洗衣机的甜头，目的之二是学习洗衣机的结构、保养和维修。果不其然，一年后，一台台洗衣机进入农村，维修业务几乎被小胡包揽了，而小姜只能眼睁睁看着自己失去一次扩大维修范围的机会。

一般人总是等机会从天而降，而不是通过努力工作来创造机会。殊不知，人们遇到的问题和未满足的需要总是不断提供新的商机。优秀创业者的一个基本素质，就是善于从他人的问题中发现机会，主动把握机会。对照一下你自己，又作何感想？

案例二：

许小姐能做老板吗？

许小姐一门心思想做老板。经过7年的努力工作和省吃俭用积蓄了一笔资金，其中10万元做了注册资金，5万元用于流动资金。她认为，个人创业必须有丰富的工作经验。所以在过去的工作中，她总是分内分外的事全抢着干，从不计报酬。尤其是经营方面的事，她更是竖着耳朵听，目的就是为了多学点本事，为自己开公司做准备。另外，她认为个人创业必须有一个好的项目。她选择了一个当时的朝阳项目——房地产租赁咨询。

在办齐所有手续后，她勤勤恳恳，努力工作，但她怎么也没想到，最初的3个月几乎没有生意，直到第6个月才稍有收入，可生意很不稳定，半年来，她赔了3万元。她开始动摇了，觉得自己是在靠天吃饭，靠运气吃饭。她认为做生意不应该是赌博，肯定是哪儿弄错了。她不想再这样干下去了，她认为不能等到这15万元都赔光的时候才行动。她要弄明白问题到底出在哪里。第7个月时，她关掉了公司。

导致许小姐失败的原因很复杂，但其中一个重要原因就在于她没有一个完整的创业计划。

小企业的抗风险能力很低，不考虑成熟，一相情愿，自然危机重重。要想创业成功，还要学会怎样避免“打水漂”。仔细分析许小姐的案例，你会终生受益。

思考与讨论

1. 什么是创业？
2. 你认为企业者应该具有哪些素质与能力？
3. 创业者的社会责任重要吗？

第二节　创业者的素质、能力及社会责任

一、创业者与创业

近年来，大学毕业生就业难成了众人关注的焦点。为缓解就业压力，部分省市出台了一些优惠措施，其中不乏对大学生自主创业的支持。与政府的热情不成正比的是，学生创业始终没成气候。

2009 年 5 月，正当同学们纷纷签约外资企业、国家机关时，上海外国语大学某班的刘露悄悄地注册了自己的公司。创建公司的点子来源于和朋友的聊天。刘露有一群做 IT 的朋友，长期以来都非常关注无线网络游戏市场，闲聊间，朋友谈起无线网络游戏市场是网络游戏后又一块大蛋糕，特别适合年轻人去挖宝。几个朋友商议组建个科研团队，而刘露被推选出来做市场开发和营销。

刘露的想法得到了家人的支持，家人出资 10 万元，帮助她注册了公司。于是当昔日的同学开始奔波穿行于高楼大厦间，体验新鲜白领的生活时，刘露却已端坐在浦东的一间办公室里，忙碌地接听电话，联系客户，指挥团队，品尝着自己当老板的酸甜苦辣。2009 年 6 月初，有关方面下发通知：进一步促进大学生就业，鼓励大学生自主创业。国家有关机关、地方各项推动大学生创业的优惠措施也相继出台。无意间，刘露已站在了 2009 年大学毕业生大军的前沿。

面对政府出台的众多优惠政策，大部分高校毕业生对是否自主创业的态度还是较为谨慎的。正如刘露所说，她自己是一个特例。高校毕业生对出路普遍的认识，仍然是“就业，考研，出国”这三驾马车。是畏难或是其他？

据了解，刘露从小读书时就寄宿在外，独立能力和独立意识都很强。大二时，她在一家法国小公司兼职做行政助理，业余还帮几家免费的英文刊物写游记和影评。大三时，她去一家画廊应聘兼职，意外地被相中做了画廊经理。在此后的一年里，画廊举办了数次画展，她挑起了大大小小的日常事务，练就了独当一面的能力。在大四择业时，家里人劝她，找工作不要看名气、看舒适，要看能不能培养专业技能和独当一面的气魄，为将来开创自己的事业做准备。有这样的铺垫和心态，刘露在创业的机遇来临时，就“水到渠成”地开起了自己的公司。在刘露身上体现着强烈的自主意识。事实上，能不能创业与个人的学历、学识、年龄和性别都没有关系，最重要的是自主意识和创业心态。而现在许多高校毕业生欠缺的恰恰是

创业欲望和自主意识。上海是个白领文化浓厚的地方，长期以来的思维惯性将读好书和找份好工作画上等号，有意识为创业而读好书的人几乎是凤毛麟角。

除缺乏创业意识之外，高校毕业生本身的素质也制约着他们自主创业的步伐。在长期的应试教育下，学生们普遍缺乏基本的理财技能、推销意识和沟通技巧。这些素质的欠缺也是创业的学生们面临困境的重要原因。在国外，理财和推销是作为基本技能从幼时就开始培养的。一些西方小孩滑着滑轮向游客兜售饼干，他们的父母则远远地看着。

好高骛远则是创业的另一大绊脚石。比尔·盖茨的神话，在许多大学生心目中勾勒出创业的远大模板：创业就是从事高科技，就是要一鸣惊人，就是一夜暴富。不少学生走入了误区，在创业时不屑于从事服务业或技术含量较低的行业，醉心于挖掘第一桶金的美梦。对此，笔者认为：大学生应该树立赚第一分钱而不是第一桶金的观念。大学生在创业时，重心也要下移；不要只盯着大商机、高科技，而是应该扎扎实实地从第三产业、科技含量较低的行业开始练兵。

而那些已经先行一步的创业学生道出了另一重无形的压力，即社会和家庭对学生创业的不理解和不宽容。家长供孩子读书已属不易，自主创业是笔额外的风险投资，与高薪家庭的投资回报期望相去甚远。一位在2000年和同学合伙开软件公司的上海交大毕业生无奈地回忆：当时出去谈判，对方一看是几个毛头小伙子，就百般刁难与不信任——社会对青年创业的不信任让他们一开始就处于竞争的劣势。

高校毕业生创业的确在资金、经验等方面存在着软肋，但可以采用合伙创业、家庭创业等形式，也可以从低成本的虚拟店铺入手。而政府也可以在降低学生创业的商务成本方面做些工作，如在都市工业园内建立“一桌一公司”的公用办公室等。高校毕业生自主创业除需政策支持外，还需相关的一系列配套服务，特别是针对大学生的系统的创业培训。

目前，大学生创业培训试行方案在上海已经出台。创业培训规划分为三个阶段：入门培训、实务培训和创业培训，以及个性化辅导和开业跟踪扶持。并对有创业意向的学生进行层层筛选，确保重点服务。据了解，大学生创业培训实施政府补贴，由上海市劳动和社会保障局委托若干个具有资质的创业培训机构实施培训。与此同时，上海创业教育培训中心和上海商业职业技术学院合作的创业培训试点已经进入第二阶段。上海商业职业技术学院的18名学生从参加入门培训的61名学生中脱颖而出，参加实务和创业培训。在这一阶段，他们将学习到市场营销、财务税收等实用知识，并能到相关单位实习。广东省相关部门也出台了鼓励和扶持大学生创业的有关政策，如大中专和技校毕业生两年内从事个体经营的，自其在工商部门首次注册登记之日起三年内免交登记类、证照类和管理类等行政事业性收费。政府及其部门所属的人力资源公共服务机构要为创业大中专和技校毕业生提供劳动保障（人事）事务代理，并免收两年代理费。对考核合格的“三支一扶”学生实施国家助学贷款本息清偿，专业技术职称评定及升学、报考公务员和事业单位工作人员加分，创办个体工商户相关费用免征等优惠政策。2009年将招募1 600名高校毕业生参加此项工作。其实，在巨大的就业压力面前，各地都制定了大学生创业的优惠政策。

自主创业不仅是大学生自主就业的重要途径，更是成才的重要模式。在20世纪末，国际教育界曾做过这样的预测：就世界范围而言，21世纪有50%的中专生和大学生要走自主创业之路。1998年10月，在巴黎召开的世界高等教育会议更是明确提出“高等学校，必须将创业技能和创业精神作为高等教育的基本目标，为了方便毕业生就业，高等教育应主要关心培养创业技能与主动精神，要使高校毕业生不仅成为求职者，而且成为工作岗位的创造者”。

人们说，没有学生创业就没有美国硅谷。高校毕业生创业不仅应作为一种能力来培养，更应当作为一种文化来塑造。

从20世纪70年代中期开始，美国及欧洲一些国家相继出现了创业型经济形态。创业型经济以创业精神和创业活动作为经济增长的关键驱动因素，是比传统的管理型经济更为优越的一种经济发展模式。近年来，越来越多的国家和地区致力于发展创业型经济。发展创业型经济要求政府通过制定和完善创业政策营造一种适宜创业的社会经济环境，即培育一种激励、支持人们参与及从事创新和新创事业的机制与氛围，帮助创业企业获得资金、信息、技术、人力等资源，同时促进知识产出和知识商业化。

创业型社会是指能够充分孕育创新与创业活动，产生大量创业家与新创事业的社会，也是指能够激发组织和个人的创新与创业精神，进而支持创业型经济发展的社会。构建创业型社会就是要在全社会范围内使所有组织机构和个人能以更高的效率进行事业开创、持续创新，以加快经济、社会发展并提高国家竞争优势。构建创业型社会的主体是具有创业精神的组织和个人，关键在于营造一种创业加友好型的社会环境。其中政府的职责就是综合运用各种创业导向的政策工具，培育出这样一种鼓励、支持人们创新与创业的环境，以使更多的组织和个人能够获取必要的创业资源，同时拥有更多的创业机会、更强烈的创业意愿和更卓越的创业技能。

二、创业者的素质要求与培养

（一）创业者的基本条件

1. 具备强烈的创业欲望

一个人是否有改变自己命运的强烈欲望，决定了他最终能否改变自己的命运。如果一个人没有创业的强烈欲望，那他终生就会为生计而奔波。

要想成功创业，就必须具有强烈的赚钱欲望，这是创业最重要的条件。具有强烈赚钱欲望的人，每天都充满干劲，抬头挺胸勇往直前；具有强烈赚钱欲望的人，才会把自己的全部精力都投入到经营中去，不会因遇到困难而退却。可以说，强烈的赚钱欲望是创业最强大的动力。一个人赚钱欲望的大小，决定了他赚钱的多少。

马云，一个家喻户晓的名字。作为当今中国最著名的创业者之一，马云的成功得益于其永不放弃的精神，以及强烈的创造财富的欲望。马云创业的道路充满曲折和艰辛。刚开始，他创办过海博翻译社。虽然翻译社入不敷出，但马云没有动摇。他一个人背着个大麻袋去义乌、广州进货，在翻译社卖小商品，用最原始的资本积累方式维持翻译社的运转。后来，马云又投身互联网创立“中国黄页”，只有一间房、一台电脑，一块钱一块钱地数着开销，一家企业一家企业地上门推销，无数次被当作“骗子”而被赶出门。但他没有放弃，经过不少的波折和不断的思考，最终创立了阿里巴巴。

创立阿里巴巴时，也是非常困难。为了节约费用，公司就安在马云的家里，员工每月只拿500元工资，大家没日没夜地工作，地上有一个睡袋，谁累了就钻进去睡一会儿。2002年，网络经济泡沫破灭，互联网遭遇寒冬。马云将阿里巴巴当年的发展主题定位为“活着”。当许多网站纷纷易帜或转向短信、网络游戏业务时，马云仍然坚守在电子商务领域。马云常说：“只要不把我打死，我还会再来。”马云就是在这种强烈欲望的支撑下，最终获得了巨大的成功。

在创业道路上，有强烈的成功欲望，必定会产生火热的、坚不可摧的力量。在这种欲望的呼唤下，定会在有生之年成功地创造出财富。

欲望是创业的原动力，动力越大，其行动就越有力；行动越有力，实现财富梦想的几率就越大。这些都是成正比的。要想获得财富，就必须要让自己的欲望变得非常强烈，只有强烈的欲望才能使你奋进。

2. 具有经营的头脑和眼光

在市场经济决定一切的时代，这就要求每个人都要有审时度势的头脑与眼光。有句话说得好："你能看多远，你便能走多远。"所以，创业必须要有经营的头脑和眼光。具备了这个条件，才能使事业红红火火地维系下去。

具有经营头脑和眼光的人，往往能发现赚钱的机会，而且能及时付诸行动。具有这种品质的人从不眼高手低。对生活的热爱及深切了解，使他们能在衣、食、住、行等各行各业中创出一片天地。

王琼是个纯粹的广州女人，当过老师，做过媒体广告，后来自己开店，而且数量越开越多，规模越开越大。从家居饰品到服装、餐饮，但凡与生活有关的，她都感兴趣。

王琼开的第一家店叫"纯美生活"，专卖广州买不到的家居饰品。那时候，类似"纯美生活"这样的家居饰品店非常少，可称之为个性十足。店中精美的国外玻璃制品着实让人眼界大开。即使在个性家居饰品风行的今天，"纯美"仍然独具动人之处。

开店并不是突然的想法，而是在她装修房子的时候产生的。装修免不了要买装饰品，她就去市场上找，家饰用品商场和小店铺都去了，但找来找去就是找不到喜欢的。王琼想，应该有不少人和她一样，需要一些别致的家居装饰用品。她认为这其实就是一个市场空间，或者可以说是商机。而且，对于家里的小摆设，王琼一向很有兴趣。于是，广州出现了"纯美生活"。开了家饰品店后，王琼又把眼光投向了时装市场。于是她的时装店——"凤凰会"开业了。

虽然已经开了好几家店，但王琼并不满足。她敏锐地发现，在广州，餐饮业是一个不错的行业。吃是王琼生活中的一大乐事，工作之余到处找好吃的，是夫妻俩的一大消遣。吃得多了，总觉得没找到最合自己心意的餐馆，就想：不如自己开一家吧，以后自己吃饭也有着落了。有了这个心思，她出外吃饭就不再像以往那般简单，而是和楼面经理聊，和做菜师傅聊，收获颇多。王琼的信条是不懂就问，问得多了，也可以充半个行家。貌似吃喝玩乐，其实大有文章。就这样，王琼在孜孜不倦地吃的同时，也在孜孜不倦地学。

最终，她的"渔人堡"海鲜酒楼顺利开业。这时的她，除了拥有一家家居饰品店，还和妹妹一起经营着两家服装店。后来，她又开了一家名为"楼上楼"的专吃私房菜的粤菜酒楼。

开私家菜馆缘于一趟香港游。香港餐饮发达得没话说，王琼去的时候，私房菜馆在香港很受欢迎。而广州还没有一家专做私房菜的，她想，开这样一家酒楼应该是个不错的主意。

开店创业是挖掘人生财富的开端。人生很短暂，每个人都有权利享受上帝赐予我们的一切财富——只要你不甘落后于人，希望可以像富人那样生活，就要有一个长远的目标，把眼光放得长远一些，实现自己的富人梦，不要一味地只看到自己的眼前，而忽略了未来，忽略了让自己成为富人的条件。一个人的眼光放远一些，方能成为一个真正的富人。我们要想创业成功，就要像王琼一样，放开自己的眼光，开动自己的大脑，不断地去开创。

3. 具有敢于冒险的精神

做任何事都需要冒一定的风险，创业也一样。如果经营不善，就赚不到钱，出现亏损，甚至血本无归。财富不会从天而降，只有那些为了追求财富而敢于冒险的勇敢者，才能把握机遇，获取财富。有风险，才有丰厚的利润回报。所以，创业必须具有敢于冒险的精神。

成功的商业经营者都是敢于冒险之人，只要有百分之一的可能性，他们都会全力以赴；他们敢于吃螃蟹，做他人不敢做的事情；他们也敢于标新立异，引导市场的潮流。

刘小姐就是一个标新立异、敢于冒险的人。她开的是饰品专卖店。也许你会说，卖饰品有什么大惊小怪的，饰品店到处都是，生意都很红火。确实，女性饰品店一向受到消费者的喜爱，生意红火也不足为奇。但是，却很少有人卖男性饰品。刘小姐就在温州素有男人街之称的府学巷开了一家男性饰品专卖店。

刘小姐认为，男人的饰品更有经营的空间。为此，她特意从香港加盟了男性饰品专卖店，主要经营铂金材质的项链、戒指和手链等男性饰品，售价都在百元以上。尽管开店的投入将近20万元，但是在开业一个半月的短短时间内，小店已经有了一些固定顾客，顾客主要是20～40岁的男士。另外，许多女性也经常到店里来购买作为礼物的男性饰品。由于生意做得比较成功，刘小姐信心十足，决定扩大经营规模，再开一家分店。

人们都知道，儿童和女人的钱是最好挣的，大部分人经商都从这两类人入手。但是，刘小姐却是个敢于探索和冒险的人。她并没有随大流，而是瞄准了人们并不看好的男性用品。她知道，随着儿童和女人消费品市场的饱和，针对这些顾客群做生意的人实在太多了，经营者一多，利润就会下降，生意就会很难做。而男性消费群体是另一个消费热点，因为男性是家庭经济最主要的来源，男性在选择商品的时候尽管非常理性，但他们坚持少而精的原则，而这一点，正好给精明的刘小姐提供了切入点，即提供质优价高的商品。这样，尽管男性消费者的基数比不上女性消费者，但是单位商品的利润却要高得多，刘小姐因此获利颇丰。

随着社会的发展，市场竞争越来越激烈，企业的风险也越大。风险是客观存在的，一般说来，决策可能得到的效益与决策所冒的风险是成正比的。因此，在决策创业时，就要对效益和风险作认真的、仔细的权衡。不敢冒险前进，只能使风险更大。所以，只要估计风险是在主客观条件可以承受的范围内，为了获得较大的经营效益，就应该勇于冒险决策。

一个有志于在商场上拼搏的人必须要有冒险精神。如果一个人惧怕失败，不冒风险，求稳怕乱，想平平稳稳地过一辈子，只会亲手葬送了自己的潜能，得不到成功的最大喜悦。与其造成这样的悔恨和遗憾，不如勇敢地闯荡和探索。与其平庸地过一生，不如做一个敢于冒险的创业者。

但是，有冒险的勇气，敢于去做有风险的事，并不意味着顾前不顾后，一味头脑发热，横冲直撞。真正有价值的冒险，并不是赌运气，像前述的刘小姐，她并不是盲目地赌运气，而是对饰品市场作了详细的分析后作出的判断。

冒险需要智慧来打底，需要严谨的思考作基础。风险是一定要冒的，但那应该是经过计算后的风险。

有人说，在赌博的时候能看出一个人身上的很多东西，比如品性、魄力、胆识、为人……赌博不值得提倡，但是，这句话并非毫无道理。

在某种程度上，商业上的冒险与赌博不无相似之处。赌场上的高手尚且需要智慧和胆识，洞察全局，步步为营，创业者更是如此。管理者并不是冒失者，他们必须采取一切可能的手段以降低行动的风险。他们需致力于考虑各种革新的方法，处理各种复杂的关系。

大胆的决策并不等于蛮干。对于成功的创业者来说，冒险的前提是明了胜算的大小。在决定冒险之前，不要问自己能够赢多少，而应该问自己输得起多少。一点儿把握都没有就盲目地去冒险，那你的胆量越大，赌注下得越多，损失也就越大，离成功也就越来越远。

我们要学会聪明的冒险，要把创业的风险考虑清楚，要拟定合理可行的目标，以智慧的脚步踏上成功的征途。

4. 具有相关的商业知识

常言道：生意做遍，不如开店。的确，开店是所有生意中最容易做，也是最容易赚钱的生意。对于资金不是很多的创业者来说，开一家小店或许是最好的从商之路，也是第一次创业的首选。但是，要开店，就必须具备相关的商业知识，了解开店的开业程序及经营过程中的各种知识，这样才能做到心中有数，少走弯路。

一般来说，创业应该具有的商业知识有以下几种：

（1）合法开业知识。

“合法经营、劳动致富”是每一个创业者应该确立的基本观念。无论做什么，都应遵纪守法，不能靠投机取巧、坑蒙拐骗致富，也不能偷税漏税，因此，必须要学习合法开业知识。这些知识包括：有关私营及合伙企业、有限公司的法律法规，怎样进行验资，怎样申请开业登记，哪些行业不允许私营，哪些行业的经营须办理有关行业管理手续，怎样办理税务登记，纳税申报有哪些规定和程序，如何领购和使用发票，银行开户程序和有关结算规定，成为一般纳税人有哪些条件，应该交哪些税费及如何交纳，怎样获得税收减征免征待遇，怎样进行账务票证管理，国家对偷漏税等违反行为有哪些制裁措施，税率及计征方法，工商管理部门怎样进行经济检查，行业管理部门如何进行行业管理和检查，等等。

（2）营销知识。

营销是关于企业如何发现、创造和交付价值以满足一定目标市场的需求，同时获取利润的学科。创业虽不需要很高深的营销知识，但必须掌握必备的知识，要能满足企业经营的需要。营销知识包括：市场预测与调查知识、消费心理、特点和特征知识、货物知识、资金及财务知识、行业知识、经济法常识、劳动用工及社会保障知识、公关及交际基本知识，等等。

5. 善于沟通，积累人脉

所有人都知道，成熟的人际关系网络可以为你网罗更多的财富。如果你在有需要的时候才想起它的话，那就有点临时抱佛脚的意味了，因为人脉的经营是一种长期的投资，而绝非当下可以快速累积的资源。如果你有这方面的资源，却不好好利用，那就太浪费了。而且，旺盛的人脉经营需要良好的沟通能力，缺乏沟通能力是很难和别人打交道并处理好人际关系的。

留住顾客，扩大销售是许多创业者想要达到的目标。但要做到这一点，没有与顾客的全面交流和沟通，是难以做到的。一般来说，生意兴隆与否，要视所拥有的固定顾客的数量而定，而了解顾客是与顾客建立良好关系的第一步。人一定先从相识，进而相知，最后才能建立稳固的合作关系。企业销售人员与顾客的关系，也如此。

老张从2006年开始就经营一家窗帘店。他经营的秘诀就是善于沟通，营造了旺盛的人脉。老张认为，无论新家、老家，窗帘都是必不可少的东西，所以，每一个老客户都是非常有诚意地来购买的。这时，作为经营者服务态度一定要好，要多和顾客聊天、交流，让顾客在愉快的气氛中买到满意的商品。除服务态度之外，产品也很重要，物美价廉的产品能更快促成交易。

老张的窗帘店品种十分丰富，有几百款布料可供选择。老张认为，其实很多布料不必整匹整匹地进货，只需要进一些样品、布头作为样品就可以了，这样既可以保证不会积压太多资金，还可以为顾客提供更多的选择。由于老张一家几口都在做布料生意，而且分布在几个不同的布艺市场，因此他的货源很丰富，进货成本也比较低，再加上良好的人脉，他的生意自然越做越红火。

总之，要想所开办企业的人脉旺盛，生意兴隆，就必须掌握高超的沟通技巧，并且对企业销售人员做好这一方面的培训工作。

6. 具有创业的启动资金

资金是创业筹划中最重要的一个环节。如果没有资金，一切都是枉然。那么，创业具体需要多少启动资金呢？这就要根据具体情况确定了。一般来说，创业启动资金越充足越好，这是因为经营启动可能会遇到意想不到的情况，引起资金周转困难，如果准备资金不足，就可能使刚刚起步的事业面临危机。因此，创业资金的筹措对于每一个创业者而言都是至关重要的。

本问题我们将在第七章专门探讨，在此不赘述。

7. 家人和朋友的支持

在创业的过程中，取得家人和朋友的支持非常重要。创业，其实不是你一个人的事情，而是你一家人的事情，是你所有朋友圈的事情，因为你的创业必将影响到他们的生活，如果他们不理解不支持，你孤掌难鸣，坚持不了多久就会放弃。例如，小李大学刚毕业，想自己创业，当他需要家人支持的时候，家人却说：“你自己有什么本事?”这使得小李很受打击。最终他只好去人才市场找工作。

如果创业的时候能取得家人和朋友的支持，你就会轻松很多。而王峰就是这样的幸运儿。2006 年，从动画与网页制作专业毕业的王峰，为了动画梦想，决定自己创业。于是，他租了一间房子作为办公室，创办了劲舞影视动画制作公司。

那时，他所在城市的动画市场还是一片空白，几乎没有专业公司。公司开张半年了，一直接不到业务，两个合伙人先后离开，带走了部分创业资金，加上税务、房租的支出，急得王峰焦头烂额。幸好有家人的“雪中送炭”，他们前后三次共寄来 2 万元。第一次的 6 000 元，王峰用于 4 个月的生活费。接下来的 5 000 元，他用于公司的各项开支。5 个月后的 9 000元，他用于给员工发工资。最终，在家人的大力支持下，王峰的公司渡过了困难期，慢慢走上了发展轨道。

“我的家境还好，感谢父母的支持，现在我可以‘断奶’了。”王峰说。他为了兴趣而创业，在最艰难的时候，父母给予了很多鼓励和支持。

8. 失败的心理准备

创业无疑是有风险的。风险并不可怕，只要心态保持平和，做事有依据，未雨绸缪，就可以将风险控制在最小的范围。盲目冒险，是武夫的行为，但如果一个人什么风险都不敢冒，那是做不成事的。创业之前，只有在心理上正确认识风险，做好充分的心理准备，才能在面对风险的时候，做到有勇有谋，沉着应对。对于创业来说，防止陷入失败的陷阱是最为重要的。作为创业，每经营一天，都会产生一定的费用，如果没有收入与盈利，必然是坐吃山空。加之大部分创业者的创业资金都很有限，尤其是那些规模较小的店铺，稍有闪失，必然是血本无归。所以，创业会有很大的压力。对于创业者来说，要对创业的风险有足够的认识，并最大限度地杜绝风险的出现。

关于创业风险问题，本书有专门的章节论及。

三、创业者的能力要求

现任新东方学校校长、北京新东方迅程网络科技有限公司董事长的俞敏洪，被媒体评为最具升值潜力的十大企业新星之一、20世纪影响中国的25位企业家之一。俞敏洪在多伦多大学创业论坛的视频讲话上总结了创业的八大能力，在此引用，以供大家思考。

第一，目标能力。首先，大家都想创业，谁不想当自己的老板呢？可是你还得问自己一个问题：为什么要创业？你有怎样的目标？想把它做成怎样的状态？我们不是为了创业而创业，而是为了做好一件事情，做大一件事情，并且前提是你在进行自我评估后发现这有可能实现，这个时候你才能够开始创业。如果说你没有目标，只是一时的冲动，只是觉得你应该去干点什么，并且对所干的事情又没有太多的热爱，那创业就只不过成为一种风气，而不是现实，你也不一定能做成大的事情。就我个人而言，我当初做新东方的时候，有一个非常明确的目标。那个时候我从北京大学把大学老师的工作辞退后出来做培训机构，我希望自己能做成一个真正有意义的培训机构，也正是有这个目标，新东方的培训事业才蒸蒸日上、不断前进。随着培训的开展，新东方的目标也在不断改变，从最初的做一个学校变成想在全中国各地开设新东方学校，到现在我们已经做成了美国上市公司。总而言之，你的目标是上升的，但基础是不会变的，比如说我最初做新东方的基础就是想做成一个有品牌、有品位、为学生的前途负责、让学生喜欢的培训学校，从本质上来说，新东方到今天依然是这样的。所以我觉得目标能力对创业来说非常重要，而且你是否全心全意热爱这个目标也非常重要。除此之外，你需要注意的一个问题是：你的目标一定是能够做大的，而不仅仅是为了自娱自乐。比如说你喜欢书法，就去创立一个书法公司，这不太容易。

第二，专业能力。如果你对一个专业不懂就去创业，失败的可能性也很大。就像你开了一家饭店，假如你自己不是厨师，又没有太雄厚的资金，一下子请很多大厨师，就很难把控饭店的质量，而且很容易被大厨师炒鱿鱼。比如你请了一个大厨师，他做的菜味道很好，招来很多顾客，这时候他一看自己的地位很重要，就反过来跟你要价，说不给更多的钱就不干，你一生气把他开了，这样一来你饭店的菜也做不好了，最后面临倒闭了。十几年前我开始做新东方的时候，周围的很多培训机构都是被优秀老师炒鱿鱼给炒倒的。也是因为他们的课上得很好，学生很满意，老师就开始向老板要价，老板自己既不懂教学又咽不下这口气，最后老师都跑到别的培训机构去了，老板只能把学校关掉。新东方当初能做下来很重要的一个原因是我自己就是个大厨师，也就是说当时新东方开设的很多课程，我自己都能教，因此我的老师在拿到他们觉得比较满意的工资时，就不会提出非分的要求。他们知道，即使提出过分要求，我自己也能把他们的课给上了，不会对新东方造成太大伤害。所以当你白手起家、身无分文，或者资金有限的时候，有一个重要前提：你必须是你创业的这个领域中的专家，是一个能控制住专业局面的人。比如你开一个软件设计公司，如果自己都不懂软件，首先你把控不了质量，其次你把控不了人才，会很麻烦。还有一点，就是原则上你必须在想创业的这个领域具备相当的专业知识、达到专业水平，才有对专业的把控能力。

第三，营销能力。一旦开始创业后，你该怎么做？比如说你的公司开了，产品也造出来了，下一步怎么办？如果产品造出来没人买的话，那公司白开了，无数的公司都是开起来了最后却关门了，原因之一就是他们不懂如何推销自己的产品，如何推销自己的公司品牌。因此我们要做的是把公司“卖”出去，一是卖公司的产品；二是随着产品的销售，卖出公司的品牌，就是说让大众认可你的公司品牌，让大家都知道这个产品是从你的公司出来的。这就涉及营销。营销分两部分：实的营销和虚的营销。所谓实的营销，比如我做新东方，营销的是新东方的课程，告诉学生为什么要来上这个课，上完能有什么收获。但是无数的培训机构一直以来也在营销课程，却始终只是小机构，而新东方能做大，这是什么原因呢？很简单，因为我们营销了品牌。就是说，新东方开始不断有内涵，到最后人们不是因为听到新东方有什么课程来上课，而仅仅只是听到新东方三个字就来上课，这个时候品牌营销就算是成功了，这就是虚的营销。在中国做企业，品牌营销往往与个人营销结合在一起，就是说你个人的形象有时候能够代表企业形象，所以往往要把个人的道德、行为与企业的道德、行为结合起来。比如大家讲到新东方的时候会说，新东方就是俞敏洪，俞敏洪就是新东方；讲到联想公司的时候会说，联想就是柳传志，柳传志就是联想。因此，在中国，个人品牌的成长很大程度上就是企业品牌的成长，而企业品牌的成长反过来也带动个人品牌的成长，这两个加起来形成你的公司强有力的虚的营销。加上你的产品本身能被老百姓所接受，这样产品才会有价值。举个例子，一个生产鞋的公司，没有任何名气，尽管鞋的质量与著名品牌鞋的质量不相上下，但品牌鞋卖 1 000 元，这个公司的鞋也许只能卖 100 元，这中间差的 900 元是怎么来的呢？是品牌营销，你没品牌所以价格提不高。

一个公司要想成功，品牌营销有时候甚至比产品营销还要重要，品牌营销的价值是无限的。这就是为什么我们中国造的包只能卖 1 000 元人民币，同样材质的包印上 LV 的标志之后就能卖 10 万元人民币，背后都是品牌价值在起作用。所以，利用营销能力把产品推销出去，把品牌推销出去，把你自己推销出去。这是企业发展的一个重要手段，也是创业者必须具备的能力。

第四，转化能力。第一种转化是把科学技术转化成生产力，这是我们常说的一句话。你拥有了技术，拥有了能力，但没法转化成产品卖出去，这是不行的。如果比尔·盖茨一辈子待在实验室的话，我估计他就是个穷光蛋。他把自己的研究成果转化成微软产品，推销到全世界，他就成了全世界的首富。所以把科学技术转化成生产力、转化成产品能力是非常重要的。第二种转化是转化你个人的能力。一般情况下，知识分子创业都有一个前提条件，就是能把在大学里学到的专业知识转化为社会能力、管理能力。比如我从北大出来，完全不知道社会是什么样子，如果说抱着书生意气，抱着在学校里的那种单纯思想和行为方式去干事情，难度会比较大，即使在西方社会也是这样，更不用说在中国这样一个复杂的综合体里面。因此，如果你不能把在大学学到的专业能力转化为社会能力、管理能力，就会很麻烦，你管自己的时候也许管得很好，但管一帮人并不一定能管好，那么你就需要学会从管自己转换成管一帮人，也就是说把专业能力转换成综合能力，把专业才能转化成领导才能。而这种转化要经历很痛苦的过程。我一个人从北大出来，到最后觉得自己当上新东方的领导，管着一百多人的团体管得比较得心应手，至少花了五年的时间。能力是能够成长的，现在我在新东方手下管着近一万人的教师和员工，依然没出现什么大的差错，表明了我的管理能力在增加。所以人的能力是在不断转化的，关键是你自己要努力去转化，如有很多大学生性格很内向，不愿意跟社会人士打交道，那你要想创业的话，这个交道是不能不打的，不打交道的话你就封闭了自己，同时把可能成功的机会也封闭了。

第五，社交能力。进入社会，首先你要理解社会，要理解别人为什么要这么做。比如我刚开始出来的时候，社会上那些风气啊三教九流啊，我完全不懂，跟他们打交道的时候觉得特别吃力，新东方的发展也处处受制于人。一会儿居委会的老太太来把我骂一顿，一会儿城管来了又把我罚一通，最后弄得没办法，我只好慢慢学会了让自己的心态平和，去理解这些社会上的人。当你开始混迹于这个社会，并且思想和境界超越这个社会的时候，你大概就能干出点事情来了。你不能显示出不愿意跟社会打交道的样子，但你看事情的眼光必须是超越社会的。“大隐隐于市，小隐隐于山”说的就是这个道理。小的隐士、没有什么出息的隐士才跑到山里去隐居起来，不愿意跟社会打交道。那些大圣人、智者都是在社会中跟人打交道而思想境界又高于社会的人。做企业也是这样，一个企业家，如果不能与社会共存又不能超越社会，就会很麻烦。所以，我觉得社交能力对一个企业家或创业者来说十分重要。

第六，用人的能力。仅仅一个人做事情不能叫创业，那叫个体户，所以想创业的话你就得找一帮人。你的合作伙伴、你的同事、你的下属，这些人，从一开始你就得用对了，挑了没有能力的人最后做不出事情来，挑了过于有能力的人最后跟你造反、老是跟你过不去，你也做不出事情来，把人招进来了就得让人服你，因此就得展示你的个人魅力，还得展示你的判断能力、设计能力，让大家觉得跟着你是有前途的，哪怕在最艰难的时候大家也愿意跟着你。阿里巴巴的马云之所以能成功，很大程度归因于他的个人魅力，他有能力把一帮人聚在一起，给他们不高的工资，给他们承诺未来，这个未来到最后不知道能不能实现，但大家会有一个期盼。所以用人能力是有巨大力量的，它是领导能力的一个典型体现。当年刘邦打下天下，手下问他为什么能做到的时候，他说了这样一番话：其实我自己一点本领都没有，但我能够用萧何、韩信、张良等这样的人才，是他们帮助我打天下；项羽身边有一个范增，他都没有能力好好用上，最后一定被我抓起来。这就体现了领导能力的重要作用，一个孤军奋战的人也许能成为英雄，但他不能成就事业。刘邦，不管他有没有打过仗，他都是我们心目中的英雄，而且是领袖，因为他创建了一个几百年的帝国，容纳了那么多的有识之士。所以，用人能力对我们来说是非常重要的。假如新东方没有一批人才，是做不到今天的，新东方有一句话叫做：一只土鳖带着一群海龟在这儿干，这只土鳖就是我，而海龟呢就是围绕在我身边的新东方几十个高层管理者，他们大部分是海外留学归来的。大家都知道，“海龟”本身眼界是比较高的，很多人眼睛都是长在额头上的，是很容易看不起“土鳖”的，所以我必须抱着为他们服务的心态，同时我自己的学习能力必须超强，在很多方面必须接近甚至超越他们，他们才会服你，才会跟着你干。当然，当你想作出一番大事业的时候，会发现身边的人越来越多，各种各样个性、想法的人越来越多，你要能把他们统一在一起，既要运用利益的杠杆，又要动用感情的杠杆、事业的杠杆把他们完美地结合在一起，这是一件挺不容易的事情。

第七，把控能力。包括几个方面：首先是对企业的把控，企业的发展速度是什么？发展节奏是什么？什么时候该增加投入？什么时候应该对产品进行研发？等等。其次是对人的把控，当一个人进入你的公司之后，他会根据自己的能力和贡献每天衡量自己到底应该得到什么。人与人之间永远会寻找一种平衡关系；人与人之间还有另外一种关系，就是每天都在衡量自己在对方心中的分量，当对方觉得你的分量重、他没有分量的时候，他是不会来跟你计较的，等到对方觉得他的才能、他的技术或者他的领导力已经达到能和你较劲的时候，对方不提出来，那他就是傻瓜。所以，人与人永远都是在一种平衡中间，而这种平衡需要你对人性进行很深刻的了解，并且随时把握每个人的动向，满足他们的需求，同时还能压制住他们不合理的要求和欲望，能够让他们跟你一条心、不断往前走。对人的把控能力、对环境的把控能力、对企业发展步骤的把控能力，构成了你创业能否成功的重要条件。

第八，革新能力。所谓革新能力就是 reform，renovation 等这样的能力，也就是需要你不断把旧的东西去掉，把新的东西引进来，进行体制上的革新、制度上的革新、技术上的革新及思想上的革新。从我自己做事情的过程来看，一个人或者一个企业家成长的过程，就是不断否定自己的过去、承认自己的现在、追求自己的未来的过程。一旦你觉得现在这样就已经挺好，做成这样已经不错，就不会有更大的发展空间。我在新东方，经历了无数次的否定，你看新东方从个体户发展到家族店，然后变成哥们合伙制，接着变成国内股份制有限公司，然后发展成国际股份制有限公司，最后变成美国上市公司，每一个步骤都是脱了一层皮的，因为每一次改变都意味着要进行大量的利益改革和结构改造、大量的人事改革和改造，如果你改不过来，企业就有可能面临崩溃。当初跟我一个时期做外语培训班的人，很多到现在依然是夫妻店，这是我 15 年前的状态，但新东方迅速把夫妻店改变成了现代化的企业，每年培训 150 万名学生。每一次的改革都伴随着阵痛，但也伴随着发展，而改革还得把握好步骤，如果改得不好、改得太猛了，企业也有可能崩溃；但如果停滞不前，也会崩溃。这就像中国的社会政治经济改革，如果想一步到位，一下子把所有东西都变成现代化，那会有危险，但中国若不改，就会陈旧落后，也很危险。因此，每走一步都要小心，又不能不走。对创业的改革也非常重要，比如说在技术方面，你不更新的话，最后就会失去市场，也会失去机会，在这一点上我个人非常佩服 Steven Jobs——苹果公司的老总，他刚开始在苹果，后来被苹果公司弄出去之后他又做动画片，电影也做得很好，后来又开始研究 i-pod，i-pod 还在热销的时候他就开始研究 i-phone，现在 i-phone 也在全世界热销了，所以每走一步，他的思想都是超前的，尽管 Steven Jobs 得了病，身体很不好，但他依然不失为一位创新、革新的英雄和时代的弄潮儿，我们要做企业就得向这样的人学习。

资料来源：http：//www. 795. com. cn/cy/cyzn/1775. html

四、创业者的社会责任

创业者创办企业，需要进行一系列的经济活动，必然会对社会诸多方面产生各种各样的影响。创业者从自身的目的和利益出发从事经营活动，其实就是一个强大的经济组织在影响人们生活的方方面面，我们强调企业的社会责任，首先要求创业者在创业之初就树立强烈的社会责任感。

1. 企业社会责任的含义

企业社会责任是当今世界各国都比较注重的一种企业哲学。其概念最早由英国提出，通常指与主要利益相关者、价值相联系，遵从法律，并尊重人类、社会和环境的一系列政策和实践。企业社会责任是与以下三个方面联系在一起的：①可持续竞争力；②吸引优质的投资者；③建立可持续和更加公平的增长机制，这种机制将使包括贫困者在内的社会各阶层受益。

1999 年 1 月，在瑞士达沃斯世界经济论坛上，联合国秘书长安南提出了“全球协议”，并于 2000 年 7 月在联合国总部正式启动。该协议号召公司遵守在人权、劳工标准和环境方面的九项基本原则，其内容是：①企业应支持并尊重国际公认的各项人权；②绝不参与任何漠视和践踏人权的行为；③企业应支持结社自由，承认劳资双方就工资等问题谈判的权力；④消除各种形式的强制性劳动；⑤有效禁止童工；⑥杜绝任何在用工和行业方面的歧视行为；⑦企业应对环境挑战应未雨绸缪；⑧主动增加对环保所承担的责任；⑨鼓励无害环境科技的发展与推广。

分析这九项原则，从企业内部看，就是要保障员工的尊严和福利待遇；从外部看，就是要发挥企业在社会环境中的良好作用。归纳起来，企业的社会责任可分为经济责任、文化责任、教育责任、环境责任等。就经济责任来说，企业主要为社会创造财富，提供物质产品，改善人民的生活水平；就文化责任和教育责任等方面来说，企业要为员工提供符合人权的劳动环境，教育职工在行为上符合社会公德，在生产方式上符合环保要求。用“全球协议”的标准来对照我们的企业，可以看到很多差距，也就是说目前中国企业的发展目标距离国际标准还差得很远。

我们要构建的和谐社会是一个既充满活力又富于秩序的社会，它需要我们调动一切劳动、知识、管理、资本和技术的活力，发掘一切社会财富的源泉。企业拥有的资源优势来自国家所有企业组织的集合规模和优势。因此，在构建和谐社会的过程中，他们具有其他社会成员所无法比拟的地位和作用。

2. 明确创业者与企业社会责任的意义

明确创业者与企业社会责任有助于解决就业问题。除增加投资、新增项目、扩大就业外，最重要的是提倡各企业科学安排劳动力，扩大就业门路，创造不减员而能增效的经验，尽量不把人员推向社会而加大就业压力。过去只有 ISO9000 和 ISO140000 国际认证，现在对企业社会责任也有了一个旨在解决劳动力问题，保证工人工作条件和工作环境的国际认证标准体系。这一标准明确规定：企业需保证工人工作环境的干净卫生，消除工作安全隐患，不得使用童工，等等。切实保障工人的切身利益。现在众多企业积极履行社会责任，努力获得 ISO8000 国际认证，不仅可以吸引劳动力资源，激励他们创造更多的价值，更重要的是通过这种管理可以树立良好的企业形象，获得美誉度和信任度，从而实现企业长远的经营目标。从这个意义上说，企业履行社会责任，有助于解决就业问题。

创业者与企业社会责任的明确有助于保护资源和环境，实现可持续发展。企业作为社会公民对资源和环境的可持续发展负有不可推卸的责任，而企业履行社会责任，通过技术革新可首先减少生产活动各个环节对环境可能造成的污染，同时也可以降低能耗、节约资源、降低企业生产成本，从而使产品价格更具竞争力。企业还可通过公益事业与社区共同建设环保设施，以净化环境，保护社区及其他公民的利益。这将有助于缓解城市尤其是工业企业集中的城市经济发展与环境污染严重、人居环境恶化的矛盾。

创业者和企业履行社会责任有助于缓解贫富差距，消除社会不安定的隐患。一方面，大中型企业可集中资本优势、管理优势和人力资源优势对贫困地区的资源进行开发，既可扩展自己的生产和经营，获得新的增长点，又可弥补贫困地区资金的不足，解决当地劳动力和资源闲置的问题，帮助当地脱贫致富。另一方面，企业也可通过慈善公益行为帮助落后地区发展教育、社会保障和医疗卫生事业，既可解决当地政府因资金困难而无力投资的问题，帮助落后地区逐步发展社会事业，又可通过公益事业达到无与伦比的广告效应，提升企业的形象和消费者的认可程度，提高市场占有率。

3. 创业者与创办企业的多重责任

首先，创业者与创办企业应该承担并履行好经济责任，为极大丰富人民的物质生活、为国民经济的快速稳定发展发挥自己应有的作用。最直接地说就是盈利，尽可能扩大销售，降低成本，正确决策，保证利益相关者的合法权益。

其次，创业者与创办企业在遵纪守法方面作出表率，遵守所有的法律、法规，包括环境保护法、消费者权益法和劳动保护法。完成所有的合同义务，诚信经营，合法经营，承兑允诺。带动企业的雇员、企业所在的社区等共同遵纪守法，共建法治社会。

再次，伦理责任是社会对创业者与创办企业的期望，创业者应努力使社会不遭到自己的运营活动、产品及服务的消极影响。加速产业技术升级和产业结构的优化，大力发展绿色企业，增大企业吸纳就业的能力，为环境保护和社会安定尽职尽责。

最后，是创业者与创办企业的慈善责任。现阶段构建和谐社会的一个重要任务是要大力发展社会事业。教育、医疗卫生、社会保障等事业的发展直接关系到人民的最直接利益，也直接决定着社会安定与否、和谐与否。很多地方在发展社会事业上投资不足或无力投资，这就需要调动一切可以调动的资本，企业应充分发挥资本优势，为发展社会事业，为成为一个好的企业公民而对外捐助。支援社区教育、支持健康、人文关怀、文化与艺术、城市建设等项目的发展，帮助社区改善公共环境，自愿为社区服务。

2007 年，中国第一本关于企业社会责任的年度报告出炉。中国自主品牌企业吉利集团成为我国企业积极履行社会责任的优秀案例，被收入《中国企业社会责任报告 2006（蓝皮书）》。报告在“国内企业 CSR 实践案例”章节中指出，吉利除完成了一个企业所应该承担的基本责任外，还一直热衷于社会公益事业，积极用爱心回报社会，尤其对支持中国教育事业的发展作出了很大的贡献。其中最重要的就是向中国教育发展基金会捐资 5 000 万元，并专门设立吉利教育资助办公室，计划通过四年的时间，寻找 1 000 名品学兼优的贫困学生，无偿资助他们大学四年的学习费用。报告最后总结了吉利成功参与公益事业的经验：企业参与公益事业不应该仅仅停留在捐钱这个层面，而应该尽量参与进来，成为公益事业的一部分，这样可以把公益事业做得更深入。而参与社会建设，一个企业的力量是微不足道的，吉利集团通过积极回报社会的行动去影响更多人，以唤起更多人的社会责任感。

我们可以回顾一下自改革开放以来，在第一批先富起来的人中到改革开放 30 年后还能保持富裕的人很少很少。大多数不仅没有实践古人说的富不过三代的老话，就连自己本身一代都没有善始善终。20 年前的湖北省武汉市汉正街小商品市场，曾经涌现出成百上千的百万富翁。这些富翁现在怎样了？除极少数现在还能苦苦支撑之外，大多数已经销声匿迹；有的还不如从前，更有极个别的在铁窗中苦度残年。我们可以到珠江三角洲任何一个镇作调查，在企业家中，有 20 年以上创业经历、能写出一部发家史的人凤毛麟角。大多数现在活跃在经济战场上的风云人物是 1990 年以后起家的。

中国的股市曾经造就了一大批百万富翁、千万富翁，但现在仍然保持富有的寥寥无几。

在改革开放政策实施之初，很多地方兴起一阵划经济发展区之风。不少地方原本是偏辟贫穷的乡村，一夜间宣布要划为经济开发区，立马身价倍增，地皮升值，房产升值，坐在家里就能发财。到现在还有不少在改革开放政策实施后发展起来的经济发达地区的居民，因其居住地的地皮，房产升值或其住宅从居民楼变成了商业繁华区，集体经济膨胀，就按原居民人头分红，多的达到每年 10 万元人民币以上。如广东的虎门、长安的富华服装城一带，女人都不外嫁，因为嫁出去后就没有了这份人头红利。我们还可以调查一下，他们这么有钱，做什么了？创业了吗？发财了吗？答案是否定的，他们只能说是生活富裕了。

1990 年，广东私立华联学院刚开始创业时，只靠借的 2 000 元起家，1992 年，因为给深圳彩色显像管公司管理人员培训日语，得到第一笔 10 万元的培训费，就成为这所现在有固定资产 4 亿多元的民办大学创业的第一桶金。但在那个年代，我国很多地区很多人已经认为区区 10 万元只不过是小数目而已，能拿出 10 万元的大有人在。但有几个人用手中的钱办了大事呢？早年有报纸报道，北京一家餐厅里有一家人吃饭时，用人民币烧火锅。另一家人为了斗富，当场用20万元买下客人带进店里的宠物狗杀掉煮火锅。现在更多的人用消费高档品的方式摆阔显富。当前出现的富二代，本事没有却摆出一副财大气粗的模样，开高档跑车，穿名牌服装，戴高档名牌手表，用大把花钱来显示自己的与众不同。万一出事了，开口就要用钱来摆平。在他们眼中，法律、道德全不在话下，只认钱，一副有钱能使鬼推磨的嘴脸。

英国、美国等这些老牌的资本主义国家，都有一批百年以上的财团、企业家家族。他们是这些国家富裕的财富积累者和储蓄所，是国家工业和科技连续发展的中坚力量，是市场稳定的主力。但我国，情况似乎有很大不同，大富翁们成批更新换代，你方唱罢我登场，在中国的富豪榜上演着城头变幻大王旗的活剧。我们的富豪榜每年公布，每年都不同，总有“黑马”忽然名列前茅，也总有风云人物官司缠身，甚至身陷囹圄，更有不少人从此沉沦。为什么会这样？难道是中国的致富太容易，像是幼儿园的小朋友10米跑比赛，由于起点低故很容易打破纪录吗？不，能进入富豪榜的身价至少在10亿元以上，能名列榜中不是轻易就能做到的。这有很多种原因，但其中最重要的原因是当前中国的富豪有些是靠投机暴富发家的。

大凡发家后迅速败落的大多是因为走了为富不仁的路，他们没有社会责任感。为什么没有社会责任感就会迅速败家？有的人归之于报应，并非如此。没有社会责任感的人也就必然缺少事业心，他们没有远大目标，只图眼前享受，用无节制的高档消费来掩盖空虚的灵魂。他们的价值观在于金钱，他们的荣誉感靠金钱购买，他们的人生观就是为己。全世界公认的第一富豪比尔·盖茨把数百亿美元捐给社会慈善机构而只留极少一部分给自己，完全不留给子孙。中国香港的李嘉诚，从事慈善事业从不落后于人，捐款动辄上亿元，但他自己却过着十分简朴的生活，每天早早到办公室，一双皮鞋穿两年。比尔之所以是比尔，李嘉诚之所以是李嘉诚，就是他们把自己的事业与尽社会责任紧密相连。

要求创业者应有社会责任感，并不是要创业者在资金十分紧张的情况下为奉献而奉献，而是要把社会责任放在心中，把本来因为没有目标、没有方向而花掉的钱用在最有意义的慈善事业上，取之于社会，还之于社会。

本章实训

实训项目一：创业能力测试

下列题目中，每题均有三个备选答案，根据你的实际情况，选择一个适合你的答案。

【测试题】

1. 对于团体的工作，你抱着：

A. 热心参加的态度

B. 漠不关心的态度

C. 十分厌烦

2. 你对工作的态度是：

A. 宁肯做待遇低些但价值高的工作

B. 认为工作只不过是为了解决生活

C. 一心一意只做报酬高的工作，不理会工作有没有意义

3. 当自己逐渐变老时，你同时会：

A. 积累更多的知识或者技能

B. 内心感到恐惧与不安

C. 毫无感觉，不予理会

4. 对于交朋友，你会感觉到：

A. 十分重要，因此在平时就喜欢与人交往，注意礼貌，争取友谊

B. 以为友谊很平常，不必重视

C. 友谊无价值，不如孤独自处

5. 对于报章刊物的看法：

A. 认为有注意的必要，因此常选择性阅读，以了解世界大事，学习新的知识

B. 当作茶余饭后的消遣，可有可无

C. 不予注意，认为与其看报章，不如去看戏

6. 对于服装，你的态度是：

A. 要求端正、整齐，不必奢华

B. 只要能保暖适体，不必讲究

C. “先敬罗衣后敬人”，对服装十分讲究

7. 当你孤独寂寞时，你会：

A. 去找朋友，或去找些事情来做

B. 独自去散步，或者去看戏

C. 闭门胡思乱想以打发时间

8. 当自己有缺点的时候，你会：

A. 承认自己的缺点，极力设法改正

B. 如果没有人发觉，就不予理会，也不自我检讨

C. 即或有人指出，也极力否认

9. 对于生活开支，你：

A. 精打细算，量入为出，养成储蓄的习惯

B. 认为只要不欠债就行

C. 今朝有酒今朝醉，不必有什么计划

10. 当遇到困难时，你会：

A. 找出产生困难的原因，并且把遇到挫折当作一次经验和教训

B. 内心不安，设法找人来帮忙

C. 独自悲哀，感到消极，对前途无望

11. 当别人批评你时，你会：

A. 冷静地考虑别人的意见，如果是对的，就予以接受；不当的也不随便发怒，只找机会辩白一下

B. 不理会别人的批评，不作任何反应

C. 对别人的批评，一概表示不满，并且与人争吵

12. 对男女关系的看法，你认为：

A. 男女地位是平等的，彼此是合作的关系，任何一方均不应抱利用对方的心理。和异性

朋友来往，不可存有邪念

B. 男女之间应保持适当距离

C. 男女关系很平常，可以很随便

13. 当别人遇到困难时，你会：

A. 首先判断对方遇到的是什么困难，如果有援助的必要，就立即去帮助对方

B. 不问理由，尽力去助人

C. 认为这是别人的事，采取袖手旁观的态度

14. 对事物的“新”或“旧”的看法：

A. 认为事物不必分新旧，好不好要看价值如何

B. 一视同仁

C. 只接受新的事物，旧的一概不要

15. 你对生活的安排是采取：

A. 拟定一年的计划，在一年之中又按月拟定具体的工作和学习目标

B. 请他人为自己安排，或者仿照他人的生活计划

C. 认为过一天算一天，不必作什么安排

【评分标准】

选 A 计 5 分，选 B 计 2 分，选 C 计 0 分。各题得分相加，统计总分。

【诊断结果】

总分在 60 分以上：优等。你对生活和事业抱有崇高理想，能面对现实，遇见困难、挫折能设法克服，能与人合作，创造事业。

总分为 40 ~ 59 分：中等。你对生活和事业有一定想法，基本上能正视现实，对大部分困难和挫折能想方设法克服，但有时会产生悲观消极的念头。

总分在 39 分以下：说明你对各种问题的认识尚不清楚，或抱有错误观念，对克服困难缺乏信心。你必须加紧练习，锻炼自己，多多交友，才能创造美好的前途。

资料来源 http：//www. xici. net/b850931/d62137645. htm

你认为上述测试的标准及观点正确吗？为什么？

实训项目二：自我反省

为何你有创业的欲望？你真的想为自己工作吗？给自己一个走上创业这条路的理由。

你可以思考以下问题：

1. 你能否用语言清晰地描述出你的创业构想？想法必须明确。你应该能用很少的文字将你的想法描述出来。根据成功者的经验，不能将这想法变成自己语言的原因大概也是一个警告——你还没有仔细地思考吧！

2. 你真正了解你所从事的行业吗？许多行业都要求从事过这个行业的人，并对其行业内的方方面面有所了解。否则，你就得花费很多时间和精力去调查诸如价格、销售、管理费用、行业标准、竞争优势等。

3. 你看到过别人使用这种方法吗？一般来说，一些经营红火的公司的经营方法比那些特殊的想法更有现实性。有经验的企业家中流行这样一句名言：“还没有被实施的好主意往往可能实施不了。”

4. 你的想法经得起时间考验吗？当未来企业家的某项计划得以真正实施时，你会感到由衷的兴奋。但过了一个星期、一个月甚至半年之后，将是什么情况？你还那么令人兴奋吗？或已经有完全不同的另外一个想法来代替它呢？

5. 你的设想是为自己还是为别人？你是否打算在今后 5 年或更长时间内，全身心地投入到这个计划的实施中去？

6. 你有没有一个好的人脉网络？开始办企业的过程，实际上就是一个组织诸如供应商、承包商、咨询专家、雇员整合的过程。为了找到合适的人选，你应该有一个服务于你的个人关系网。否则，你有可能陷入不可靠或滥竽充数的人之中。

7. 你明白什么是潜在的回报吗？每个人投资创业，其最主要的目的就是赚钱。可是，在尽快致富的设想中隐含的绝不仅仅是金钱。你还要考虑成就感、爱、价值感等潜在回报。如果没有意识到这一点，那就必须重新考虑你的计划。

经过自我分析后证明你适合创业，同时你也能正确回答上述几个问题，那么你创业成功的胜算将会很高，你可以着手去创业。但是创业并不是你一时冲动所决定的，如果创业前你举棋不定，最好还是选择打工这条路。因为，尽管你现在有机会创业，你的动机不错、想法也很棒，但是基于市场、经济能力或家庭等因素的考虑，现在也许不是你创业的好时机。总之，创业必须要有一定的竞争力，而且只有你自己才能决定怎么做最恰当。成事不易，创业更难。选择创业这条路，自然而然地你会憧憬成功的景象，而不会想到万一失败的问题——因为一开始就想到失败，未免太消极也太不吉利了。然而，往坏处打算尽管令人不愉快，却是创业之初应该考虑清楚的。

实训项目三：师生互动

师生共同讨论、总结或点评本章第一节的讨论主题。

第二编

创业过程

第三章　创业环境分析

第一节　读创业故事的思考与讨论

[创业故事导读]

广州天河南一路的“爱情密码”情侣礼品商店是两个好朋友合作开的，这两个好朋友一个叫李朝东，一个叫宋群。商店开业于2004年2月，经营一年有余后，每月的营业额已突破45万元，而且发展了45家加盟连锁店。发展得这么快，生意做得这么顺利，他们靠的是什么？

李朝东和宋群开情侣礼品商店的想法不止一日两日。在长达一年的时间内，他们详细调查了广州市场，发现广州虽然商业发达，门类繁多，光各式礼品店不下百家，但是专门面向情侣销售礼品的商铺还没有。他们意识到这是一个机会，但同时也感到了困难。困难就在于，情侣相送对礼品的要求一般都比较高，而中国虽然是礼品生产的大国，但工艺、技术却不能算是最先进的国家，尤其是设计方面，难望国外礼品设计先进国家之项背。

在这种情况下，他们将进货的眼光瞄向了全世界，如从韩国进口会接吻和说“I love you”的手机对链，从日本进口“情侣鸡蛋娃”等。他们还从俄罗斯、法国、瑞士等国进口各种情侣礼品，这使得他们的礼品商店从一开业便处在了一个高位，显得鹤立鸡群。很多礼品，除了在“爱情密码”外，在其他商店根本见不到，更不可能买到。两人等于做独门生意，加上两人花样百出的营销，用10万元开店，从第3个月起，月营业额便达到了4万元，此后月月走高，让两个人赚得盆盈钵满。

从“爱情密码”情侣礼品店的成功，我们可以得到以下体会：

操作要诀：所谓“天外飞仙”，其实用“海外盗宝”来形容可能更合适，可以理解成我们前面说过的移形换位手法的变种。随着经济的全球一体化，各国的经济交流日益频繁，为投资者创造了诸多的机会。对于中小投资者来说，他们不可能销售汽车、钻石宝石等高价值的商品，但国外也有很多本身价值不高但附加值很高且深受消费者欢迎的小商品，适合中小投资者经营。在经营这类产品的时候要注意以下几点：

第一，所选商品一定要时尚。从目前来看，进口的时尚类小商品比实用类小商品更容易被消费者接受。中国是一个正在崛起的制造大国，实用性的商品在国内基本上能够自己制造，尤其是实用类小商品，制造工艺不错，大多物美价廉，一般是从国内流向海外，而非从海外倒流入国内。时尚类小商品则不然，因为这类小商品对工艺、设计的要求很高，国内暂时难以达到国外的水平，所以，很多有这方面需求且要求较高的消费者只能用从国外进口商品来满足。这一点一定要注意，如果弄错了方向，那么不管你多么努力，都会像买股票看错了大盘一样，必输无疑。

第二，专项经营，集中力量做某个小的类别商品。中小投资者大多资金不足，而小商品门类繁多，进口小商品价格较高，如果力量分散，多种经营，什么都有一点，什么都不精不全，将很难形成氛围，经营效果一般不会太好。相反，集中经营，做情侣礼品就专心做情侣礼品、卖糖果的就专门卖糖果（甚至可以细分成巧克力专营、水果糖专营等），这样比较有利于打开市场，吸引消费者，取得好的经营效果。这方面的机会很多，甚至可以说，每一个国外存在而国内没有或水平跟不上的时尚小商品都可能是机会。这也是比较省力、风险较小的一种创业方式，比较困难的是如何建立国外的进货渠道。有些朋友通过互联网下单来解决这个问题，但上当受骗的比较多。

另外，国外的一些新型休闲方式、新的商业形态，如果能够加以适当引进，都可能成为很好的创业投资机会。比如近两年流行国内、圆了很多女士创业梦和财富梦的十字绣，就是由北京的一位创业者首先从法国引进的。在法国，这本来是一种供上流阶层女士聚会时打发时间和消遣的小玩意。

与“海外盗宝”相对的是“金猿献宝”——将具有中国特色的商品，尤其是深具民族风格和民族文化传统的商品输往海外，这也是一条创业的捷径。

思考与讨论

1. 你认为环境对创业有哪些影响？
2. 环境分析应该包括哪些内容？
3. 从哪些渠道可以获得相关的环境信息？
4. 如何收集环境信息？

第二节　创业环境分析的内容

企业是整个社会经济系统中的一个子系统，它始终与内外部环境进行着信息、物质资源和人才等方面的交流。内外部环境的种种变化，可能会给企业带来两种性质不同的影响：一是为企业的生存和发展提供新的机会，二是对企业生存造成威胁。企业要谋求生存和发展，就必须研究和认识内外部环境。

创业环境包括一般外部环境、社区环境、行业环境、政策环境、内部环境几个方面。

一、创业的一般外部环境分析

创业的一般外部环境主要是指企业所在的国家或地区的政治、经济、人口、社会文化、科技、资源，甚至地理和气候等环境。

（一）政治与政策法律环境分析

政治与政策法律环境包括一个国家的社会制度，执政党的性质，政府的方针、政策及法令等。

直接影响创业的是各种法律、法规和政策，如税法、专利法、环境保护法和反垄断法；产业政策、投资政策、国防开支及政府补贴等。与创业相关的法律与法规大致可以分为三类：

（1）涉及企业主体、调整平等主体之间关系的主体法和程序法。

（2）涉及企业运营和对企业运行进行规范、管理的法律。

（3）涉及税收法律。对于创业者而言，比较重要的税收法律是流转税法（包括增值税、营业税、消费税）和所得税（个人所得税和企业所得税）。

此外，国家和地方为了鼓励自主创业，相继推出了多项优惠政策，这些优惠政策涉及开业、融资、税收和创业培训等方面。具体参见本书相关章节。

（二）经济环境分析

经济环境指企业经营过程中所面临的各种经济条件、经济特征、经济联系等客观因素。

主要的经济发展状况信息有：GDP 及其增长率、贷款的可得性、可支配收入水平、居民消费（储蓄）倾向、利率、通货膨胀率、规模经济、政府预算赤字、消费模式、失业趋势、劳动生产率水平、汇率、证券市场状况、外国经济状况、进出口因素、不同地区和消费群体间的收入差别、价格波动、货币与财政政策。

（三）社会文化环境分析

社会文化环境包括一个国家或地区的居民受教育程度和文化水平、宗教信仰、风俗习惯、审美观点及价值观念等。文化水平会影响居民的需求层次；宗教信仰和风俗习惯会禁止或抵制某些活动的进行；价值观念会影响居民对组织目标、组织活动及组织存在本身的认可与否；审美观点则会影响人们对组织活动内容、活动方式及活动成果的态度。

相关信息包括：行业准则、社会习俗、社会道德观念等文化因素；公众对于婚姻、生活方式、工作、道德、性别角色、公正、教育和退休等方面的价值观念；人口数量、年龄结构、收入结构、教育程度、地区分布、民族构成、职业构成、宗教信仰、家庭规模和家庭寿命周期等人口统计特征。

我国实行计划生育政策以来，人口结构已发生重大变化，最突出的是人口的老龄化，这为生产老年人用品和为老年人服务的企业提供了一个发展的机会。

（四）科技环境分析

科技环境指一个国家和地区的技术水平、技术政策、新产品开发能力及技术发展动向等。

相关信息包括：创业地区的新技术、新材料、新产品、新能源的状况；国内外科技总体发展水平和趋势；本企业所涉及的技术领域的发展情况；专业渗透范围、产品技术质量检验指标和技术标准等。

（五）地理和气候环境分析

地理和气候环境是指企业所在地域的全部自然资源所组成的环境，包括各种矿藏和地理气候等自然条件。创业者应对地区条件、气候条件、季节因素和使用条件等方面进行分析。

例如，我国的藤制家具在南方十分畅销，但在北方则销路不畅，遭到冷落，其主要原因是北方气候干燥，这种家具在北方容易断裂，影响了产品的声誉和销路。

二、创业的社区环境分析

创业企业一般规模较小，其影响力局限于社区范围；反过来，社区环境的小气候对刚创建的企业来说，影响更是巨大，所以分析企业所在的社区环境是重点之一。

（一）社区购买力分析

对社区购买力的分析，主要涉及以下内容：

（1）居民货币收入。

（2）流动购买力。

（3）购买力投向分析。

（二）社区人口状况分析

研究社区人口状况是为了便于进行市场细分。相关信息包括：

（1）社区总人口。

（2）社区家庭总数和家庭平均人口数。

（3）社区人口的年龄构成。

（4）社区人口的职业构成。

（5）社区人口的受教育程度。

（三）产品或服务的需求调查与分析

需求通常是指人们对外界事物的欲望和要求，人们的需求是多方面、多层次的。对创业者拟生产的产品、服务需求和供给方面的分析主要包括：

（1）消费者购买动机分析。

（2）分析消费者购买行为。消费者购买行为是消费者购买动机在实际购买过程中的具体表现，即通常所讲的“3W”、“1H”分析，即了解消费者在何时购买（when）、何处购买（where）、由谁购买（who）和如何购买（how）等情况。

某些商品的销售随着自然气候和商业气候的不同，具有明显的季节性。如在春节、“五一”、中秋节、国庆节等节日期间，消费者购买商品的数量要比以往增加很多。

某商场在对一周内的客流量进行实测调查后发现，一周中客流量最多的是周日，最少的是周一；而在一日内，客流量最高峰为上下班时间，即上午 11 时和下午 5 时；其他时间客流量也有一定的分布规律。据此，商场对人员和货物都作出了合理安排，做到忙时多上岗、闲时少上岗，让售货员能在营业高峰到来时，以最充沛和饱满的精神面貌迎接顾客，从而取得了较好的经济效益和社会效益。

关于消费者在何处购买的问题，对于多数大件商品，如商品房、电器等，消费者在购买前已在家中作出决定；而对于一般日用品、食品和服装等，具体购买哪种商品，通常是在购买现场，受商品陈列、包装和导购人员介绍等的影响而临时作出决定的，具有一定的随意性。目前，我国一些城市已出现通过电视商场购买商品的方式，使得决定购买和实际购买行为在家中便可完成。

例如，某商场在其所做的市场营销环境调查中了解到：有 59% 的居民选择距家最近的商店，有 10% 的居民选择距工作地点最近的商店，有 7% 的居民选择上下班沿途经过的商店，有 18% 的居民选择有名气的大型、综合、专营商店，有 6% 的居民则对购物场所不加选择，即随意性购物。

关于由谁购买，有关调查结果显示：对于日用品，如服装、食品等商品，大多由女性作出购买决定，也主要由女性实际购买；对于耐用消费品，男性作出决定的较多，当然在多数情况下要与女性共同商定，最后由男性独自或与女性一同去购买；对于儿童用品，常由孩子提出购买要求，由父母决定，与孩子一同前往商店购买。此外，通过调查还发现，男性独自购买、女性独自购买或男女双方一同购买对最后实际成交有一定影响。

上述三个方面的调查能为商店经营提供许多有价值的信息，如了解到光临某商场或某柜台的大多为年轻女性，就可着意营造一种能够吸引她们的气氛，并注意经销商品的颜色和包装等；如果顾客以男性为主，则可增加特色商品或系列商品的陈列和销售。

不同的消费者具有不同的购物爱好和习惯。如有的消费者注重品牌，他们愿意支付较多的钱购买自己所喜爱的品牌；而有的消费者注意价格，他们购买较便宜的商品，对品牌并不在乎或要求不高。

（四）产品或服务的市场供给调查分析

主要信息有：现有竞争对手的产品能否满足顾客需求？竞争对手产品或服务的不足之处有哪些？现有竞争对手对于市场需求会作出什么反应？会不会有新的竞争对手出现？

三、创业的行业环境分析

行业是影响企业生产经营活动最直接的外部因素，一个行业的经济特性和竞争环境，以及它们的变化趋势往往决定该行业未来的利润和发展前景。

（一）行业经济特性分析

主要从以下几方面进行：市场区域范围及规模大小、规模经济特征、行业进入和退出的壁垒及难易程度、对资源的要求程度及平均投资回收期、市场成熟程度、市场增长速度、行业中公司的数量及其规模、购买者的数量及规模、分销渠道的种类及特征、技术革新的方向及速度，以及行业总体盈利水平等。

（二）行业中的变革驱动因素分析

行业变革驱动因素是指那些改变整个行业及竞争环境的主要原因及因素，创业时如能敏锐地判断行业驱动因素，则非常有利于企业未来战略的制定。

尽管促使某一行业发生变化的因素很多，但一般来说，真正算得上驱动因素的不超过3～4个，创业者应仔细辨别，将行业驱动因素与那些并不重要的因素区别开来，并将关注的重点集中于这些因素上。

（三）行业的关键成功因素分析

一个行业的关键成功因素是指影响行业中的各个公司能否取得成功的关键因素，包括产品与服务属性、资源要求、竞争能力及特定战略等。

同样的，对于某一个特定的行业而言，在某一特定的时候，行业关键成功因素一般不会超过3～4个，创业者应该从诸多影响成功的因素中找出最为关键的因素，并在日常管理中聚焦于这些因素。

（四）行业竞争力量分析

一个行业的竞争状态是各种竞争力量共同作用的结果。这些竞争力量主要包括五个方面：行业内现有公司之间的竞争状况、供应商的议价能力、顾客的议价能力、替代产品或服务的提供商为了争夺顾客所采取的进攻性行动、来自潜在进入者的威胁等。

（五）行业中竞争对手分析

要使公司在竞争中获得胜利，就必须确认主要的竞争对手，并理解竞争对手的战略及其意图。除此之外，还必须时时跟踪竞争对手的策略，并预测其可能采取的行动。不仅应关注现时的竞争对手，还应估计谁有可能成为未来最主要的竞争对手，并为此采取积极应对之策。

（六）行业的吸引力分析

创业者可以从对前面五个问题的分析和理解，预测本企业进入该行业的未来前景，即该行业是否具有吸引力？

四、创业内部环境分析

创业的内部环境分析包括内部资源分析、能力分析及核心竞争力分析。

（一）企业内部资源分析

在创业阶段，主要分析目前企业所拥有的财力资源、物力资源、市场资源、环境资源、技术资源及人力资源等方面。

在进行企业资源分析的时候，还需要特别注意企业的无形资源，如技术资源、信誉资源、文化资源和商标等。

（二）企业能力分析

对于尚未建立的企业，创业者可以从以下几方面分析企业的未来能力：

（1）企业从外部获取资源的能力。

（2）生产能力。可从加工工艺和流程、生产设备设施等方面的计划安排、仓储、员工、产品或服务质量等环节进行分析。

（3）营销能力。主要包括市场定位的能力、营销组合的有效性及营销管理的能力等。

（4）科研与开发能力。包括企业科研队伍的现状和变化趋势、高等院校或科研单位合作的基础、条件等。

（三）企业核心竞争力分析

企业核心竞争力是指企业拥有的有价值、稀有、难以模仿及不可替代的能力。它是决定企业生存和发展的最根本因素，是企业持久竞争优势的源泉。

企业培育核心竞争力的途径主要有二：传统途径和现代途径。

传统途径是指企业为了实现内部资源的最优配置而采取的一系列管理行为，包括生产作业管理、供应管理、技术创新、市场营销管理、财务管理及人力资源管理等。

现代途径即资本运营，指企业为了有效整合外部资源而采取的更为复杂的管理行为，包括兼并、收购、分拆、上市、联营及破产等。

第三节　创业环境分析的方法

一、PEST 分析法

PEST 是政治（Political）、经济（Economic）、社会（Social）和技术（Technological）的英文缩写。PEST 分析是指对影响一切行业和企业的各种宏观环境因素进行扫描分析。不同行业和企业根据自身特点和经营需要，分析的具体内容会有所差异，但一般应对上述四大类影响企业的主要外部环境因素进行分析。PEST 分析如下图所示。

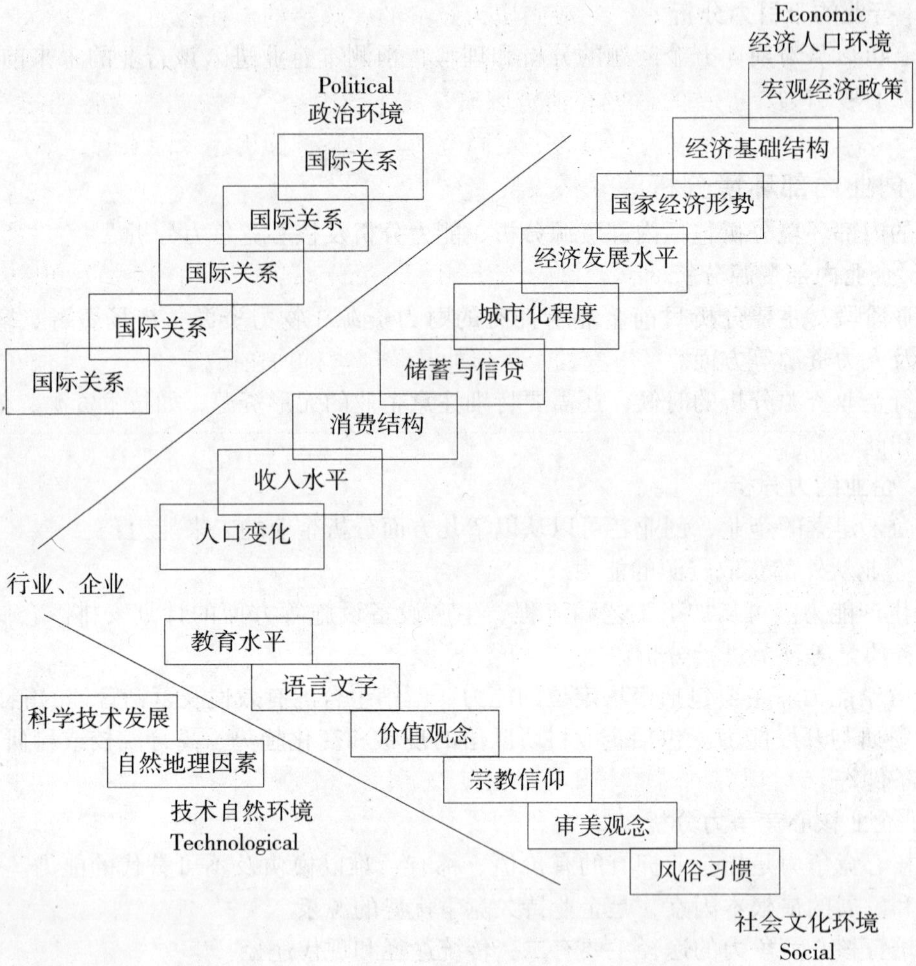

PEST 分析示意图

有时，亦会用到 PEST 分析的扩展变形形式，如 SLEPT 分析或称 STEEPLE。STEEPLE 是社会/人口（Social/Demographic）、技术（Technological）、经济（Economic）、环境/自然（Environmental/Natrul）、政治（Political）、法律（Legal）、道德（Ethical）的英文缩写。

二、SWOT 分析法

SWOT 分析是企业战略制定中一种常用的分析工具，被广泛运用在企业战略管理、市场研究、竞争对手分析等领域中。所谓 SWOT 分析，即态势分析，就是将与研究对象密切相关的各种主要内部优势、劣势、机会和威胁等，通过调查列举出来，并依照矩阵形式排列，然后用系统分析的思想，把各种因素相互匹配起来加以分析，从中得出一系列相应的结论，而结论通常带有一定的决策性，它在制定公司发展战略和进行竞争对手分析中经常被使用。

进行 SWOT 分析时，主要有以下几个方面的内容：

（一）分析环境因素

运用各种调查研究方法，分析企业所处的各种环境因素，即外部环境因素和内部能力因素。外部环境因素包括机会因素和威胁因素。它们是指外部环境对公司的发展有直接影响的有利和不利因素，属于客观因素，一般归属为经济的、政治的、社会的、人口的、产品和服务的、技术的、市场的及竞争的等不同范畴；内部能力因素包括优势因素和劣势因素，它们是公司在其发展中自身存在的积极和消极因素，属主动因素，一般归类为管理的、组织的、经营的、财务的、销售的及人力资源的等不同范畴。在调查分析这些因素时，不仅要考虑公司的历史与现状，更要考虑公司的未来发展。

（二）构造 SWOT 矩阵

将调查得出的各种因素根据轻重缓急或影响程度等方式排序，构造 SWOT 矩阵。在此过程中，将对公司发展有直接的、重要的、大量的、迫切的及久远的影响因素优先排列出来，而将间接的、次要的、少许的、不急的及短暂的影响因素排列在后面。

外部环境	潜在外部威胁（T）	潜在外部机会（O）
	市场增长较慢 竞争压力增大 不利的政府政策 新的竞争者进入行业 替代产品的销售额正在逐步上升 用户讨价还价的能力增强 用户的需要与爱好逐步转变 通货膨胀递增及其他	纵向一体化 市场增长迅速 可以增加互补产品 能争取到新的用户群 有进入新市场或市场面的可能 有能力进入更好的企业集团 在同行中竞争业绩优良 扩展产品线以满足用户的需要及其他
内部条件	潜在内部优势（S）	潜在内部劣势（W）
	产权技术 成本优势 竞争优势 特殊能力 产品创新 具有规模经济 良好的财务资源 高素质的管理人员 公认的行业领先者 买主的良好印象 适应力强的经营战略 其他	竞争劣势 设备老化 战略方向不明 竞争地位恶化 产品线范围太窄 技术开发滞后 营销水平低于同行业其他企业 管理不善 战略实施的历史记录不佳 不明原因导致的利润率下降 资金拮据 相对于竞争对手的高成本及其他

（三）制定战略

在完成环境因素分析和 SWOT 矩阵的构造后，便可以制订出相应的行动计划。

制订计划的基本思路是：发挥优势因素，克服弱点因素；利用机会因素，化解威胁因素；考虑过去，立足当前，着眼未来。运用系统分析的综合分析方法，将排列与考虑的各种环境因素相互匹配起来加以组合，得出公司未来发展的四种战略。

（1）SO 战略，依靠内部优势去抓住外部机会。如一个资源雄厚（内在优势）的企业发现某一国际市场未曾饱和（外在机会），那么它就应该采取 SO 战略去开拓这一国际市场。

（2）WO 战略，利用外部机会来改进内部弱点。如一个面对计算机服务需求增长的企业（外在机会），却十分缺乏技术专家（内在劣势），那么就应该采用 WO 战略培养技术专家，或购入一个高技术的计算机公司。

（3）ST 战略，利用企业的优势，去避免或减轻外部威胁的打击。如一个企业的销售渠道（内在优势）很多，但是由于各种限制不允许它经营其他商品（外在威胁），那么就应该采取 ST 战略，走集中型、多样化的道路。

（4）WT 战略，直接克服内部弱点和避免外部威胁。如某一商品质量差（内在劣势）、供应渠道不可靠（外在威胁）的企业应该采取 WT 战略，强化企业管理，提高产品质量，稳定供应渠道，或走联合、合并之路以谋生存和发展。

第四节　创业信息的收集方法

一、间接法收集市场信息

间接法收集市场信息就是收集已存在的、别人调查整理的二手信息、情报、数据或资料。对创业者来说，间接法收集二手市场信息比较方便、容易、费用少、来源广且节省时间，可以进行长期、持续的收集、整理，所以创业者应首先考虑采用这种方法。

对于创业者来说，可从以下几个主要渠道收集信息：

（1）互联网。利用 Google（谷歌）、百度等搜索引擎输入你需要的信息的关键词，将会得到很多你想要的信息；在互联网上，还有各行各业的行业信息、商（厂）家信息、博客、网站等，都可以找到各种信息。

（2）统计部门与各级各类政府主管部门公布的有关资料。国家统计局和各地方统计局都定期发布统计公报等信息，这些信息综合性强、辐射面广，很有权威和价值。

（3）各种经济信息中心、专业信息咨询机构、各行业协会和联合会提供的市场信息和有关行业情报。这些机构的信息系统资料齐全，信息灵敏度高。为了满足各类用户的需要，他们通常还提供资料的代购、咨询、检索和定向服务，这是获取市场信息的重要来源。

（4）国内外有关的书籍、报纸和杂志所提供的文献资料。包括各种统计资料、广告资料、市场行情和各种预测资料等。

（5）有关生产和经营机构提供的商品目录、广告说明书、专利资料及商品价目表等。

（6）各地电台、电视台提供的有关市场信息。近年来，全国各地的电台和电视台为适应市场经营形势发展的需要，都相继开设了市场信息、经济博览等以传播经济、市场信息为主导的专题节目及各类广告。

（7）各种国际组织、外国使馆及商会所提供的国际市场信息。

（8）国内外各种博览会、展销会、交易会及订货会等促销会议，以及专业性、学术性经验交流会议上所发放的文件和材料。

间接信息尽管可以便捷收集，但缺陷也很明显：一是时效性差，许多新情况、新问题难以得到反映；二是信息针对性较差，与创业者的分析目的往往不能很好地吻合，数据对解决问题不能完全有用，有时需要作进一步的加工处理；三是有些数据的精确度会受到影响。

二、直接法收集市场信息

直接法收集的主要是市场的微观信息，它对于创业企业更为关键，特别是消费需求方面的信息。

在间接法无法满足创业者的信息要求时，就要采用直接法。直接收集信息的方法通常有以下几种。

（一）问卷调查法

问卷调查法是直接收集市场信息最常用的方法，目前在国内外被广泛采用。它是指根据调查或收集信息的目的，将需要收集的信息分为一个个具体的问题，集中在一张调查表上，根据被调查者的回答，进行分析整理的一种方法。

问卷调查法的优点是：访问过程较直接，易于操作；所收集的数据比较可靠；数据的整理、分析和解释都比较简单。

其缺点是：对于涉及个人隐私、感情或信仰等方面的敏感问题，被调查者可能不愿意回答，还有一些被调查者不能回答，这些可能影响数据的有效性；设计一份好的问卷难度较大，市场信息收集的成功与否在很大程度上取决于问题设计的好坏。

（二）面谈访问法

面谈访问法是指访问者根据收集信息的提纲直接访问被访问者，当面询问有关问题的一种方法。既可以个别面谈，也可以群体面谈，还可通过座谈会等形式访问。

一般来说，个别面谈用于商品需求、购物习惯等信息的收集；群体面谈用于请专家就市场价格状况和未来市场走向进行分析和判断。

面谈访问法的优点是：回答率高；可通过访问人员的解释和启发帮助被访问者完成收集信息任务；可以根据被访问者的性格特征、心理变化、对访问的态度及各种非语言信息，扩大或缩小收集范围，具有较强的灵活性；可对访问的环境和访问背景进行了解。

其缺点是：人力物力耗费较大；要求访问人员的素质较高；对访问人员的管理较困难。此外，此方法还可能会遭到一些单位和家庭的拒绝。

（三）电话询问法

电话询问法是指由工作人员通过电话向被访问者询问和了解有关问题的一种方法。

电话询问法的优点是：获得市场信息的速度较快；节省收集费用和时间；信息的覆盖面较广；可以访问到一些不易见到面的被访问者，如某些名人等。

其缺点是：被访问者只限于有电话的地区和个人；电话提问受到时间限制；被访问者可能因不能详尽了解询问问题的意图而无法回答或无法正确回答；对于某些专业性较强的问题无法获得所需的信息资料；无法针对被访问者的性格特点控制其情绪。

（四）观察调查法

观察调查法是指收集信息的工作人员凭借自己的感官和各种记录工具，深入被观察者现场，在被观察者未察觉的情况下，直接观察和记录被观察者的行为以收集市场信息的一种方法。

观察法的优点是：可以实地记录市场现象的发生，能够获得生动具体的信息，对市场现象的实际过程和当时的环境气氛都可以了解，这是其他方法不能比拟的。而且，该方法对被观察者要求不高，适用性较强。此外，观察法还有资料可靠性高、简便易行及灵活性强等优点。

其缺点是：只能观察到人的外部行为，不能说明其内在动机；观察活动受时间和空间的限制；被观察者有时难免受到一定程度的干扰而处于不自然的状态等。

（五）实验法

实验法是指市场调研者有目的、有意识地改变一个或几个影响因素，来观察市场现象在这些因素影响下的变动情况，以认识市场现象的本质特征和发展规律的一种方法。在企业的经营活动中经常采用这种方法，如开展一些小规模的包装实验、价格实验、广告实验及新产品销售实验等，来测试这些措施在市场上的反应，以认识市场总体情况。

三、新兴的网络调研信息法

随着互联网的普及，利用网络工具进行信息搜集已成为许多企业的主要手段，这为人力、时间及精力有限的创业者提供了一个良好的机会。

网络调研信息法是指通过网络进行有系统、有计划、有组织的收集、调查、记录、整理和分析相关市场信息的方法。

（一）E-mail 问卷调研法

（1）主动问卷法。例如，美国消费者调查公司（American Opinion）是美国的一家网上市场调研公司。通过互联网在世界范围内征集会员，只要回答一些关于个人职业、家庭成员组成及收入等方面的个人背景资料问题即可成为会员。该公司每月都会寄出一些市场调查表给符合调研要求的会员，在调查表的下面标注着完成调研后被调查者可以获得的酬金，并且每月还会在会员中随机抽奖，至少奖励 50 美元。该公司的会员注册十分火爆，目前已有网上会员 50 多万人。

（2）被动问卷法。被动问卷法是指将问卷放置在 WWW 站点上，等待访问者访问时主动填写问卷的一种调研方法。例如，中国互联网络信息中心每半年进行一次的“中国互联网络发展状况调查”，采用的就是被动问卷调研法。它通过与国内一些著名的 ISP（网络服务提供商）、ICP（网络媒体提供商）设置调查问卷的链接，如新浪、搜狐及网易等，并进行适当的宣传以吸引大量的互联网浏览者进行问卷点击，感兴趣的人会自愿填写问卷并将问卷寄回。

（二）网上焦点座谈法

网上焦点座谈法是指在同一时间随机选择若干位被访问者，弹出邀请信，告知其可以进入一个特定的网络聊天室，相互讨论对某个事件、产品或服务等的看法和评价的一种调研方法。

（三）使用 BBS 电子公告板进行网络市场调研

网络用户通过 TELNET 或 WEB 方式在电子公告栏发布消息，BBS 上的信息量少，但针对性较强，适合行业性强的企业。

（四）委托市场调查机构调查

企业委托市场调查机构开展市场调查，主要针对企业及其产品进行调查。调查内容通常包括：网络浏览者对企业的了解情况；网络浏览者对企业产品的款式、性能、质量及价格等的满意程度；网络浏览者对企业售后服务的满意程度；网络浏览者对企业产品的意见和建议等。

（五）合作方式的网络市场调研

由企业和媒体合作进行，调查题目也各出一半。

总体来看，网络市场调研的优势非常明显：如信息及时，客观可靠，共享；便捷、经济（低费用）；互动性（交互性）强，交流充分；效率高；答复快速，可检验性、可控制性高；瞬间到达，无时空、地域限制；可定制调研。

当然，网络市场调研也有其不足，突出表现在：它只反映了网络用户的意见，较难进行自由选择；由于上网匿名及在线注意时间较短，多重选择答案的可信度不够高。此外，E-mail 地址缺乏，人与人之间情感交流的缺乏也影响其作用的发挥。

[案例]

礼维公司的分类市场调查

以生产牛仔裤闻名世界的美国礼维公司，从20世纪40年代末期的累计销售额800万美元，到80年代的20亿美元，40年时间增长了250倍，这得益于他们的分类市场调查。公司设有专门机构负责市场调查，在调查时应用心理学、统计学等知识和手段，按不同国别，分析消费者的心理和经济情况的变化、环境的影响、市场竞争条件和时尚趋势等，并据此制订销售、生产计划。1974年，公司对联邦德国市场的调查表明，多数顾客的首要要求是合身，公司随即派人在该国各大学和工厂进行合身测验，一种颜色的裤子就定出45种尺寸，因而扩大了销路。公司根据市场调查，了解到美国青年喜欢合身、耐穿、价廉和时髦，故把合身、耐穿、价廉和时髦作为产品的主要目标，故产品打入了美国青年人的市场。近年来，在市场调查中，公司了解到许多美国女青年喜欢穿男裤，公司经过精心设计，推出了适合妇女要求的牛仔裤和便装裤，使女性服装的销售额不断上升。因此，虽然美国及国际服装市场业的竞争相当激烈，但礼维公司靠分类市场调查使他们制订的生产与销售计划与市场上的实际销售量只差1%~3%。

最后，要特别指出的是，虽然创业者或企业收集的信息越完整、越准确，相关决策就越正确，但收集完整、准确无误的信息通常要花费大量的时间和精力，如果过分追求信息的完整、准确，可能会贻误商机。所以，创业者不要一味追求信息完整、准确，在收集信息时要考虑到人力、物力、财力和时间成本。

四、信息处理不当的陷阱

创业者在创业之初，需要收集大量的创业相关信息，有效地利用和处理好这些信息能帮助创业者降低创业风险，但处理不当反而会延误或错失良机，甚至作出错误决策，将企业带入失败的泥潭。

（一）个体创业者处理信息时遇到的偏误及解决方法

个体创业者由于自身经验或认知方面的局限性，在处理信息时容易出现偏误。

（1）直觉推断。一般来说，人们的直觉推断是非常有用的，它大大减少了推断过程的复杂化。但是，有时直觉推断会导致严重的偏差，这主要是因为生动的或非同寻常的信息比那些平淡的信息更容易被记起。为了克服“直觉推断”的认知偏见，创业者应就自己的决策与平时较理智的、喜欢分析的朋友、同事或专家进行讨论，以尽量减少决策失误。

（2）乐观性偏见。决策者总会觉得自己比别人幸运，这种认知偏误往往导致创业者在预测时更多地往乐观的结果预期，而对风险估计不足，即使被告知有风险存在，但他们总乐观地以为事态不会这么严重。要克服“乐观性偏见”，创业者可以就自己的决策与较悲观、喜欢挑刺的人士进行探讨，听听最坏的前景预测，以纠正自己过分乐观的想法。

（3）证实偏见。证实偏见是指一种更愿意注意、处理和记忆能证实当前信念或假设的信息，而忽略那些不能证实当前信念的信息的倾向。这种认知偏见无意识地使创业者不断强化自己的信念或假设，而忽视创业中的风险。要克服“证实偏见”，创业者可以找一些与自己意见相左的人士谈谈自己的决策，或与观点不一样的人士进行讨论。

（4）控制错觉。控制错觉是指人们相信通过努力和毅力，就可以控制周围环境。这会导致创业者过高地估计自己的控制能力，而低估了经济环境、竞争对手和其他很多不可控因素的影响。创业者可以与保守人士讨论自己的决策，征求他们的意见，以纠正自己过分冒险的错觉。

此外，还有很多的认知偏误或者思维习惯会导致创业者不能理性思考、理智决策。对此，创业者平时就应该加强认知方面知识的学习积累，有意识地克服认知偏误，纠正惯性思维，同时拓宽信息渠道、多向有经验的前辈请教。

（二）群体创业者处理信息时遇到的偏误及解决方法

许多人选择两个或更多人共同创业，群体创业在处理信息时，容易遇到下列各种偏误或陷阱。

（1）早期偏好。早期偏好是指人们喜欢或容易接受早期或开始时某个解释或决策的倾向，没有认真考虑、理性思考其他解释或决策。这种早期偏好很容易使群体创业者陷入决策陷阱，造成决策失误。

如索尼公司在20世纪60年代，明知彩色电视机项目无法取得突破，却迟迟不终止对项目的投资，管理者对失败的恐惧导致他们迟迟不能“壮士断腕”，而选择继续烧钱。

要克服这种决策偏见，创业者可以邀请外部人士参与讨论或决策，鼓励提出不同的决策方案，同时禁止对各种方案的任何批评。

（2）群体极化。群体极化是指在群体决策时，人们往往会比个人决策时更倾向于冒险或保守，向某一个极端偏斜，从而背离最佳决策。如当群体成员最初的意见倾向于保守时，群体讨论的结果将导致意见更加保守；当最初的意见倾向于冒险时，群体讨论将导致意见更倾向于冒险。群体意见的“极端化”，使群体的态度或意见倾向朝两极方向运动，使原来的不同意见之间的距离加大。

要克服决策时的群体极化现象，在提出任何决策方案前，应要求群体成员独立思考，书面列举出每人知道的所有相关信息，并提出自己的观点和方案，然后把各种信息和观点汇集在一起讨论，并作出评价。

（3）群体思维。群体思维是指当群体成员的凝聚力很强时，群体成员为了寻求与群体一致而产生的放弃个体的信息、意见、方案或决策的思维倾向。作为群体的一员，与群体保持一致比成为干扰力量对个人更为有利，因而，当个人的观点与处于控制地位的大部分群体成员的观点不一致时，他就可能屈从、退缩或修正自己的真实感情或信念。

为了防止群体思维所带来的不良影响，首先，群体领导人应该努力培养一种公开咨询和讨论的气氛，鼓励人们提出问题或批评意见；其次，应请“局外的专家们”对群体成员提出挑战，并给群体带来新的思路；最后，在达成一个共同的意见之后，群体领导人应该安排一个“第二次机会”的会议，使得群体成员能够将心里的困惑和保留意见表达出来。

（4）信息不共享。由于群体存在早期偏好的倾向，容易形成群体思维，造成群体极端化，一些群体成员由于种种顾虑而不轻易发表自己的观点或意见，从而使自己个体拥有的信息不能与群体其他成员共享。这有可能漏掉很多重要的信息，造成决策失误。

本章实训

实训项目一：

请仔细调查你所在的社区或附近地区的总体社会经济环境，在此基础上分析有无创业机会。而后进一步确定具体的创业项目。

实训项目二：

请对你就读学校学生的消费现状设计一份调查问卷。

实训项目三：

请调查你所在区域里的某个饭店或商店，运用 SWOT 分析方法对该商家作一个综合诊断，并提出你的商业建议。

实训项目四：师生互动

师生共同讨论、总结或点评本章第一节的讨论主题。

第四章　创业机会的寻找与评估

第一节　读创业故事的思考与讨论

［创业故事导读］

“海岛卖鞋”

曾经有一家美国的制鞋公司为了寻找国外市场，公司总裁派了一名业务员到非洲某个海岛上的国家，让他了解一下能否向该国推销鞋。这名业务员到非洲后，给总部发回一封电报说：“这里的人都习惯赤脚，不穿鞋，这里没有市场。”随即这名业务员离开了那里。总裁随后又派去另一名推销员。第二名业务员到该国后，也给总部发回一封电报，电报中说：“在这里的发现让我异常兴奋，因为这里的人都是赤脚，还没有一人穿鞋，这里市场巨大。”于是他开始在岛上卖鞋……

该公司觉得情况有些蹊跷，于是总裁派出了第三名业务员。他在非洲待了3个星期，发回一封电报：“这里的人不穿鞋，但有脚疾，需要鞋。不过不需要我们生产的鞋，因为我们的鞋太窄，我们必须生产宽一些的鞋。这里的部落首领不让我们做买卖……我们只有向他进贡，才能获准在这里经营。我们需要投入大约1.5万美元，他才能开放市场……因此，我建议公司应开辟这个小岛市场。”该公司董事会采纳了这名业务员的建议，并通过适宜的营销组合，最终成功地开拓了这个小岛市场。

思考与讨论

1. 海岛卖鞋的故事说明了什么？
2. 要想发现常人不能看到的商机，应具备什么素质？
3. 如何寻找创业机会？
4. 如何评估和选择创业机会？

第二节　创业机会的寻找和发现

创业是发现市场需求，寻找市场机会，通过投资经营满足这种需求的活动。创业需要机会，而机会无时不在，无处不在，关键是要寻找和发现。在茫茫的市场经济大潮中，要想寻找到合适的创业机会，需要创业者具备一定的素质，并掌握发现市场机会的方法。

一、创业机会的来源

寻找、识别与评估创业机会是新企业创业过程的起点，也是创业过程中的关键点。一个新企业创业过程的核心就是创业机会，新企业的创立是由机会驱动的。

通常，新企业产生的过程为：商业创意——商业机会——新创企业。在这个过程中，商业创意是发掘商业机会的开始。

（一）挖掘商业创意

1. 商业创意的来源

商业创意是指商业行为中的创新主意，通俗的说法就是应用于商业中的一些点子。大多数情况下，市场机会来自某一商业创意。商业创意无外乎三类：

一是新市场，即用原来的产品或服务满足新的市场需求。

二是新技术，即创造人们需要的新产品/新服务。

三是新利益，即产品/服务质量更好，功能更多，成本/价格更低。

商业创意的来源主要有八个方面：①个人生活经历和工作经历；②个人爱好；③偶然发现（旅途、参加活动、看节目等）；④有目的地深入调查研究（阅读相关报刊、资料、书籍、访谈等）；⑤他人的建议；⑥教育（课程）；⑦亲友所从事的行业；⑧家庭企业。

2. 商业创意的产生

很多人认为创意是瞬间产生的，然而通过系统分析研究也可以获得商业创意。

（1）通过分析特殊事件，寻找商业创意。如，美国一家炼钢厂因为资金不足，不得不购买迷你型钢炉，而后竟然发现后者的获利率要高于前者。经过分析后发现，钢产品市场结构已发生变化，因此该厂将投资重点放在迷你型炼钢技术上。

（2）通过分析矛盾，寻求商业创意。如金融机构提供的服务与产品大多针对专业投资大户，但占市场很大比例的一般投资者却没有受到应有的重视。这样的矛盾显示出，为一般大众投资提供服务的市场是极具潜力的。

（3）通过分析作业程序，寻求商业创意。如分析很多行业的生产作业流程，可以挖掘软件开发和信息服务。

（4）通过分析产业与市场结构变迁的趋势，寻求商业创意。如在国有体制改革和公共事业产业开放的调整中，可以在能源、电信、交通产业中挖掘出更多的商业构思。

（5）通过分析人口统计资料的变化趋势，寻求商业创意。如人口的老龄化、教育程度的变化、社会竞争压力增大为业余“充电”等提供了很多的机会。

（6）通过分析价值观念和认识的改变，寻求商业创意。如人们对于饮食需求认识的改变，造成健康食品市场的兴起。当人们看到两岸四地未来互相依存的前景时，到香港、澳门等地求学、就业、移居的市场商机，也会形成众多的商业创意。

（7）通过新知识的产生，寻找商业创意。如人类基因图谱的破译，可以给生物与医疗服务领域创造商机。

（8）通过复制外地市场，寻找商业创意。商业创意也可以来自生活中的观察和体验。如个人生活经历和工作经历、个人爱好、偶然发现、通过媒体获得相关信息（报纸、电视、书籍、资料等)、交流、接受培训或教育等。

(二)创业机会的来源

寻求创业机会的简便方法，可以关注以下六个方面。

1. 问题

创业的根本目的是满足顾客需求，而顾客需求在没有满足前就是问题。寻找创业机会的一个重要途径是善于发现、体会自己和他人在需求方面的问题或生活中的难处。比如，上海有一位大学毕业生发现，远在郊区的本校师生往返市区交通十分不便，便创办了一家客运公司；双职工家庭，没有时间照顾小孩，于是有了家庭托儿所；没有时间买菜，就产生了送菜公司等：这些都是把问题转化为创业机会的成功案例。

[案例]

从吸尘器想到的

当盖伊·鲍尔弗和他的妻子正在为经营小游船而苦苦挣扎时，他看到清洁工用卡车携带的吸尘器吸取下水道里的污秽，突然受到启发：能否用类似的装置把草原土拨鼠从洞里吸出来呢？牛和马常常因将蹄子陷在草原土拨鼠的洞里而折断腿，但由于土拨鼠极难在它的洞中被捕捉，下毒或夹子会伤害别的动物，因而牧场主对它们非常头痛。于是鲍尔弗对卡车做了几处改装，然后驾驶卡车到有草原土拨鼠大批出没的地方去旅行，将这种有害动物从它们的洞中吸出来，再放到别的地方去，每天收费800~1 000美元。机场在了解到他的服务项目后，也请他帮忙。目前，鲍尔弗的业务已发展到18个州，甚至还从澳大利亚传来了能否吸出兔子的咨询。

2. 变化

创业的机会大多产生于不断变化的市场环境。这种变化可以包括：产业结构的变动、消费结构升级、城市化加速、人口结构变化、价值观与生活形态的变化、政府政策的变化、人口结构的变化、居民收入水平提高、全球化趋势等方面。

如居民收入水平提高，私人轿车的拥有量将不断增加，这就派生出汽车销售、修理、配件、清洁、装潢、二手车交易、陪驾等诸多创业机会。

3. 创造发明

创造发明提供了新产品、新服务，在更好地满足顾客需求的同时，也带来了创业机会。如随着电脑的诞生，电脑维修、软件开发、电脑操作的培训、图文制作、信息服务、网上开店等创业机会随之而来。即使你不发明新的东西，你也能成为销售和推广新产品的人，从而给你带来商机。

4. 新知识、新技术的产生

新知识、新技术的产生也带来了许多市场机会。如当人类基因图谱获得完全解决时，可以预期其必然在生物科技与医疗服务等领域带来较多的新事业机会；又如随着健康知识的普及和技术的进步，围绕“水”带来了许多创业机会，上海就有不少创业者加盟“都市清泉”，走上了创业之路。

5. 竞争

在运输、金融、保健、饮食、流通这些所谓的“低科技领域”，如果你能弥补竞争对手的缺陷和不足，这也将成为你的创业机会。

6. 顾客的差异

每个人的需求都是有差异的，如果我们时常关注某些人的日常生活和工作，就会从中发现某些机会。因此，在寻找机会时，应习惯把顾客分类，认真研究各类人员的需求特点。

[案例]

另类的录像带出租商店

吉姆·麦凯布退休后，他决定开创一项事业。他们夫妇喜欢电影，因而开一家录像带出租商店似乎是很自然的。由于他们那一地区的大部分商店出租同样的电影录像带，所以他们特意去查找电影目录以看看到时出租什么好，结果发现有不少不同寻常的电影，其中一些只能说是“演出的大失败”。这对夫妻喜欢这些在一般商店看不到的电影录像带，并认为别人也可能会喜欢。

当他们的“录像天地”在弗吉尼亚开张时，除了在柜台内摆放了常见的好莱坞电影外，还储备了许多稀奇古怪的电影，并打出了“保证供应城内最糟的电影”的招牌。结果顾客蜂拥而至，都是来租电影院通常不愿上演的电影的。

现在，麦凯布夫妇通过免费电话向全美出租电影录像带，一年的营业额达500万美元。吉姆·麦凯布说：“我们发现了一个活动空间，并在竞争中获胜。我们的经验是，小经营者必须使自己与别人有所不同。”

（三）关注生态机会

创业者不仅需时刻了解可能产生商业机会的技术变化，还要了解环境和社会问题的变化，这些都能产生巨大的商业机会。比如，清理我们的土地、空气和水，节能减排等，最近已成为人们关注的问题，这将为创业者创造许多机会。

创业者能做的一件有意义的事就是合理经济地使用资源——土地、空气、水等。这样，未来的一代人也能使用它们。一般来说，有效地使用各种资源不仅能降低污染，而且能保持业务的竞争性。

环境专家推荐了三种比较好的商业手段，它们能帮助创业者降低成本并提高盈利：

一是减少，即削减或购买量减少。

二是再使用，为产品找到再次利用的机会，或送给其他人使用。

三是循环使用，将产品分解再重新组合成新的产品。

二、在市场中寻找创业机会

（一）对熟悉的领域进行分析

如果创业者在别的企业工作/实习过，就可以通过分析原来企业运作的情况，找出它的强项与弱项，发现并揭示新的业务机会，创造出新的业务方向甚至创建新的企业。

[案例]

一个机构拥有庞大的客户邮政（地址）列表，但是没有利用这个邮政列表开展广告宣传活动。他们意识到这一弱项后，就与一家擅长直接邮递的公司签订合同，使列表计算机化。列表被用以广告的形式宣传公司自己的产品，并且向租用该列表的其他公司收取租用费。

一家飞机制造公司有一个光纤部门，该部门在飞机销售量下降时开工利用率不足。公司没有关闭这一部门或解雇员工，而是要求他们能够制造出其他产品。该部门设计出一种特殊浴盆，并开始销售，且获得成功，以至于专门成立了一家新公司。

1. 项目寻找步骤

（1）找出目前利用率不足的人力、实物或其他运营设备等存量资产。

（2）找出熟悉领域中的强项与弱项。

（3）利用外部咨询顾问检视强项与弱项。

（4）学习并改进你的运作方式，减少弱项或将弱项转化为强项。

2. 要思考的问题

（1）什么实力可以作为扩张的基础？如何做到？

（2）什么弱项可以改进或转化为强项？如何做到？

（3）考虑了目前实力和弱项之后，可以确认什么新的商业机会？

（二）利用市场的转换

当客户群体在长期的意义上从一类产品转移到另一类产品上时，将能够带来新的市场机会。也就是说，市场转换将创造对新产品和新服务的需求。

[案例]

一家公司曾经利用从唱片机向录音机市场转换的机会，靠组装录音机磁头清洗带而致富。

为了利用轿车市场从大型转向小型的机会，国外的一家公司为小型轿车设计并制造了自行车和滑雪板的固定架。

一家办公机械修理公司利用由打字机向字处理机市场转换的机会，开始专攻字处理设备的修理。

1. 项目寻找步骤

通过以下方法，发现客户购买习惯的重大变化：

（1）阅读市场研究报告及贸易机构的研究预测。

（2）注意可能引起长期变化的目前市场的衰退。

（3）注意开始流行的新产品。

（4）分析自己购买习惯的变化，特别是当你停止购买一种过时的产品并开始购买另一种具有完全不同特征的替代品时。

通过以下方法，发现伴随市场转换而产生的新产品：

（1）分析新产品的优点，看看这些优点是否可能将一些传统产品驱逐出市场。

（2）留意可能引起产业革命的新概念，关注相关的新技术或新产品。

（3）考察主流产品或服务，这些产品或服务需要进行变化以满足客户需求，但目前还没有提供。

（4）当市场转换的主流产品已经存在时，则检视可以与该主流产品配套的相关产品或服务。

（5）确认自己准备提供的产品或服务确实有需求。

2. 要思考的问题

（1）能想出最近已经发生的某种市场转换吗？

（2）能想出可能发生的某种市场转换吗？

（3）如何利用消费者购买习惯的转换？

（4）能通过提供主流产品或服务引发市场转换吗？

（5）能为新的主流产品提供配套产品或服务吗？

（6）头脑中正在勾画的产品或服务是否确实有消费者需求？

（三）借助产业增长趋势

当越来越多的人对某产业或活动感兴趣时，它就会出现增长趋势。创业者可以利用这种增长趋势，提供与增长产业或活动相关的产品或服务。

[案例]

形体与健身市场有增长的趋势。为了利用这一趋势，有些公司在别的公司热衷于开设形体训练班时，开始生产形体锻炼设备。某公司开发并供应监控锻炼者跑步时心跳速率的数字计数表。

一家生产美容产品的企业利用男性对皮肤保健兴趣的上升，将企业原先针对女性的面霜产品生产扩充到男性产品。

旅游是持续上升的产业。有人利用这一点，专为旅游代理开办了学校，以满足旅游代理人员的需要。

越来越多的人对“充电”、成长、发展感兴趣。许多公司和个人提供研讨会课程、书籍、咨询及再培训业务以满足市场的需求。

1. 项目寻找步骤

（1）确认增长趋势。通过阅读、与专家交谈、观察、听课、访问等方式了解增长趋势。

（2）列出增长趋势表，并选择出你最感兴趣的项目。思考你的知识、经验、能力如何帮助你满足新市场趋势的需要。

（3）选择特定的增长趋势进行深入研究。找出原因、主要因素、对社会的影响及未来的发展趋势。

（4）观察符合趋势的产品或服务。

（5）与潜在消费者交谈，以便发现他们是否准备购买你想提供的产品或服务。

2. 要思考的问题

（1）能确认哪些项目有增长趋势吗？

（2）能为这些增长趋势提供什么产品或服务？

（3）将来什么商业活动或产业可能增长？

（4）谁会需要你正在考虑并准备提供的产品或服务？

（四）利用市场间隙

当所需要的产品或服务无法获得，或消费者的需求大于目前的供应时，就会出现市场间隙或不足。对那些进入并提供这些产品或服务的需求者而言，这就意味着存在商业机会。

[案例]

每年夏天，游艇的租赁就会供不应求。一家公司开始建造游艇，并将未售出的游艇租赁出去。旺季过后，再把这些租赁过的游艇作为展品降价销售出去，以此作为销售补充计划的一部分。

一个宾馆雇员注意到宾馆对床垫维修服务有需求，可是市场上却没有这项服务。她迅速与若干家旅馆签订合同，并创办了床垫维修公司。

1. 项目寻找步骤

(1) 找到有需求却没有供应（或短缺）的产品或服务。

(2) 询问分销商、代理商、零售商，了解什么产品或服务的获得使他们觉得有困难。

(3) 检查流行产品或服务的递送时间及可获得性。

(4) 请公司企业确认他们需要却觉得获得有困难的产品或服务。

(5) 搜寻由公司退出业务、变换产品方向、暂时歇业等原因可能造成的供应短缺。

2. 要思考的问题

(1) 是否清楚地认识到市场间隙?

(2) 是否清楚地认识到什么供应短缺?

(3) 如何发现其他市场间隙或短缺?

(4) 如何通过提供产品或服务弥补这些市场间隙或短缺?

(5) 确认为此供应的产品或服务是否有市场?

(五) 利用社会事件或形势

消费产品或服务可以配合某一事件而进行。这些事件包括社会事件、经济变化、业务或产业发展、新法规的颁布等。

[案例]

某个城市的许多居民非常担心染上当时的一种传染病，一位护士抓住机会，成为一种非常易于使用的流行病自测工具的分销商。

1. 项目寻找步骤

(1) 树立任何一次经历和局势都可能为某些人带来某种商业机会的观念。

(2) 借助各种信息搜寻方法认清可能带来创业机会的局势或形势。

(3) 创造产品或服务，使之可能：在危机中帮助人们（如群体治疗、有用的供应）；帮助人们庆祝或记住事件（纪念品、博物馆）；提供与事件相关的经历（旅行、电影）；帮助人们忘却事件（的痛苦），转移他们的注意力（娱乐、活动）。

2. 要思考的问题

(1) 目前什么局势可能提供商业机会?

(2) 针对目前的局势可以提供什么产品或服务？你能提供吗?

(六) 利用被遗弃的市场

利用被遗弃的市场意味着进入被其他公司舍弃的领域，这里面也有商业机会。

[案例]

大型航空公司因无法承担小型社区的服务，留给小型往返运载服务商去经营。

爱好者或收藏家要想获得古董汽车、拖拉机、游船艇及其他设备的配件是件困难的事，而其他公司可以进入这些被遗弃的市场。

经过一段牛奶只有纸包装或塑料包装的时期之后，有些奶制品厂又开始提供瓶装牛奶。他们正在服务于一个被遗弃的市场——仍然偏爱瓶装牛奶的人群。

1. 项目寻找步骤

(1) 确认许多公司正在离开的技术领域，分析他们离开后的结果和市场。

(2) 定位并瞄准那些变换他们产品或服务的公司，确定是否仍然有一些客户需要原先的产品或服务。

(3) 确认开始迅速变得过时但在相当长的时期内仍然有使用价值的产品。

(4) 寻找选择了新的方向而显得先进的产业，分析其留下的机会。

(5) 与潜在客户交谈，确认你想提供的产品或服务确实有市场。

2. 要思考的问题

(1) 什么产业或公司最近由于新技术、新产品、新业务方式的到来而有重大的变化?

(2) 哪些变化将导致原先的市场被遗弃或过时?

(3) 还有哪些被遗弃的市场?

(4) 多少潜在客户表示仍然对原先的产品或服务有需求?

(七) 瞄准大市场下的小市场

怀着服务于其中一小块市场的想法，有时可能进入大市场。要注意只有这种情况才能成功——市场如此之大以至于其中一小块市场就能够盈利。

[案例]

快餐业非常大而且仍然在迅速增长。一位创业者在卫星城开了一个以鱼为主的小餐馆，虽然快餐连锁巨头们在此区域也开有连锁店，但他的餐馆仍然非常成功。

一个小饮料厂将服务瞄准于一小部分特定人群，非常成功，也没有对饮料业巨头们构成威胁。

若干软件公司通过提供特定软件、服务于特定市场实现了盈利。

1. 项目寻找步骤

(1) 通过研读经济报告、贸易协会数据及市场研究，确认大市场。

(2) 选择你感觉可以抓住其中一小部分占有率的市场。

(3) 制订可以使你有效竞争的计划。

(4) 避免进入那些巨头们为了一个百分点就会激烈战斗的高度竞争的市场。

(5) 与潜在客户交谈，明白他们是否需要你准备提供的产品或服务。

2. 要思考的问题

(1) 存在什么大市场?

(2) 哪些大市场最适合小运营商进入?

(3) 提供什么产品或服务才能在一个大市场中获得一个小的占有率?

(4) 哪类潜在客户说过他们会购买你想提供的产品或服务?

(八) 扩大市场区域

当区域性生产的产品或业务获得成功时，经常会存在扩大市场地理范围的机会，有时会在其他地方开设新的业务。

[案例]

一家向登山者和滑雪者提供装备的合作企业非常成功，所以他们在另外一个省开设第二家分店。

一家具有独特理念的成功餐馆，将相似的餐馆开遍整个城市并逐步外延。

1. 项目寻找步骤

(1) 对于在某一区域内提供的产品或服务，考虑是否可以将其扩大到新区域。

(2) 发现别人生产的、在本地很成功但还没有推广到外地的产品或服务。

(3) 与潜在消费者交谈，以发现这些产品或服务在新区域是否有市场。

2. 要思考的问题

(1) 本地什么产品或服务可以扩大到其他地区的新市场?

(2) 本地什么成功的产品还没有向其他地区分销?

(3) 本地什么业务可以在其他地区成功?

(4) 想提供的产品或服务在新区域内是否有需求?

三、在产品中寻找创业机会

(一) 模仿成功产品

找出一个成功产品、服务或其他业务的模式来进行模仿是可能的。

[案例]

一个制衣厂模仿高级时尚的衣服并以较低的价格供应市场。

有些公司制造流行的拼图游戏的模仿品。

一个甜品店除了名称，全面模仿国外一家非常成功的甜品店。

1. 项目寻找步骤

(1) 寻找销路很好的东西并探讨它的市场潜力。

(2) 确认使该产品或服务成功的关键因素。

(3) 找出使你的产品或服务成功的方法，确认你能更便宜的提供。

(4) 仔细检查是否有可能产生专利、版权、许可证等方面的冲突和侵权。

(5) 与潜在消费者探讨他们是否需要你的产品或服务。

2. 要思考的问题

(1) 什么产品或服务销售得很好? 这种市场需求会继续吗?

(2) 能模仿什么流行产品或服务?

(3) 怎样的消费者会购买你的产品或服务?

（二）寻找很好的销售却失败了的产品

一个好的产品或服务有时会因为诸如不恰当的市场策略、低效的生产方法、时机不成熟或其他原因而失败。在这种情况下，应该首先确认失败的原因然后将这种原因消除，这样才能存在使该产品获得成功的机会。

［案例］

一位发明者的足部按摩器市场开拓失败。一位具有市场知识和经验的妇女接手该产品，通过不同的市场策略使其成功。

1. 项目寻找步骤

（1）搜寻有什么好的产品或服务由于种种原因而失败，考虑是否可以改进而作第二次尝试。

（2）寻找失败业务并分析原因，确认你在解决这些问题之后有再次尝试的可能。

（3）寻找由于当时过于超前而失败的主意，现在重新尝试也许就能成功。

（4）寻找那些开始时成功，后来因变得过时而失败的主意，现在也许是可以成功的时候了。

（5）在媒体上做广告，征集人们尝试过但失败的主意和产品。

（6）挖掘你的智慧，为你成功的领域作第二次尝试。

（7）与潜在的客户交谈，了解他们是否会购买你的产品或服务。

2. 要思考的问题

（1）过去有什么产品或服务失败了？

（2）这些失败的产品或服务中有没有可能通过新的市场方法、新的管理技巧、更好的财务支持或不同的业务战略等手段获得成功？

（3）考虑重新引入的产品或服务需要哪些改变才能成功？你能进行这些改变吗？

（4）要想成功需要怎样的潜在客户？

（三）改进现有产品或服务

一般情况下，现有的产品或服务可以通过如下方法进行改进，提升其价值：

（1）加强质量。

（2）降低生产成本。

（3）降低价格。

（4）改进耐用性。

（5）增加功效。

（6）将其做得更大或更小。

（7）使其更易于使用。

（8）使其具有更多的功能。

（9）更新过程、材料或生产技术。

［案例］

对一个胶片处理机进行改进，使胶片处理速度比其他公司的同类产品快许多，从而改进了服务。

一位业务员为计算机软件程序另外写了说明书。他的说明书比随软件附带的原厂说明书更易于使用和理解。

1. 项目寻找步骤

(1) 选择感兴趣的现有产品或服务，分析目前提供这些产品或服务的公司的优势和劣势，确定可以加以改进的方面。

(2) 确认现有产品或服务中的缺陷，在所提供的类似产品或服务中，从多个方面考虑，对这些缺陷加以消除。

(3) 确认市场，并思考提供改进过的相同产品的途径。

2. 要思考的问题

(1) 什么产品或服务需要改进?

(2) 如何对其进行改进? 改进后是否更有市场?

(3) 如何提供更好的产品或服务?

(4) 改进后的产品或服务有市场吗?

(四) 装配产品

产品包装市场正在增长，从而提供了更多新的商业机会。为了方便，人们非常愿意购买包含所有所需零件的整体包装，然后将它们组合在一起所形成的最终产品。

[案例]

一家修理公司向购买轿车组件的消费者提供装配服务。

许多电脑经营商为用户提供添加软件部件和配置计算机的服务。

一家由学生组建的公司，提供运动、娱乐场地设备组件，包含各种形状的管子，同时提供装配大型场地的服务。

1. 项目寻找步骤

(1) 寻找由若干零件组成的产品，并发现其中的问题。如装配过程对个人来说不方便或昂贵；产品装配需要来自不同地方的零件；整体产品运输太昂贵；产品未经装配就销售给消费者，但是一般人不愿或不能装配它。

(2) 分析通过装配节省人们时间、精力及金钱的可能。

(3) 与客户交谈，确认市场的存在。

2. 要思考的问题

(1) 装配什么产品能节省他人的时间、精力及金钱?

(2) 产品有市场吗?

(3) 潜在的消费者表示过他们想购买这种产品的意愿吗?

(五) 现有产品的再循环

当你考虑准备再循环使用一个产品时，意味着你将取得的是其使用价值即将结束的产品。你或者重建它，使它“像新的”，或者将其重新生产成其他的产品。

[案例]

一家车辆修理公司回收事故车辆的零部件，翻新后再销售。

翻新有故障或被丢弃的家用设备，然后销售。

一家公司从废旧车辆中取出发动机，改造成船用发动机。

一家公司用废旧轮胎生产用于车间或花圃的地板垫。

1. 项目寻找步骤

（1）发现如下产品：①经过一段时间使用而磨损；②添加新零件或翻新旧零件可以达到原标准；③新零件很贵，所以翻新旧零件可以节省消费者的金钱。

（2）发现其零件可以用来制造其他产品。

（3）明确这些使用过的产品或零件是否可以容易、经济和可靠的获得。

（4）开发出对部件解体、再造及重装的流程。

（5）通过与潜在消费者进行交谈，确定这些翻新或再造的产品是否有市场。

2. 要思考的问题

（1）哪些使用过的产品可以翻新或再造成新产品？

（2）这些翻新或再造的产品有市场吗？

（3）再循环过程可以实际而有效地进行吗？

（六）向现成产品中添加价值

当购买现成的产品或服务，然后向里面添加材料、处理、服务等，创造出更有价值的最终产品时，你就为之添加了价值，并且可以转手再销售这些变化了的产品。

可以通过下述方法添加价值：

（1）将产品进行附加处理。

（2）将该产品与其他产品结合。

（3）将该产品作为其他更大的打包服务的一部分进行销售。

（4）去除一些东西以改变产品的用途。

（5）提高服务水平。

[案例]

一个运营家庭粉刷业务的经营者通过购买家具，上油漆后再销售的方式扩大自己的业务。

一位商人购买灌溉用的管子，卷成椭圆形，加上固定用螺丝孔，作为船桅销售。

一个汽车服务中心打电话给其顾客，追踪检查最近的修理工作质量，结果促销了附加的服务。

1. 项目寻找步骤

（1）找出现成的产品或服务，考虑可以加入的额外处理工序、材料或服务，创造出新产品。例如，一个产品或一项服务，如果加入诸如包装或分销等元素，可以更加成功。

（2）确认可以提供的一项处理业务或服务，然后寻找符合要求的产品或服务作为基础。例如，如果能够提供包装服务，就去寻找那些加上包装将更有价值的产品。

（3）找出增加或减少某些元素就可以变为不同或改良产品的初始产品。

（4）找出现有产品或服务无法满足其需求的客户群体，根据他们的需求去改变现有产品，以满足他们。

（5）找出不好的产品并进行改进。

（6）与潜在的客户交谈，确认想提供的产品或服务的市场需求。

2. 要思考的问题

(1) 对于你所认识到的每一件产品或服务，加入什么能使其更好销售？

(2) 能提供什么添加过价值的产品或服务？

(3) 能想到什么经过增加、减少或变化就能够获得利益的产品或服务？

(4) 谁表示过想购买你提供的产品或服务？

(七) 找寻废料的用途

只要你留意，有时可以找到废料的用途。这些材料经常可以免费获得或者可以以极低的价格得到。它们经过处理，可以生产出有用的物品。

[案例]

一家美国公司从其他公司购买老式计算机，回收其中的贵金属和合金，再循环用于其产品。

一位商人购买废旧家具，将木头加工成细条，压缩后作为装饰墙板销售。

一位企业家与鸡加工工厂联系，请求允许他将该厂大量丢弃的鸡爪子拉走。他将鸡爪子冷冻起来，销售并运输到中国，进行烹制，包装后作为美食出口到加拿大。

一家柴油发电厂利用废气加热邻近的温室，在冬天生产蔬菜，向当地市场供应。

1. 项目寻找步骤

(1) 找到可以再利用的废料。

(2) 确认要处理和制造的产品的价值。

(3) 寻找并使用将这些废料作为原料的新型处理技术。

(4) 分析废弃产品对其他生产领域的价值。

(5) 研究外国处理这些废料的经验，并用于当地。

2. 要思考的问题

(1) 能获得什么废料？

(2) 哪些废料可以再利用于生产且可以作为产品销售？

(3) 想提供的产品有市场吗？客户说过他们要购买吗？

(八) 业务或产品组合

一般情况下，我们可以将两种或多种内容组合在一起，创造出新的形象。如果组合后的新业务、产品是独特的，并且比组合前更加利于销售，效果最好。

可以组合的内容包括产品、服务、人、业务及资产。

[案例]

一家日光浴店和美容院合并后提供更多的服务，结果两者的营业额都有改进。

橘汁与其他果汁混合产生一系列新饮品，销售量戏剧性地迅速增长。冰茶经过调味并装瓶销售，成功创造出新饮料产品系列。

几位商人合并了他们的服务，开始提供完整的家庭维护和修理业务。

1. 项目寻找步骤

(1) 从所感兴趣的业务、主意及产品开始，想想把什么组合在一起可以创造出更加独特的产品或服务。

(2) 寻找客户群体，他们的需求可以通过将两个或多个产品或服务组合在一起而得到满足。

(3) 试验各种可能的组合，看它们在一起是否合适。使用业务类型列表，并设想所列出主题不同的组合后的结果。

(4) 与潜在客户交谈，确定组合后的产品或服务是否有市场。

2. 要思考的问题

(1) 什么产品、服务或其他内容可以组合在一起，创造出新的机会？

(2) 能掌控怎样的合适的组合？

(3) 多少潜在客户表示过对你想提供的产品有需求？

(九) 打包或拆分现有产品

大宗商品可以包装后再销售，对已经包装的商品可以改换包装使其变得更加吸引人、更加方便，也可以将包装物分解，以便更易于使用和存放。

[案例]

草莓属大宗成堆购买产品，可分成小等份，加以有吸引力的包装后再销售。

一家公司批量购买牛排和龙虾尾，将两者包装在一起，作为美食向食品商店供货。

一家公司购买鲑鱼，包装后作为飞机上的食品销售。

1. 项目寻找步骤

(1) 寻找包装很差的产品，设法去改进它。

(2) 找出通常无包装销售的产品，发明出可以增加销售的包装。

(3) 找出只有大包装的产品，按小分量重新包装。

(4) 找出消费者通常一起使用的两种或多种产品，然后作出一个将它们组合在一起的包装方案，进行 体销售。

(5) 寻找通常包装销售的产品，考虑是否可以无包装销售以降低价格或更加环保。

(6) 与潜在消费者交谈，确认他们是否会购买改换包装后的产品。

2. 要思考的问题

(1) 什么产品或商品可以在包装、再包装和无包装后销售得更好？

(2) 现有市场供应是否可以变换一下方式？被包装的货物可以拆掉包装吗？

(3) 无包装的产品可以进行包装吗？

(4) 正在考虑的变换包装的产品的市场在哪里？

四、培养发现创业机会的能力

发现创业机会不是一件容易的事情，创业者在日常生活中需有意识地加强实践，培养和提高这种能力。

(1) 要养成市场调研的习惯。市场机遇的出现和捕捉，离不开对市场信息的把握和处理。发现创业机会的关键点是深入市场进行调研，了解市场供求状况、变化趋势，考察顾客需求是否得到满足，注意观察竞争对手的长处与不足等。

(2）要多看、多听、多想。每个人的知识、经验、思维及对市场的了解不可能面面俱到，多看、多听、多想能广泛获取信息，及时从别人的知识、经验及想法中汲取有益的东西，从而增加发现机会的可能性和几率。

(3）训练独特的创新思维。机会往往是被少数人抓住的。要克服从众心理和传统的思维模式，才能发现和抓住被别人忽视或遗忘的机会。要以超前的意识把握机遇，要发扬敢闯敢试、敢为天下先的精神，只有这样，才能及时认识和把握国内外市场为我们提供的良机。

(4）要用积极的心态去发现创业机会。有些人将创业点子的产生归因于机缘巧合，即所谓的"无心插柳柳成荫"，但是，研究创意的专家认为，创意只是冰山上的一角，若没有平日的用心耕耘，机缘也不会如此凑巧。

第三节　创业机会的评估与选择

一、创业机会的四大特征

商业创意不同于商业机会。有想法有点子固然重要，但并不是每个大胆的想法和新奇的点子都能转化为创业机会。许多创业者就是因为仅仅凭想法去创业而失败了。为此，创业者需要了解创业机会的特征并根据自身的资源选择创业机会。

创业机会是指一个创意可以在市场环境中行得通。这个创意要提供的产品或服务不但能给某些人带来实际的好处和用处，他们不但肯买，而且愿意支付的价钱可以使你得到利润。

创业研究的权威杰夫里·A. 蒂蒙莫斯教授认为，好的商业机会有以下四个特征：

第一，它很能吸引顾客。

第二，它能在你的商业环境中行得通。

第三，它必须在机会之窗存在期间被实施。机会之窗是指商业想法推广到市场上去所花的时间，若竞争者已经有了同样的思想，并已把产品推向市场，那么，机会之窗也就关闭了。

第四，你必须有资源（人、财、物、信息和时间）和技能才能创立业务。

二、评估创业机会的准则

针对创业机会的市场与效益，我国这方面的研究专家刘常勇教授提出了一套准则，可以作为创业者评估创业机会及项目投入的决策参考。

（一）市场效益

(1）市场定位。包括市场定位是否明确、顾客需求分析是否清晰、顾客接触通道是否顺畅及产品线是否可以持续衍生等。

(2）市场结构。包括进入障碍、上游供应商、顾客、销售商的实力、替代性竞争产品的威胁及市场内部竞争的激烈程度。

(3）市场规模大小与成长速度。市场规模大的行业，虽然进入相对容易，但是需要的资金却较多，竞争的激烈程度相对较低，如传统制造业；如果进入一个十分成熟的市场，市场规模虽大，但是利润空间很小，如个人电脑市场；而正在成长中的市场，通常是一个充满商机的市场，如公关行业和消费娱乐业。

(4) 市场渗透力，也就是机会变现的过程。聪明的创业者知道选择适当的时间进入市场，既不成为哺育市场的先驱，又不成为最后赴宴的人，而要做那个一入市就能接到订单的人。

(5) 市场占有率。要成为市场的领导厂商，最少需要拥有20%以上的市场占有率。如果市场占有率低于5%，创业的成功率不会太高，尤其是一方独霸的高科技产业。新事业必须要拥有能够成为市场前几名的能力，或者是与众不同的地方。

(6) 计算产品的成本。比如，物料与人工成本所占比重的高低、可变成本与固定成本的比重，以及经济规模与产量大小，都可以判断自己的利润空间与附加价值。

(二) 财务效益

(1) 合理的税后净利。一般而言，具有吸引力的创业机会，至少需要能够创造15%以上的税后净利。如果创业预期的税后净利在15%以下，那么，这就不是一个好的投资机会。

(2) 达到损益平衡所需的时间。合理的损益平衡时间应该能在两年以内达到，但如果三年后还达不到，恐怕这就不是一个值得投入的创业机会。不过，有的创业机会确实需要经过比较长的耕耘时间，此时，可以将前期投入视为一种投资，以容忍较长的损益平衡时间。

(3) 投资回投率。考虑到创业可能面临的各项风险，合理的投资回报率应该在25%以上。一般而言，投资回报率在15%以下，是不值得考虑的创业机会。

(4) 资本需求。创业资本是创业者的一个拦路虎，因此，在创业开始的时候，不要募集太多资金。而且，比较低的资本额，也有利于提高每股盈余。

(5) 毛利率。毛利率高的创业机会，相对风险较低，也比较容易取得损益平衡。反之，风险较高，就容易遭受损失。一般而言，理想的毛利率是40%。当毛利率低于20%的时候，这个创业机会就不值得考虑。

(6) 策略性价值。一般而言，策略性价值与产业网络规模、利益机制及竞争程度密切相关，而创业机会对于产业价值链所能创造的加值效果也与它所采取的经营策略与经营模式密切相关。

(7) 资本市场活力。一般新创企业在活跃的资本市场比较容易创造增值效果。

(8) 退出机制与策略。由于退出的难度普遍高于进入，所以，一个具有吸引力的创业机会，应该要为所有投资者考虑退出机制及退出的策略规划。

三、创业机会评价的定量方法

John G. Burch 在 Entreprneurship 中指出了四种公认的评价方法。

(一) 标准打分矩阵法

通过选择对创业机会成功有重要影响的因素，由专家小组对每一个因素进行最好（3分）、好（2分）、一般（1分）三个等级的打分，最后求出每个因素在各个创业机会下的加权平均分，从而对不同的创业机会进行比较。

标准	专家评分			加权平均分
	极好（3分）	好（2分）	一般（1分）	
易操作性	8	2	0	2.8
质量和易维护性	6	2	2	2.4
市场接受度	7	2	1	2.6
增加资本的能力	5	1	4	2.1
投资回报	6	3	1	2.5
专利权状况	9	1	0	2.9
市场的大小	8	1	1	2.7
制造的简单性	7	2	1	2.6
广告潜力	6	2	2	2.4
成长的潜力	9	1	0	2.9

（二）Westingouse 法

此法实际上是计算和比较各个机会的优先级。计算公式如下：

机会优先级＝技术成功概率×商业成功概率×年均销售数量×（价格－成本）×投资生命周期/总成本

在该公式中，技术和商业成功的概率以百分比表示（从0到100%），平均年销售数量是以销售的产品数量进行计算，成本以单位产品成本进行计算，投资生命周期是指可以预期的年均销售数保持不变的年限，总成本是指预期的所有投入。对于不同的创业机会将具体数值带入计算，特定机会的优先级越高，该机会就越有可能成功。

例如，假设一个创业机会的技术成功概率为80%，市场上的商业成功概率为60%，在9年的投资生命周期中，年均销售数量预计为20 000个，净销售价格为120元，对于每个产品来说的全部成本为87元，研发费用50 000元，设计费用140 000元，制造费用230 000元，营销费用50 000元，把这些数字代入公式之中，可以计算出机会优先级约等于6。

$80\% \times 60\% \times 20\,000 \times (120-87) \times 9/(50\,000+140\,000+230\,000+50\,000)=6$

（三）Hanan Potenfionmeter 法

这种方法是由创业者针对不同因素进行评分，预先设定好权值，通过对所有因素得分的加总得到最后的总分，以评估其成功的潜力。对于每个因素，不同选项的得分可以从－2到＋2。总分越高说明特定创业机会成功的潜力越高。只有那些最后得分高于15分的创业机会，才值得创业者进行下一步策划，低于15分的都应被淘汰。

因素	得分
对于税前投资回报率的贡献	
预期的年销售额	
生命周期中预期的成长阶段	

（续上表）

因素	得分
从创业到销售额高速增长的预期时间	
投资回收期	
占有领先者地位的潜力	
商业周期的影响	
为产品制定高价的潜力	
进入市场的容易程度	
市场试验的时间范围	
销售人员的要求	

（四）Baty 的选择因素法

在这种方法中，通过11个选择因素的设定来对创业机会进行判断。如果某个创业机会只符合其中的六个或更少的因素，那么这个创业机会就很可能不可取；相反，如果某个创业机会符合其中的七个或者七个以上的因素，那么这个创业机会将大有希望。

这个创业机会在现阶段是否只有你一个人发现了？
初始的产品生产成本是否可以承受？
初始的市场开发成本是否可以承受？
产品是否具有高利润回报的潜力？
是否可以预计产品投放市场和达到盈亏平衡点的时间？
潜在的市场是否巨大？
你的产品是否是一个高速成长的产品家族中的第一个成员？
你是否拥有一些现成的初始用户？
是否可以预计产品的开发成本和开发周期？
是否处于一个成长中的行业？
金融界是否能够理解你的产品和顾客对它的需求？

四、选择创业项目应注意的因素

（一）符合创业者的资源优势

环境机会对不同的创业者来说，并不一定都是最佳的机会，因为这些环境机会不一定符合创业者的目标和能力，不一定能取得最大的竞争优势。环境机会中，只有那些符合创业者目标和能力、有利于发挥自己资源优势的机会，才是可以考虑的。

优势包括创业者个人的兴趣与特长、对拟选行业的熟悉程度、所有有用的资源条件等。比如，先天具备某一领域的专长，有现成客户，拥有技术，至亲好友中有着某方面特殊资源的人脉关系等。

一个人只有选择了他喜欢做又有能力做的事情，他才会自觉地、全身心地投入到工作中去，并忘我地工作，在遇到困难和挫折时百折不挠、勇往直前，千方百计克服困难，实现创业目标。所以，选择自己感兴趣、有特长的项目是创业成功的基础。

大量的经验证明，许多工作首要的是熟悉，然后才可以摸清其中的规律，找到商业机会。

（二）创业机会具有可行性

有想法、有点子只是第一步，并不是每个大胆的想法都能转化为创业机会。在评估创业机会是否可行时，创业者应该考虑三个相互作用的因素：创业的目标、外部环境变化带来的契机及竞争的基础。

在这个过程中，对创业机会的吸引力（即风险和回报）进行评估和比较是必不可少的。对此，创业者应以实事求是的态度评估自己的风险倾向。

本章实训

实训项目一：在“逛大街”中寻找和识别商机

商机无处不在，可到哪里去找呢？其实办法有很多：看报纸、电视；参加展销会；听创业讲座等，但这些都是别人给你商机，而对于多数人来说，机会应该自己寻找，然后经过思考，才能找到适合自己的商机。

（一）逛大街，找商机

这里说的“逛大街”，不是陪同爱人或朋友购物，而是独自一个人，或骑车，或漫步，用心去看，深入去想，无拘无束，入微入里，你就会发现以前没有看到的东西——商机。

（二）记录你所发现的商机

你可以先到服装市场，你会发现甲摊位和乙摊位的同一款衣服卖价不一样，大商场的卖价和地摊的卖价不一样，甲市场和乙市场的卖价不一样。如果有中意的，你可以试着告诉摊主，你是××单位的业务员，单位要给职工统一购买，你先带一份样品。只要你讨价还价，波澜不惊，肯定能买到最低价。

你再到副食市场，与服装市场一样，反复比较，选家里需要的买一份，说给××单位带样品或者说××朋友要结婚，同样能买到最低价。

逛到用餐时间，你可以选一地摊或小吃店坐下来，要一份食物细嚼慢咽，留心观察来往的客人，算一下老板的营业额，推测一下老板的费用，没准能发现老板挣钱的秘密，不起眼的小店的收入可能是你工资的几倍。

看透了市场就成了半个商人。吃穿是常人容易起步的行当，如果你从中发现了机会就着手干，如果没发现，也不忙，继续逛。同时，留心街上的信息栏和中介公司，看看有没有好单位在招聘，为将来的实习或就业做好准备。另外，重点注意是哪一类行业在招工。不断扩充招工的行业，一定是效益好的行业，盯住它们，也许就能找到发财的机会。再一次逛街，你要留神身边的建设，看看哪里在盖楼，哪里在修路，去问问盖楼做什么用，还缺不缺什么材料，是不是全卖了，卖给了谁。再去修路那里，问问路修到哪里，路两边会不会盖商铺等，也许能找到一个突破口。

夜晚逛街，你盯住街上的霓虹灯，哪家不亮，你一定要记下来。第二天，去问一下他们，要不要修理。没有霓虹灯的，问他们要不要安装。

（三）分析和识别商机

结合电视、报纸及网络等媒体上的信息，进行深入分析，写一份“逛大街”找商机的心得与体会。

实训项目二：几种典型的创业项目分析

（一）餐饮

餐饮服务是创业者创业最常见的项目之一，其发展潜力很大。目前，我国饮食劳动社会化的程度仍然较低，赶不上新的消费需求。随着我国人民收入水平的提高，居民外出就餐越来越频繁，对餐饮服务的要求也越来越高，不仅追求食物的美味，还越来越看重就餐环境。开一家口味独特、环境幽雅的餐馆，是许多创业者的创业理想。

究竟怎样在餐饮业大显身手呢？可从如下方面考虑：

选择合适的地点开一家风味独特的餐馆，以美食来吸引顾客。如现在众多的川菜馆、湘菜馆等。

发展风味小吃，组织来货来料、生产及加工一条龙服务，和麦当劳快餐业一样，实行定点、定时、定效的服务。

以便利取胜，供应上班族所需要的各种快餐、早点及所需要的各种小食品、方便食品等；采取预订、送货上门、发就餐卡等形式吸引单位客户。

发展小吃店的服务中心。组织一家服务公司，进行专业化服务，与众多的小吃店签订协议，定时定量发送发酵好了的面，或者特制的面团、面皮、面条等，可供给做小吃所特别需要的配料，专门为小饭店组织洗好的菜、切洗好的各式菜样。

餐饮创业项目因餐馆的规模、定位不同，所需的创业资金也有较大的区别。另外，在管理上，餐饮项目也有较高的要求，要有较高的管理水平。

（二）咨询

从事这种项目，要求从业人员具有较高的专业水平和熟练的业务能力，这是服务业中较高的层次。它是把知识、技术直接用于社会的一种形式，是社会急需的服务行业之一。在众多从事服务行业的下海人中，从事各类咨询服务业的人，其地位和收入都很可观。咨询主要包括以下几种：

（1）技术咨询。技术咨询业是指接受客户委托，向客户提供有关经营与技术指导、产品与技术服务等技术信息服务的行业。技术咨询活动早在20世纪70年代末80年代初就有了小规模的开展，至今已有近20年的历史。它在我国的信息咨询业中，属于起步早、机构多、分布广和发展快的类别。在北京和上海两大城市中，技术咨询企业或机构均占全部信息咨询服务机构的60%左右。

（2）工程咨询。工程咨询主要从事国家基建项目、技术引进和技术改造项目的可行性研究、项目评估，对有关制定交通运输、能源开发方面的长远规划、区域规划等进行专题咨询。随着经济建设的发展，尤其是近年来改革开放的进一步深入，我国的工程咨询业不断扩大业务范围，包括工程设计、工程招标、项目管理、施工监督、竣工验收等全过程的咨询服务及常年工程咨询代理业务。工程咨询在我国经济建设中发挥着越来越重要的作用，提高了决策的科学化、民主化和管理的现代化水平。

(3) 企业管理咨询。企业管理咨询是一项高智能的新兴行业，现在已经发展成为第三产业的一部分。为企业提供管理咨询服务，就是由一些熟悉企业管理、具有丰富的理论知识和实践经验的专家，运用科学的方法对企业进行系统的调查研究，对企业存在的经营管理方面的问题进行定量或定性分析，提出切实可行的改进措施或改革方案，从而使企业提高竞争能力。

(三) 特种产品加工

特种产品加工业是一种自己开发或创造的特殊产品，以满足他人的某种特殊需要的行业。这类行业在时下是有利可图的，因为从事这一行业凭借的是你的特殊才能或嗜好，所以你拥有得天独厚的优势，即使在充满竞争的市场大潮中，你的竞争对手也很少甚至没有，你就会在多变的市场中站得较稳。个人特制产品主要包括各种定制字画、定制徽章、礼品篮、箱包、定制特种皮鞋和打制带有个人标记的首饰，以及一些小发明制品等。其从业人员主要为有一技之长的人，即有点绝活的人。由于特种产品的样式、面料都很考究，做工也要细之又细，所以非内行人从业不可。若从事此行业制作的产品，因为其做工精细和手工操作，你可获得高额报酬。如果你的某项业余爱好很有成就，甚至是个冷门，你可以立即把它变成业务收入的重要来源；如果你热衷于搞一些小发明创造，你可以一如既往地研制下去，直到发明出一种前人没有的产品，光是专利就是一笔巨大的财富。

(四) 日常生活服务

由于这类服务业涉及人们生活的方方面面，对从业人员的要求也参差不齐，但总的说来，从事这类服务不需要太高的专业技术。比如，你若从事理发，你应有一定的理发技巧；你若经营某类商品的专卖店，就必须对此类商品有基本认识和了解，并较准确地掌握行情；你若经营书报摊，你就得对书市有个大致的把握等。这类服务行业由于专业技术性要求不高，加之大多是一些小行当，所以不论从时间，还是从资金及获利上，都吸引了大量从业者。从业人员几乎遍及社会各界，从工人到农民，从大学生到教师，从机关干部到退休人员等，都可在此类服务行业中大显身手。日常生活服务业的从业人员虽然很多，但因社会需要量也大，因而也是增加收入和充实生活的一种愉快行业。

(五) 传授知识技艺

传授知识技艺业是社会上普遍存在的职业。从事这种行业要求从业人员要有较高的专业和技术水平，因此，从业人员也多是知识分子、科技人员和特种技艺人员，而且主要集中在社会急需的知识和技术广泛应用的领域，如外语、外贸、财会、商品、营销、法律、金融、电脑、生物化学和果树栽培、家禽饲养，以及烹饪、裁剪、理发等。这类行业的最大特点是应用性较强，见效也快。所以，从事传授知识技艺业的人虽然很多，但相对于服务行业和社会需求量来说还是少之又少。这类从业人员自然颇受社会各界人士的欢迎，工作环境和待遇较好，报酬也很高。

在从事传授知识技艺业的队伍中，人员和层次有很大不同。其中，有中小学生的家教、社会各类补习班教师、各种外语强化班教师、各门实用知识和技巧专聘教师，还有高精技术讲授和指导人员，也有具体行业技术传授技师，对这些不同门类、不同层次的从业人员，应区别而论。

(六) 信息服务

信息服务业是从事信息资源开发和利用的重要产业部门。从理论上说，凡对信息进行采集、传输、加工、存储、检索、显示和利用的人类活动，都是信息服务活动。一旦这类信息服务活动由于社会分工的发展而独立成为新行业，信息服务业就出现了。传统信息服务业，如图书馆业、档案业、新闻出版业、广播电视业、广告业、电信业、科技情报和社科情报业等，近年来的发展是空前的。人们的知识正以指数形式增长，现代信息服务业，如数据库业、软件业、预测业、系统集成（信息系统建设）业、网络服务业，以及新型咨询业（以电脑应用为基础的咨询业）等，更是从无到有，“平地起高楼”，成就显赫。

实训项目三：实训练习

（一）发现身边的创业机会

以4～6人为一小组，分组讨论自己身边存在哪些创业机会。列出不同来源的创业机会，并根据自己的条件（动机、资源、性格、特长、技能），谈谈哪些创业项目适合你。你会怎样去做。

（二）评估你的创业机会

根据小组自身的资源特点及优势，在进行适当的调查后，运用所学的创业机会评估方法，对上述创业方案进行评估，选择适合自身的创业项目，提出创业计划（包括经营的产品、市场定位、经营策略等）。

（三）培养发现创业机会的能力

每个小组成员根据自身的情况，制订一个培养发现创业机会能力的训练计划。

实训项目四：师生互动

师生共同讨论、总结或点评本章第一节的讨论主题。

第五章　创业模式

第一节　读创业故事的思考与讨论

[创业故事导读]

我有几个已经完成小试验，并可批量生产的产品，虽说市场不太大，但为创业打点基础是没问题的。我计划找一家境况不好的企业，我们提供技术，并注入一点启动资金，希望在不远的将来大家都好起来，并干些更大的事。所有创业人员，不管是工人还是厂长每人都有公司的股份。

于是，我们和一家已经倒闭的印刷厂谈合作。厂长看到我的产品后，连声叫好，并说他们这个厂有救了。当我进一步告诉他，我们的技术已经非常成熟，甚至有一种低成本制造的方法，他听了之后更是充满信心。

过了几天，我们就进厂了。刚开始他非常热情，并要求我们一定要为他们进行技术指导，其他的事由他解决，工人和技术人员也信心百倍，并说工资什么的，可以欠一欠，等赚了钱之后再发也不迟。我们商量好了赚到钱一家一半。于是，皆大欢喜。

接下来，我们开始进行生产准备，在大家的努力下，一个月不到，第一条简易生产线就完成了。原本死气沉沉的厂马上有了生气。当我们买好更多的材料准备进行正式生产时，突然，厂长的亲戚拿来一个外贸产品，说加工一个可得10元加工费，每月有两万个，而且业务非常稳定。由于介绍人是厂长的亲戚（该亲戚好像是当官的，据说有一定门路），又是现成的加工业务，所以厂长马上转向搞起那个外贸产品，因每年可赚两百多万，厂长浑身是劲，不惜用去几万元试产费和大量的人力物力，每天还要请客吃饭以应酬各路神仙。短短的一个星期，厂长在酒席上交到了几个法术很高的“朋友”。这时，我们那几个创业人员，在厂长的眼里已成了叫花子。

厂长说，“你们”这个产品放在后面搞，等我那个外贸加工业务成功了，放一笔专款到另一个厂去搞。我们劝过他几十次，但他只是表面上应付我们——我们已经成了不受欢迎的人。离开该厂之前，我还是对厂长说：“一定要珍惜这次机会，我的几个朋友虽不懂技术，但他们可以支持我们把厂搞好。”他笑了笑，似乎没听进去。为了最后一线希望，我说：“有什么事打电话来，我们会再来的。”因为人一时想不通的事是经常发生的，就是唐僧也有想不明白的时候。

过了两个月，厂长突然打电话来说，他那些“零碎”事忙好了，那个外贸业务不准备做了，赚不到钱，要求太高了，还是继续搞我们自己的产品。并让我和几个朋友继续到厂里去帮忙。我们为了大局并不和他计较过去的事。这一次，我和朋友们给了他一些钱，他拿了钱之后又信心十足了。

一些人看到厂里有了新气象，经常拿些活过来让他们干，厂长见有外快可赚就把活揽了下来。很长一段时间过去了，我们的产品只做了几个零件，我们去问他，他不是这个理由，就是那个理由，并说再过几个星期一定把自己的东西做好。我和厂长说，这点活做不做是小事，动摇了大家的创业信心可是大事。我以为厂长听懂了这些话，但事实证明并非如此。一个星期就可完成的事，却拖了三个月，而且产品的质量越来越差。当我们问厂长时，厂长说，工人拿不到工资，做起来没劲。他说最好让大家再拿一笔钱，给每人增加一些工资。我们当初就约定好了，他负责生产，我负责技术和在上海办一个公司，并解决销售问题。另外，所有的材料费由我们出，赚了钱一家一半。其实我们的开支要比他大得多。

为了顾全大局，我们还是准备支付厂里的工资。在支付之前，与我合作的朋友问我：产品做得怎么样。我如实告知：产品一般，并没有达到精品的程度，如果真要付这笔工资，厂长必须重视产品质量。后来，我和厂长、技术人员讲，一定要重视质量，否则我们的创业计划很难成功。但他们说，产品的质量要求也太高了，哪能做得了。我对他们说，技术要求并不高，完全可以做到，只要认真一点就行了，因为我和工人们一起干时，每个零件都能达到这样的要求。我反复说明，要想赚钱，只有认认真真地做。厂长的态度虽积极，但行动很消极。在这种情况下，再多的钱投进去也只可能生产工业垃圾。我们不得不放弃继续出资的打算。我对厂长说，唯一的办法是认真做好每一个零件，样子做出来了，钱会有的。虽然我知道在这种情况下说这些话是白说的，但我还是说了。

厂里的人每天上班晒太阳——在等我们的工资。我打了几次电话和厂长说各种利害关系。但他脑子里全是钱。并说现在的人是讲实惠的，皇帝不差饿兵，空的东西没啥谈头。我的朋友知道这些话后差点昏过去。这些人早已忘了创业初期的山盟海誓，甚至好像从来也没说过似的。

很长时间过去了，那家印刷厂的工人和技术人员全都晾在那里没事干。他们几次打电话来和我商量要继续开工，并说他们完全能做好这个产品。我对他们说，你们花几天的时间把那些产品整理一下，剔除那些次品，装配好就可以了。我们马上在上海组建公司，并进行销售。但他们死活不肯，并说他们的损失很大，不能再损失了。一定要让我们再给他们一点钱。我对他们说，我们有那么多的材料在厂里，还有什么不放心的？

又几个月过去了，他们还是闲着没事干，也拿不到一分工钱。后来，有个聪明人看那些人闲着没事干，就对他们说，“到工地去挖土方，每天 15 元，工资天天发”。这些人一听很高兴，马上就跑去挖土方了。

我不得不这样想：即使做最有意义的事也要讲究方法，否则伤人又坏财。这大概就叫创业吧。

资料来源：http：//info. biz. hc360. com/2008/12/26082681778 -2. shtml

思考与讨论

1. 请你给“我”一些建议。

2. 如何选择创业模式？是单干，还是与他人合伙？是搞个体户，还是设立个人独立企业、合伙企业抑或是公司？

第二节　单一业主模式

创业之初，是单干还是合伙，或是选择其他的创业模式？是所有准备创业人士面临的一个大难题。普遍的观点是：对于投资规模小、需求资金少的企业，单一业主模式是不错的选择。

单一业主模式是指由一个人出资和经营，由出资人对企业债务承担无限责任的创业模式。作为单一业主，是企业所有者的唯一代表，企业的控制权、经营权、资产所有权、收益权都归企业主所有，企业利益与业主利益紧密联系在一起。法律上，对业主本人及他的企业也是不加区分的。企业是业主个人财产的一部分。因此，如果经营失败，债权人不仅可以要求用企业的财产还债，还可以要求业主在《破产法》允许的范围内用个人财产抵债。单一业主模式主要的体现形式有两种：一是个体工商户，二是个人独资企业。

一、个体工商户

个体工商户是最简单最常见的一种创业模式。

（一）特征

（1）企业主拥有该企业的决策权并对其负责。

（2）企业也可以像其他类型的企业一样雇佣员工。

（3）创办程序简单快捷。

（二）优势

（1）起步规模小，启动资金少，容易组建，可以从家里做起。

（2）经营管理上制约因素少，可以按自己的意愿展开经营。

（3）处理问题快捷、简便。

（三）劣势

（1）规模小，产品技术含量低，缺乏竞争力。

（2）管理、服务水平相对落后。

（3）模式落后，经营者素质较差。

二、个人独资企业

个人独资企业由个人全资拥有，投资人对企业任何事务具有绝对决策权。它不是法人，需要承担无限责任。

（一）特征

（1）投资人是一个自然人。该自然人具有完全民事行为能力，是法律、行政法规允许从事营利性活动的人。

（2）财产归投资人个人所有。投资人是个人独资企业财产的唯一合法所有者。

（3）投资人以其个人财产对企业债务承担无限责任。当投资人申报登记的出资不足以清偿企业经营所负的债务时，投资人必须以其个人全部财产来清偿债务。

（二）优势

（1）起步规模小，启动资金少，容易组建，可以从家里做起。

（2）经营管理上制约因素少，可以按自己的意愿展开经营。

（3）处理问题快捷、简便。

（4）决策自主，拥有完全决策权，企业所有事务由投资人拍板，投资者可根据市场变化情况调整经营方向。

（5）所获利润归自己所有。

（6）企业的信息完全保密。

（7）不同领域的利润或损失可以互相冲抵。

（8）可按法律规定享受税收优惠。在个人独资企业中，由于企业所得即个人所得，所以可免征个人所得税。

（三）劣势

（1）融资难度大，不容易获取信贷。在个人独资企业中，由于面向的是个人贷款，不容易取得银行信贷。

（2）注册资金少，企业抗风险能力差。

（3）无限责任。一旦经营亏损，除了企业本身的财产要清偿债务外，个人财产也必须用来清偿债务，进一步加大了投资风险。

（4）企业缺乏管理。

三、个体工商户与个人独资企业的区别

（一）两者的出资人不同

个体工商户的出资人既可以是一个自然人，又可以是家庭成员共同出资，而个人独资企业的出资人只能是一个自然人。

（二）出资人承担的债务责任不同

根据《民法通则》第二十九条的规定，个体工商户的债务如属个人经营的，以个人财产承担；家庭经营的，则以家庭财产承担。个人独资企业的出资人在一般情况下仅以其个人财产对企业债务承担无限责任，只是在企业设立登记时明确以家庭共有财产作为个人出资的，才依法以家庭共有财产对企业债务承担无限责任。

（三）设立的法律依据不同

个体工商户依照《民法通则》和《城乡个体工商户管理暂行条例》的规定设立，而个人独资企业依照《个人独资企业法》设立。

（四）法律地位不同

个体工商户不采用企业形式；个人独资企业则是经营实体，是一种企业组织形态。区分两者的关键在于是否进行了独资企业登记，并领取独资企业营业执照。

[案例]

阿华下岗后在家养起了京巴狗。春天，小狗到了发情季节，这可急坏了阿华，着急为小狗配种。渐渐阿华也注意到，如今大街上开了许多宠物医院、宠物食品专卖店、宠物饰品店，

可就是没见宠物“红娘”店，这是巨大的市场空间。经过调查，阿华也发现有许多养宠物的人都有着和他一样的烦恼，都愿意花钱给自己心爱的宠物“找朋友”。

于是，阿华决定把自己下岗买断的几万元投资开办一家宠物“红娘”店。经过半年专业知识培训后，该市第一家宠物“红娘”店开起来了。由于他独特的创意，找到了市场需求的缝隙，也找到了自己生存致富之路。如今，阿华已经在外地开了三家连锁店，生意非常好。

[分析提示]

阿华的成功在于他能善于发现机会，结合自身实际，自主决策选择了一个投资不大、切实可行的个人投资创业项目——宠物“红娘”店。同时，利用这些资金去发挥作用，使自己的公司成长起来。根据《个人独资企业法》规定，个人独资企业必须有合法的企业名称，这个名称中不得有“有限”、“有限责任”、“公司”字样。于是，阿华把他的店起名为“宠物红娘店”，加上自己出资，以及有固定的经营场所、必要的从业人员，到工商及相关部门即可办理登记注册，成立企业。

第三节　合伙经营模式

对技术依赖性强的行业，需要有合作精神，建立起团结的团队。对资金要求大的行业，资金不足往往是创业的一个大问题，尤其在刚创业时。为了达到结构互补，合伙经营模式是最佳选择。

合伙经营模式是单一业主模式的联合。合伙经营模式是指合伙人按照规定分担自己相应的出资，同时享受与其出资比例相宜的利润分配，并承担与其出资比例相宜的亏损及法律责任。合伙经营模式企业亦称合伙企业。

合伙企业是指合伙人订立合伙协议，共同出资、合伙经营、共享收益、共担风险，并对合伙企业债务承担无限连带责任的营利性组织。从企业的资产及责任承担方式角度看，合伙企业可以分为两种：一是普通合伙企业，二是有限合伙企业。

普通合伙企业由普通合伙人组成，合伙人对合伙企业债务承担无限责任。

有限合伙企业由普通合伙人和有限合伙人组成，其对合伙企业承担的债务责任以其认缴的出资额为限。其利润和亏损，由合伙人依照合伙协议约定的比例分配和分担，合伙协议未约定利润分配和亏损分担比例的，由各合伙人平均分配和分担。

一、特征

（1）由两人以上合伙人组成，并且合伙人必须是具有完全民事行为能力的自然人。

（2）合伙企业的合伙人为共同出资、合伙经营、共享收益、共担风险的关系。

（3）有合伙企业的名称和生产经营场所。

（4）有合伙人认缴或者实际缴付的出资。

二、优势

（1）可以获得较高的启动资本（假定各合伙人都投入资金的话）。

（2）合伙人之间可以互相增强信心，并能够分担责任。

（3）合伙人之间形成技能互补，如某一合伙人专长于某种技术，另一合伙人具有管理天赋，还有人善于理财。

（4）税收较低。和独资企业一样，合伙企业只需要缴纳企业所得税，不用缴纳个人所得税。年营业额在3万元以下的，税率为18%；年营业额为3万~10万元，税率为27%；年营业额在10万元以上的，税率为33%。

三、劣势

（1）无限责任。一旦合伙人中某一人经营失误，则所有合伙人都被连累。无论是谁的过失，每个合伙人都对公司的债务负责。

（2）合伙人财产转让困难。由于合伙人的财产转让影响合伙企业和合伙人的切身利益，向外转让必须经全体合伙人同意，而非采取少数服从多数的原则。退伙也存在这个问题，除非在拟定合伙协议时有明确规定，否则很难抽身而退。

（3）易内耗。企业合伙人一旦有分歧，企业难以达成一致意见，影响业务开展。特别是如果合伙人的品质有问题，则后患无穷。

（4）缺乏连续性和稳定性。合伙人契约期满后，企业须重新合伙或解散，合伙也就宣告结束，从这方面讲，合伙企业的连续性、稳定性不够。

四、合伙对象的选定

如果创业资金不足、缺乏技术，那么与他人一起合伙创业，无疑是一种比较理想的创业方式。但是选择合伙对象时应该注意：

1. 朋友不等于合伙人

朋友并不等于是理想的创业合伙人。理想的合伙人不仅要求知根知底、相互信任，而且要求双方在能力、性格上都有较好的互补性。默契的合作者可能在长期的合作中成为知心朋友，但知心朋友并不一定都能成为最好的合伙人，所以在选择合伙人时，千万不能感情用事。

2. 要做到“亲兄弟，明算账”

合伙创业一定要做到账目清楚、手续齐全。对于所有账目的进出情况、合作实体的经营状况和损益情况要定期在合伙人间进行公开，合伙人的利益分配要严格按照合作协议中的规定办理。合伙人私人使用合作实体财物的，要入账并在利益分配中予以扣除。

[案例]

小林和小梁合伙开了一家酒楼，两人齐心协力，经过几年的苦心经营，终于将酒楼的牌子打响，酒楼的人气非常旺盛。小林交际甚广，经常带朋友到酒楼里来用餐，而小梁觉得小林的交际是必要的，对增加酒楼的客源有好处，便从不记账。一段时间后，小梁觉得奇怪，怎么酒楼天天这么忙活，却没有赚到钱？后经旁人提醒，小梁方才觉悟到有很大一块利润被小林和他的朋友们“吃”掉了。于是，小梁也开始在酒楼里宴请自己的朋友。没过半年，这家好端端的酒楼就开始出现赤字，不久便关门了。

[分析提示]

小林和小梁的经营失败在于他们没有做到酒楼账目清楚，小林作为合伙人之一，他请朋友吃饭的账单应该一一记录，日后在分配利润时，在小林利润分配部分予以扣除，这样才能确保酒楼的长久经营。可见，在合伙企业中，做到定期公开账目进出情况、合作实体的经营状况和损益情况是非常有必要的。

五、哪些人不能成为普通合伙人

下列人员不能成为普遍合伙人：

（1）国有企业。

（2）上市公司。

（3）公益性的事业单位。

（4）社会团体。

如果国有独资公司、国有企业、上市公司成为普通合伙人，就要对合伙企业债务承担连带责任，不利于保护国有资产和上市公司股东的利益；同时，为了维护公共利益，公益性的事业单位、社会团体同样不能成为企业普通合伙人。

第四节　公司模式

如果创业者对某一项目有着浓厚的兴趣，有相当的资金，只想对自己出资部分承担相关责任，且厌烦企业日常各项事务管理的话，那么公司模式创业是个不错的选择。

公司是依法成立的、全部资本由股东出资构成、股东以其出资额或所持股份为限对公司承担责任，公司以其全部资产对公司债务承担责任的企业法人。

公司的两大基本形式是有限责任公司和股份有限公司。

一、有限责任公司

有限责任公司是依法成立的、全部资本由股东出资构成、股东以其出资额为限对公司承担责任，公司以其全部资产对公司债务承担责任的企业法人。

（一）特征

（1）设置灵活、简便。

（2）按照合同确定的比例出资。

（二）优势

（1）有限责任。公司成员（董事和股东）的财务责任仅限于所支付的股份成本。

（2）管理明确。董事的任命、解雇和退休都得按照相关的规定办理。

（3）可以通过出售股份的方式筹集额外需要的资本。

(4) 公司成员（董事和股东）的去世、破产或抽走资本不会影响企业的经营。

(5) 信誉和地位高。

(三) 劣势

(1) 组建费用较高。

(2) 组建时需要专业人士的指导、帮助。

(3) 由于在进行业务往来过程中越来越倾向于要求公司股东提供个人担保，公司的有限责任性质在不断地受到削弱。

二、股份有限公司

股份有限公司是依法成立的、全部资本由股东出资构成、股东以其所持股份为限对公司承担责任，公司以其全部资产对公司债务承担责任的企业法人。

(一) 特征

(1) 公司是以营利为目的的企业。

(2) 公司是具有法人资格的企业。

(3) 公司股份可以公开发行、自由转让。

(4) 公司的所有权与经营权相分离。

(5) 公司资本分成均等的股份。

(6) 公司的财务账目公开。

(7) 股东承担有限责任。

(二) 优势

(1) 筹资范围大，对象广。可向社会募集资金，尤其是上市公司。股票上市，能够募集巨额资本，发展企业，大大增强了企业的竞争力。

(2) 资本的流动性大。由于股票易于转让，当股东认为公司经营不善时，会在证券市场上抛售股票，这会对公司经理人员形成强大的压力，鞭策他们努力提高企业的经济效益。

(三) 劣势

股份公司的设立条件、设立程序严格，须由国务院授权部门或省级人民政府审批，不易办理。

第五节 其他创业模式

传统的创业模式为：单一业主、合伙经营、公司模式创业，不仅要开拓自己的品牌，而且要钻研经营诀窍，同时要警惕周围的人和事，创业的过程是非常艰辛的。但用家族企业创业模式创业，创业者可以获得家族成员之间的鼓励和支持，创业过程相对轻松。若借用他人的品牌，共享别人的品牌金矿、获取他人的资源支持，即用特许经营创业模式也不失为创业首选。

一、家族企业

家族企业是国际主流，在西方发达国家也占多数。以美国为例，50% 的国内生产总值来自家族企业，60% 的劳动力为家族企业工作。即使是在上市公司中，家族企业也占很大比例：在标准普尔 500 指数公司中占 30%；在巴黎和法兰克福上市的前 250 家大公司中分别占 57% 和 51%；在中国香港上市的公司中占 70%。

家族企业是以家族成员为主要管理者的一种创业形式，是一种以血缘和婚姻关系为基础的经济组织。以同一个家庭中两个或两个以上的家族成员所有和参与企业为特征。由于以家族为维系基础，因此这种创业模式很容易被创业者接受。

（一）优势

（1）有助于降低创业者的投资风险、管理风险与市场风险。

（2）能防止非家族企业以追求利润为唯一目的的主张，而更多地强调使命感和价值观，更能激励员工、赢得顾客和选对战略。

（3）凝聚力强、信任度高、沟通顺畅、决策快捷。

（4）家族成员之间的相互鼓励可消除创业者创业之初的焦虑心理。

（5）在一定程度上解决了所有权和经营权分离而产生的“代理人问题”。

（6）创业者可量力而为，投资可大可小。

（7）容易较好地实现创业梦想。

（二）劣势

（1）普遍对外来资源产生排斥态度。在家族企业中，外来人员永远是一个打工者，不可能拥有股权。正如新希望集团总裁刘永行所说：“家族企业最大的弊病就在于社会精英进不来。几兄弟都在企业处于最高的位置，外面人才进不来，而且碰到问题，大家各有各的想法，要决策某件事就很难，容易贻误商机。”

（2）管理的科学性不够。在管理过程中，当企业领导人的亲属和家人违反制度时，管理者很难像处理普通员工那样一视同仁，这给企业内部管理留下了隐患；而且，家族企业中的排资论辈现象阻碍了企业的发展，影响了管理的科学性。

（3）决策的民主性不够。很多家族企业都是企业主个人说了算，但随着外部环境的变迁、企业的发展、投资风险的加大，这种决策的独断性往往会给企业带来难以弥补的损失。

（4）不利于企业的再融资。

[案例]

温州人的起家不是靠其他，而是靠家族工厂，社会总动员。温州家族企业出于对家族成员的信任，决策非常快，承担风险能力很强。自 20 世纪 80 年代起，温州政府提出的口号正是“大力发展家庭工业”。从地区领域看，温州家庭企业是一种世界领先的生产方式。以慈溪大唐袜业为例，一个镇 8 000 家家庭企业，平均每家织机仅 8 台，每家都谈不上是完整的企业，但全镇将做袜子分成 10 个环节：1 000 家原料厂、300 家缝头厂、100 家定型厂、300 家包装厂、200 家机械配件厂、600 家营销商、100 家联运商……分工明确，合起来好比规模庞大的企业，多少订货量都能消化。该镇年产 48 亿双袜子，产值达 90 亿元人民币。

[分析提示]

家族企业对市场反应迅速，没有大公司的迟缓病。

二、特许经营

目前，加盟特许经营越来越受到创业者的青睐。确实，作为初涉创业之路的创业者，借用别人的品牌使自己获得初期的成功，无疑是最佳的创业模式。

特许经营是指特许者将自己所拥有的商标、商号、产品、专利和专有技术、经营模式等以特许经营合同的形式授予被特许者使用，被特许者按合同规定，在特许者统一的业务模式下从事经营活动，并向特许者支付相应的费用。

由于特许企业的存在形式具有连锁经营、统一形象、统一管理等基本特征，因此也称为特许连锁。

（一）特征

（1）特许者和被特许者是两个独立的法律实体，被特许者是其企业的所有人，特许者没有责任和义务为其企业投资。

（2）被特许者不但要自己投资建立企业，而且要向特许者支付一定的特许经营费。

（3）被特许者要受到特许者的监督、指导和控制，并且向特许者缴纳提成费。

（二）常见的类型

（1）产品品牌特许经营。

产品品牌特许经营是指特许者向被特许者转让某一特定品牌产品的制造权、经销权。特许者向被特许者提供技术、专利和商标等知识产权及在规定范围内的使用权，对被特许者所从事的生产经营活动并不作严格的规定。

（2）经营模式特许经营。

经营模式特许经营是指特许者对经营总店、加盟店的产品、服务、经营方针、质量标准等都作了统一的规定，同时，被特许者应缴纳加盟费和特许权使用费，这些费用使特许者能够为被特许者提供广告、培训、研发、业务经营指导等项目支持。目前，这一类型的特许经营最为普遍。

（三）优势

（1）可以使用特许经营企业的商标、专利等知识产权，降低前期广告及产品研发费用。

（2）可以分享特许经营企业多年积累下来的成功经验，少走弯路，节约了时间和成本。

（3）加盟商可以得到总部系统的培训及管理上的指导。

（4）总部集中进货、统一配送，可降低成本、保证货源。

（四）劣势

（1）须缴纳特许经营加盟的各项费用。

（2）加盟商的成功很大程度上取决于加盟品牌知名度、培训的有效性及产品的研发能力。

（3）加盟商受到特许经营合同的限制和监督，缺乏经营自主权。

（4）特许总部的决策直接关系到加盟商的创业成败。

（五）特许经营的注意事项

（1）产品知名度、信誉度是否高。

（2）加盟商是否专业。

（3）经营权合同是否符合法律规定。

[案例]

小王是DIMA淋浴房的加盟商，在开始选择加盟这一淋浴房品牌之前，他经过了大量的考察，最后他选择了DIMA淋浴房。因为在了解一些淋浴房品牌过程中，他同时向几个比较中意的公司索取了宣传资料，很快他就收到了DIMA公司寄来的详细的产品画册和公司老总写的一封信，里面详细列举了该品牌的发展历程及公司独特的发展理念。

这是其他连锁企业的资料中没有的，因此DIMA公司给他的第一印象是细心周到。不久，小王还应邀参加该公司的一个行业展览会，在那里，他见到了公司的工作人员，感受到了员工的专业素质，也直观地看到了该公司的其他新产品，这让他对加盟DIMA更有信心了。

[分析提示]

上述案例说明：加盟特许经营品牌，加盟商除了要看好加盟公司产品的质量、产品知名度，看重公司对加盟商的培训和指导等优势外，工作人员的专业素质也是公司实力的一个体现，这一方面不容忽视。

第六节　创业企业设立的一般流程

为方便投资者创业，各级政府及其管理部门都为创业人员提供包括工商、财税、融资、劳动用工及社会保障等政策咨询和信息服务在内的全方位服务。尽管如此，创业者自身也应该了解和熟悉创业企业设立的一般流程，这对于提高创业的效率非常重要。

一般而言，创业企业设立流程如下：第一步，企业选择，即选择合适的企业组织形式；第二步，名称设计，即设计新创企业和企业产品的称呼；第三步，登记注册，具体包括企业名称登记、工商注册、税务登记和其他登记备案事项。

一、企业名称设计

（一）企业名称要素

企业名称是用文字形式表示一个企业区别于其他企业或组织的特定标志，俗称“厂牌”。

企业名称一般由以下四部分依次组成：企业所在地行政区划名称、字号（商号）、行业（或经营）特点、组织形式。

1. 行政区划名称

企业名称中的行政区划名称是本企业所在地县级以上行政区划的名称或地名。具备下列条件的企业法人，可以将名称中的行政区划放在字号之后、组织形式之前：

（1）使用控股企业名称中的字号。

（2）该控股企业的名称不含行政区划。

（3）使用外国（地区）出资企业字号的外商独资企业，可以在名称中使用“中国”字样。

2. 字号

企业名称中的字号应当由两个及以上汉字组成，行政区划不得用作字号，但县以上行政区划地名具有其他含义的除外。企业名称可以使用自然人投资人的姓名作字号。

3. 行业

企业名称中的行业表述应当是反映企业经济活动性质所属国民经济行业或者企业经营特点的用语。企业名称中行业用语表述的内容应当与企业经营范围一致。企业经济活动性质分别属于国民经济行业不同大类的，应当选择主要经济活动性质所属国民经济行业类别用语表述企业名称中的行业。

企业名称中不使用国民经济行业类别用语表述企业所从事行业的，应当符合以下条件：

（1）企业经济活动性质分别属于国民经济行业五个以上大类。

（2）公司注册资本（或注册资金）1 亿元人民币以上或者是企业集团的母公司。

（3）与同一工商行政管理机关核准或者登记注册的企业名称中字号不相同。

企业为反映其经营特点，可以在名称中的字号之后使用国家（地区）名称或者县级以上行政区划的地名。上述地名不视为企业名称中的行政区划，如北京××四川火锅有限公司、北京××韩国烧烤有限公司，其中的“四川火锅”、“韩国烧烤”均视为企业的经营特点。企业名称不应当或者暗示有超越其经营范围的业务。

4. 组织形式

依据我国《公司法》、《中外合资经营企业法》、《中外合作经营企业法》及《外资企业法》申请登记的企业名称，其组织形式为有限公司（有限责任公司）或者股份有限公司。依据其他法律、法规申请登记的企业名称，组织形式不得申请为“有限公司（有限责任公司）”或“股份有限公司”，非公司制企业可以申请用“厂”、“店”、“部”、“中心”等作为企业名称的组织形式，如“北京××食品厂”、“南京××商店”、“杭州××技术开发中心”。

企业只准使用一个名字，在某一个工商行政管理局辖区内，冠以同一行政区划名称的企业不得与登记注册的同行业企业名称相同或近似。

企业名称的确立在不同国家和不同年代有不同的色彩，它与一个国家的政治制度、经济制度和思想文化的发展有很大关系。

在生产资料私有制的条件下，企业名称的确立一般是以企业创始人的名字或吉祥、响亮、含蓄及趣味等方面的因素来确定。

计划经济时期，企业名称的构成绝大多数为“三段式”（地名+经营业务名称+企业组织形式，如上海汽水厂）或“四段式”（在“三段式”的基础上加上财产责任形式，如国营南京无线电厂）。

市场经济的发展，使得企业名称及其构成发生了重大变化，企业名称中出现了字号，如北京四通集团，其中“四通”是企业字号。并且作为区别不同企业的企业名称，基本构成变为“两段式”，或是“地名+字号”，如“西安杨森”；或是“字号+经营业务名称”，如“春兰空调”；或是“字号+企业组织形式”，如“海尔集团”。无论哪种“两段式”，字号都是必不可少的。

字号虽然只是几个汉字的组合，但表现的绝不仅是几个汉字所固有的含义。作为企业标识，它储存着企业资信及其产品的市场竞争力等信息，这就使其成为商誉的载体而具有财产价值。如“万宝路”的商誉价值已高达440 亿美元，相当于其年营业额的两倍；家喻户晓的“可口可乐”，其商誉已值334 亿美元。早在1967 年，可口可乐公司就宣称，即使公司一夜之间化为灰烬，照样可以起死回生，因为仅凭商誉，就会有大银行找上门来贷款。这就是著名字号所独有的魅力。

（二）命名要求

企业及企业产品的名称对消费者的选择是有直接影响的，所以每一位企业家无一例外都会精心设计企业的名称，并深深认识到它在竞争中所起的作用。索尼公司创始人盛田昭夫曾经说过："取一个响亮的名字，能够引起顾客美好的联想，提高产品的知名度与竞争力。"

具有高度概括力和强烈吸引力的企业名称，对大众的视觉刺激和心理等各方面都会产生影响。一个设计独特、易读易记、富有艺术和形象性的企业名称，能迅速吸引大众的眼球，诱发其浓厚的兴趣和丰富的想象，留下深刻的印象。因此，新创业企业在设计企业名称时，应该注意以下几个方面：

（1）注重人和，起名时致力挖掘企业名称的文化底蕴。

（2）注重地利，起名时致力拓展企业名称的历史潜能。

（3）注重天时，起名时致力开发企业名称的时代内涵。

（4）应强化标志性和识别功能，避免雷同。

（5）应加强企业命名与品牌、商标的统一性。

（6）应避免无特征的企业名称，要凸显名称的"个性"。

（三）注意事项

给企业或公司命名时，应注意以下事项：

（1）字音念起来会不会很顺口、容易记忆。（一公司叫"飞龙"，另一公司叫"鼎毓"，哪个更容易让大众记住？）

（2）和别的公司名称有没有类似？会不会混淆？（同一条街上有"富林"、"永林"、"青林"等公司，岂不混乱？）

（3）字义的意境优美，符合公司形象。（"香奈儿公司"的意境是否很适合其华丽的公司形象？）

（4）外国人容易发音、容易以英文字表达。（如"维那公司"可翻译成"Venacompany"）

（5）名称与所从事行业的形象会不会让人感觉矛盾。（公司名"圣文"，卖的产品却是健身器材，就给人感觉很矛盾）

（6）一秒钟之内，马上让人知道在卖什么商品。（如"慈航公司"、"普度公司"，很容易让人联想到佛教用品）

二、登记注册

创业企业从事经营活动，必须到工商行政管理部门办理登记手续，领取营业执照，如果从事特定行业的经营活动，还须事先取得相关主管部门的批准文件。企业设立后，需要进行税务登记，需要会计人员处理财务，这其中就涉及税法和财务知识，因此，创业者需要了解企业需要缴纳哪些税项。

（一）名称预先登记

企业名称应当由行政区划、字号、行业、组织形式依次组成，法律法规另有规定的除外。例如，北京安泰新世纪信息技术有限公司，"北京"为行政区域，"安泰新世纪"为字号，

“信息技术”为行业，“有限公司”为组织形式。

我国在公司登记工作中实行公司名称预先核准制。申请公司名称预先核准时，应由创业企业的代表或其委托的代表人向登记主管部门提出名称预先核准的申请，并提交以下文件：

（1）有限责任公司的全体股东或者股份有限公司的全体发起人签署的公司名称预先核准申请书。

（2）股东或发起人的法人资格证明或者自然人的身份证明。

（3）公司登记机关要求提交的其他文件。

非股份有限公司或者有限责任公司，企业名称不得称公司。非公司的企业称谓很多，如厂、店、楼、厦、行、社、中心、局、处、所、城和汇等。对非公司法人企业名称的核准，程序上没有专门规定，一般随投资人向工商行政管理局提交的设立法人企业的申请一并进行。

企业名称核准后，企业名称要遵照《企业名称登记管理规定》和《企业名称登记管理实施办法》，到工商行政管理部门申请注册，未经工商行政管理机关核准的企业名称不受法律保护。国家工商行政管理局和地方各级工商行政管理局是企业名称的登记管理机关，登记主管机关依照《中华人民共和国企业法人登记管理条例》，对企业名称实行分级登记管理。凡使用“中国”、“中华”、“国家”、“全国”及“国际”，或者不冠以企业所在地行政区划名称的企业名称，须经国家工商行政管理局核准。外商投资企业名称，由国家工商行政管理局核定。

（二）工商注册

1. 工商注册的基本条件

企业法人申请开业登记程序是指有关法规、规章所规定的企业法人申请开业登记应遵循的步骤和过程，它有两个基本要求。

首先，开业者要符合国家规定的开业条件。根据《工商企业登记管理条例实施细则》的规定，创业企业申请登记时，应符合下列基本条件：

（1）有固定的生产经营场所和必要的设施。

（2）有固定的人员。

（3）有必要的资金。

（4）常年生产经营或季节性生产经营在3个月以上。

（5）有明确的生产经营范围并符合国家有关政策法令。

其次，要备齐有关法律文件，包括企业筹建人签署的申请登记书、政府部门或主管部门的批文、企业的章程和企业主要负责人的名单、身份证明（并附照片）。

2. 工商注册的基本程序

（1）领取并填写工商注册登记表，提交相关文件、资料、办理入资和验资手续，经登记主管机关受理、审查、核准及发照等环节之后，领取工商营业执照。营业执照分为正副两种文本，正本为悬挂式，用于企业亮证经营；副本为折叠式，用于携带外出进行经营活动。创业者如果需要进行基本建设，还需向工商局申请筹建登记，并领取筹建许可证。

（2）进行企业代码登记，刻公章，开设银行账户。

①企业应在取得工商部门核发营业执照后，前往公安局指定地点刻制公章。刻章时，需携带单位出具的规范介绍信、上级主管部门单位介绍信和工商营业执照。无上级主管部门的，须持营业执照副本、法定代表人身份证复印件备案，并由法人亲自办理。

②企业应自领取营业执照或许可证照之日起，30日内前往技术监督局办理企业代码证

书。办理时需携带营业执照副本及复印件、单位公章、法人名章及法人身份证复印件、上级主管部门代码证书复印件（有限公司、股份制及私营企业除外）、企业正式职工人数、单位编码和电话等证明材料。

（3）创业者分别到国税局和地税局领取并填写“申请税务登记报告书”，领取税务登记证和各种发票。此项工作必须在领取营业执照之日起30日内完成。

（4）办理各种社会保险统筹及就业证。

（三）税务登记

创业企业注册后应当向主管国家税务机关申报办理税务登记。税务登记程序如下：

（1）持工商行政管理部门核发的营业执照到国家技术监督部门办理企业统一代码证书（个体工商户免办代码证书）。

（2）自领取营业执照30日内主动向税务机关提出办理税务登记书面报告，即填写申请税务登记报告书。

（3）根据《税收征管法实施细则》的规定，提供相应的有关证件和资料：营业执照（复印件）；有关合同、章程、协议书；企业代码证书；银行账号证明；居民身份证（复印件）、护照或者其他合法证件；税务机关要求提供的其他有关证件、资料。

（4）如实填写税务登记表。

（5）税务机关审核后发给税务登记证，纳税人凭税务登记证办理以下税务事项：申请办理减税、免税及退税；申请办理外出经营税收管理证明；领购发票；申请办理税务机关规定的其他有关税务事项；如果税务登记内容发生变化，企业还要办理变更登记手续。

（四）其他登记备案事项

1. 银行开户

企业可以在银行申请基本存款账户、一般存款、临时存款及专用存款账户。基本存款账户是企业办理日常结算和现金收付的账户。企业的工资和资金等现金的支取，只能通过基本存款账户办理。企业的基本存款账户只能选择一家银行的一个营业机构开立，不得在多家银行机构开立。

企业在银行开立基本存款账户时，必须填制开户申请书，提供当地工商行政管理机关核发的《企业法人执照》或《营业执照》正本等有关文件，送交盖有企业印章的印鉴卡片，经银行审核同意，并凭中国人民银行当地分支机构核发的开户许可证开立账户。

一般存款账户是企业在基本存款户以外的银行存款转存、与基本存款户的企业不在同一地点的附属非独立核算单位的账户。企业可以通过本账户办理转账结算和现金缴存，但不能办理现金支取。

临时存款账户是企业因临时经营活动需要开立的账户，企业可以通过本账户输转。企业申请开立一般存款、临时存款及专用存款账户，应填制开户申请书，提供基本存款账户的企业同意其附属的非独立核算单位开户的证明等证件，送交盖有企业印章的卡片，银行审核同意后开立账户。

2. 企业代码

创业企业在办理工商注册登记之后，再到技术监督部门办理组织机构代码证书。申请企业组织机构代码证书应提交的文本有：企业营业执照原件（正本、副本均可）（核对）；企业营业执照复印本（正本、副本均可）（备案）；法定代表人（负责人）和经办人身份证复印件；申报表等。

3. 保险

根据《社会保障费征缴暂行条例》，创业企业注册后还必须办理社会保险。我国社会保险包括基本养老保险费、基本医疗保险费、失业保险费。社会保险的登记程序如下：

（1）单位递交申请，填写“社会保险登记表”和提供证件资料。

（2）社保经办机构审核单位要求报送的资料。

（3）社保经办机构经审核无误后，建立参保单位、人员基础档案，核发“社会保险登记证”。

需提供的证件资料（均需原件和复印件）有：

（1）工商行政管理机关注册的工商营业执照、批准成立证件或其他核准执业证件。

（2）国家质量技术监督部门验发的组织机构统一代码证书。

（3）企业法定代表人身份证。

（4）税务登记证。

（5）劳动和社会保障部门审批的劳动工资手册。

（6）职工工资发放表。

（7）职工与企业签订的劳动合同书。

本章实训

实训项目一：

请仔细阅读下列创业故事，分析故事中的“我”为什么感到困惑？

我是一位非常成功的柴油机和发电机组经营者。自2003年以来，我们潍坊生产的各种柴油机就供不应求，而且价格一路攀升，当时的利润可能在40%以上，当时所有生产企业的利润都在成倍增长，好多新建的企业都在创造这自古以来潍坊民营企业的神话。

2003年春节，我的连襟和他的姐夫到我家做客，看到他眉飞色舞的样了，我心里暗暗地为他鼓劲。不出一个月，潍坊新丰柴油机厂出炉。当时我还对他们说，如果资金有困难我可以支持10万，结果他告诉我他们是家族企业，我便没有再说什么。他们起早贪黑，非常勤奋，终于在2个月内建成了生产线。但柴油机的市场瞬息万变，等他们产品出来的时候市场价格急转直下，就是原来的知名企业也存在大量的产品积压，便不用说他们这家新企业了。柴油机市场的变化幅度和速度不亚于炒股的风险。

我以前做生意的原则是绝对不可怜人，但对于亲戚来说却没有坚持原则，这就是以后我心情不畅的原因。我的连襟找到我说新产品出来了，如果有可能的话让我帮着销售点。我觉得他们刚起步，很不容易，又是亲戚，能帮就帮一点吧。就往广州发了10台货，结果机器连续出现问题。我通知他们，他们光说派人维修，但就是不见有人过去。

我在广州是代销，没有办法只有给别人更换（所以我提醒大家，没有“三包”能力的厂一定不能打交道，不管是你的什么亲戚）。我的连襟当时告诉我说，你把机器发回来吧，如果属于质量问题，我们承担运费，如果属于非质量问题，让用户承担费用。

广州离潍坊2 000多公里，柴油机又不是能随意搬动的，哎！我整天头疼得睡不好觉，倒不是因为这两台柴油机。我心想，人怎么能这样，这样的人怎么能支撑一个企业？我当时很迷茫！

其实这不算什么，好戏还在后面。因为各种原因，那两台有毛病的柴油机当时没有运回来。等到我们从广东撤点的时候柴油机运了回来，当时新丰柴油机厂处于停产状态，我知道他们没有能力维修，心想，都是自己的亲戚，认了吧！就把牌子偷偷地拿掉，把机器搬到我现在代理的一家知名企业，想浑水摸鱼把这两台机器修好算了。

但这家企业的管理比较严，车间主任告诉我，如果这两台机器的毛病不算严重就想办法给修好算了，但因为该机器油水混合，不好修。我没有办法只好把那两台机器拉回来（当时我的样子好狼狈，我从来没有这样，因此脸红，我也是很要面子的人）。

过了几个月，市场有所回暖，从供货商的口中我得知新丰柴油机厂又开始生产了。我欣喜若狂，急急忙忙地安排人把需要“三包”的柴油机拉到新丰，结果厂家告诉我们的人说，去晚了，生产的30台柴油机全部发去太原了，要我们先把柴油机放下等他们回来再给换。没有别的办法，只有放下了。过了一段时间，我的连襟告诉我，说我拉去的柴油机不是他们生产的，我当时的气愤根本无法形容。如果我连这都分不清，我还怎么做生意？再说我的朋友和合作伙伴打死也不会骗我，因为当时的牌子是我拿下来的，他告诉我他们那个月份根本就没有生产柴油机，我当时真想当着他们的面把柴油机砸碎在新丰的门口！

事情过去快一年了，我们的“三包”柴油机还停在潍坊新丰柴油机厂里。我最近想起这件事，便给我的连襟打电话，他还是说有一台柴油机不是他厂里生产的。我说既然已经这样了，你看着办吧，他说要不他赔点钱，让我自己修，我说如果我能修不早就修了吗？

其实当时他们给我的柴油机的价格是21 200元，现在已经缩水到15 200元（如果是新的话），吃亏我是认了，但我认为我没有错，到目前为止，我还没有把一年多前的“三包”问题处理好。

钱虽然不多，我也亏得起，但作为亲戚我不甘心，我做什么事都光明磊落，为什么这样倒霉的事会落到我头上，想起来就憋得慌。我把这写出来是为了提醒大家，以后不管和谁做生意都要注意，千万不要因为亲戚而手软，否则，新丰下一个害的就是你！

实训项目二：

请大家讨论创业要找什么样的合伙人？合伙人之间如何处理好关系？

实训项目三：

请查找相关资料，并做适当的社会调查，讨论特许经营的优缺点，以及加盟连锁店有哪些风险。

实训项目四：在北京注册一家公司的操作

下面的办理地点除特别注明外，均表示在投资服务大厅各办理机构所设的窗口。

（一）公司名称预先登记

办理机构：区工商分局。

办理时限：受理后3个工作日。

办理程序：持股东（投资人）资格证明领取“名称预先核准申请书”——填表（按公司命名要求一次可以最多起9个名称备用）——交表——领取“名称核准通知书”。

收费标准：不收费。

提交材料：①名称预先核准申请书；②全体投资人资格证明；⑧投资人的指定或委托代理书。

（二）领取“企业设立登记申请书”

办理机构：区工商分局。

办理时限：立等可取。

办理程序：交“名称预先核准申请书”——领取“企业设立登记申请书”。

收费标准：不收费。

（三）前置审批

前置审批是指在企业登记注册之前；政府行业主管部门对企业经营资格的审查。

（1）餐饮业、娱乐业等，须卫生部门核发卫生许可证，涉及污染的，由环保局核发排污许可证。

（2）生产或经营化工化学危险品的均要向省级化工行政管理部门申请领取生产许可证及经贸委核发的经营许可证。

（3）汽车、摩托车修理业均由市级交通管理部门核发汽车、摩托车维修业经营许可证。

（4）歌舞厅、影剧院、旅馆业等均由公安、消防部门审批。

（5）医药企业由药监局核发经营许可证。

（6）营业性歌舞、娱乐、电子游戏游艺等娱乐场所均由文化、卫生、消防部门审批。

（7）建筑业、木材加工经营、科技开发等均由有关部门审核。

（8）按摩、美容、美发由卫生部门核发卫生许可证。

（9）开办旅行社须市旅游局核发旅游社业务经营许可证。

（10）开办“网吧”须有公安、文化部门审核的前置审批手续。

如无须前置审批则直接进入下一步。

（四）将注册资金存入银行

办理机构：区工商分局指定的银行。

办理时限：立等可取。

办理程序：出示股东的身份证原件——填写入资单——存入注册资金——领取人资原始进账单。

收费标准：不收费。

提交材料：①名称通知书原件；②所有股东身份证原件及复印件；③注册资金，自然人出资，可以用现金或银行通存通兑存折，法人出资可以用出资单位支票。

（五）办理验资报告

目前，北京市已经取消了内资有限责任公司的验资程序，只有注册资本在50万元以内（含50万元），有无形资产出资时才需要验资；注册资本在50万元以上的，如果含无形资产出资，该无形资产需先进行评估。全部现金入资凭入资单即可进行工商注册。为了能使其他地区的创业者有所参照，我们仍保留了这一步骤的说明。具体各地如何办理，创业者可以咨询工商局有关部门。

办理机构：会计师事务所。

办理地点：投资服务大厅内设的会计师事务所或自选的会计师事务所。

办理时限：由开设的企业所处行业情况决定，时间不等。

办理程序：出示入资原始进账单及资产依据——领取验资报告。

收费标准：注册资本25万元以上的收取其注册资本的0.2%～0.3%。

提交材料：①企业名称核准通知书复印件两份；②组织章程两份；③入资原始进账单。

（六）工商注册及领取营业执照

办理机构：区工商分局。

办理时限：受理材料后5个工作日领取营业执照。

办理程序：填写"企业设立登记申请书"——提交验资报告、公司住所证明等有关材料——领取受理单——5个工作日后，凭身份证、受理单，并交纳相关费用——领取营业执照正副本。

收费标准：按注册资本的0.08%收取；注册资本超过1 000万元的，超过部分按0.04%收取；注册资本超过1亿元的，超过部分不再收取。

提交材料：

有限责任公司需要提交如下材料：

（1）企业设立登记申请书。

（2）"名称预先核准申请书"及"名称预先核准通知书"。

（3）公司章程。

（4）入资凭证或验资报告。

（5）以非货币形式出资的，应提交评估报告；50万元以下注册资金（包括50万元），非货币形式出资的，验资报告即可。

（6）股东资格证明。

（7）委托书。

（8）打印的股东名单和董事、经理及监事成员名单各一份。

（9）经营范围涉及前置审批项目的，应提交有关部门的批准文件。

（七）后置审批

后置审批是指企业在拿到营业执照后必须到政府有关部门办理的专项审批，适用于在北京市登记注册的企业和个体工商户的部分后置审批项目，包括：

（1）农林牧副渔：如棉花收购、加工由市政府组织市发展计划委员会、市经济委员会、市工商行政管理局及市质量技术监督局等部门进行资格认定；动物医院（动物诊疗）由市农业局审批；种子生产由市农业局（负责农作物种子生产审批）、市林业局（负责林木种子生产审批）审批；采伐林木，由市林业局或区县林业主管部门审批。

（2）矿产资源与电力建设：如取水（地下水）由市水利局或区县水利局审批；承修、承试电力设施由市经济委员会审批。

（3）建设：如设立房地产开发企业，由市建设委员会审批；设立建筑业企业（含各类建筑施工企业），由市建设委员会或区县建设委员会审批：设立燃气燃烧器具安装维修企业，由市政管理委员会审批；设立车辆清洗站，由区县市政管理委员会审批；房屋拆迁，由区县国土资源和房屋管理局审批。

（4）交通运输：如道路运输经营、汽车维修、从事人力三轮车运输经营和汽车租赁经营的，由市交通委员会审批；空运销售代理，由民用航空总局华北管理局审批；民用航空器设计、生产（含销售）及维修，由民用航空总局审批。

（5）公安：如制造、销售弩或营业性射击场开设弩射项目、小件寄存、机动车驾驶员培训学校（班）及销售多色复印机的，由市公安局审批；设立营业性射击场的，由市公安局、市体育局审批；印铸刻字业，由公安局或分县局审批。

(6) 化工：如生产、经营、使用及进出口监控化学品的，由市经济委员会审批。

(7) 医疗医药卫生：如种植麻醉药品原植物，由国家食品药品监督管理局、农业部审批；餐饮，由市卫生局或区县卫生局、市环境保护局或区县环境保护局审批；美容美发，由市卫生局或区县卫生局审批；洗浴，由市卫生局或区县卫生局、市环境保护局或区县环境保护局审批；生产经营食品，由市卫生局审批。

(8) 劳动：如职业技能鉴定机构，由市劳动局审批。

(9) 金融保险证券：如证券资信评估，由中国证券监督管理委员会审批；保险兼业代理，由中国保险监督管理委员会北京办事处审批；黄金进出口、金银质币的铸造发行，由中国人民银行审批。

(10) 邮政、电信：如寄递具有信件性质的物品、邮政特快专递的，由市邮政管理局审批。

(八) 公章备案及刻制

办理机构：区公安分局及其指定的刻字社。

办理地点：投资服务大厅公安分局窗口备案，区公安分局指定的刻字社刻章。

办理时限：备案立等可取，刻章时间 1 ~2 日。

办理程序：携带营业执照副本到公安分局备案——在营业执照副本上印核准章——在指定的刻字社刻制公章、财务章及人名章等印章。

收费标准：公安分局备案免费。刻章费：财务章 210 元/枚、公章 70 元/枚、人名章 45 元/枚（仅供参考）。

提交材料：①营业执照副本及复印件；②法人身份证复印件。

(九) 企业法人代码登记

办理机构：区技术监督局。

办理时限：受理后 3 ~5 个工作日。

办理程序：领取企业法人代码登记申请表——填表——提交单位公章等资料——交费——领取组织机构代码证书。

收费标准：目前北京海淀区的收费总共为 30 元，但其他一些地方收费标准可能还不统一。以下收费内容可以参考，具体情况请咨询当地技术监督局。

IC 卡代码副本 150 元/个；组织机构代码证书技术服务费 35 元/次；组织机构代码证书正本 10 元/个；组织机构代码证书副本 8 元/个。

提交材料：①营业执照副本原件及复印件；②法人身份证复印件；③单位公章。

(十) 开立银行账号

办理机构：自选的开设本企业账户的银行。

办理地点：同上。

办理时限：若材料齐全立等可取。

收费标准：不收费。

提交材料：①营业执照正、副本及复印件；②组织机构代码证书副本；③法人身份证原件及复印件；④单位公章、财务章及法人人名章；⑤国、地税登记证复印件。

(十一) 开转资证明和划转资金

办理机构：区工商分局开转资证明，指定银行划转资金。

办理地点：投资服务大厅工商分局窗口、指定银行窗口。

办理时限：材料齐全立等可取。

收费标准：不收费。

提交材料：①工商分局开具的转资证明；②划资人身份证原件及复印件；③营业执照副本及公司章程；④开户银行的开户许可证和交换号；⑤入资时的原始进账单。

（十二）地税登记

办理机构：区地税局。

办理时限：若材料齐全立等可取。

收费标准：税务登记工本费40元/个。

提交材料：①营业执照副本及复印件；②企业法人组织机构代码证书复印件；③法人代表或负责人身份证复印件；④银行的开户许可证复印件；⑤公司章程复印件；⑥房产证明或租房合同复印件；⑦公司印章（公章及财务章）。

（十三）国税登记

办理机构：区国税局。

办理时限：若材料齐全立等可取。

收费标准：税务登记工本费40元/个。

提交材料：①营业执照副本及复印件；②企业法人组织机构代码证书复印件；③法人代表或负责人身份证复印件；④房产证明或租房合同复印件；⑤银行的开户许可证复印件；⑥公司章程复印件；⑦公司印章（公章及财务章）；⑧企业财务人员会计证复印件、身份证复印件。

（十四）统计登记

办理机构：区统计局。

办理时限：3个工作日。

办理程序：领取“统计登记单位基本情况表”两份——参加相关培训——填表——提交下述材料——领取统计登记证。

收费标准：不收费。

提交材料：①“统计登记单位基本情况表”加盖公章一式两份；②营业执照副本复印件；③企业法人组织机构代码证书复印件；④验资报告。

（十五）社会保险登记

办理机构：区劳动局社保中心。

办理地点：同上。

办理时限：受理后10个工作日领取社保登记证。

收费标准：不收费。

办理程序：领取并填写“社会保险登记表”——交表——领取养老、失业、工伤及医疗等各种险种申请表——分别填写完毕交到办险柜台。

提交材料：①营业执照副本及复印件；②企业法人组织机构代码证书及复印件；③单位公章及法人身份证；④开户银行账号及复印件。

最后，请各位同学将公司注册过程中所需提供的各种证明材料、得到的各种证照及费用、时间作一汇总。

实训项目五：

（一）企业组织形式与章程模拟训练

[案例]

小王、小李和小陈都在国际蜂窝电话企业诺基亚公司中国分公司工作，他们三人提出一项面向大学生提供手持式设备的计划。该设备与 palmpt（掌上电脑）相类似，但又有针对学生的特殊功能，如下载 PPT 文件和能直接把课堂演讲转化成文字的声音识别系统。这种命名为 studypales 的装置，还具备无线上网功能，可供学生之间相互收发电子邮件和紧急信息。三位创业者都迫切希望从诺基亚公司离职去创业，他们已经想好了新公司的名称——飞马计算机公司，他们甚至已经设计出展现公司特色的商标图案——希腊神话中长着翅膀的飞马。

请你帮他们设计公司组织形式并草拟一份公司的章程。

（二）模拟公司组织形式选择与注册登记

（1）根据自己的创业计划，考虑一下创业之前还需要做哪方面的准备工作？要招聘哪方面的人才？

（2）提出自己的创业计划适合采用的组织形式。

（3）提出自己的企业登记注册的程序及应注意的问题。

实训项目六：师生互动

师生共同讨论、总结或点评本章第一节的讨论主题。

第六章　创业企业经营地点选择

第一节　读创业故事的思考与讨论

[创业故事导读]

案例一：

麦当劳选址的5项标准

1. 针对目标消费群

麦当劳的目标消费群是年轻人、儿童和家庭成员。所以在布点上，一是选择人潮涌动的地方，以广州为例，如在延安路、汽车站、火车站等交通集散点周边设点；二是在年轻人经常光顾的地方布点，比如在龙翔桥、解百等设点，方便顾客就餐。

2. 着眼于今天和明天

麦当劳布点的一大原则，是一定二十年不变。所以对每个点的开与否，都要经过3~6个月的考察，再作决策评估。重点考察是否与城市规划发展相符合，是否会出现市政动迁和周围人口动迁，是否会进入城市规划中的红线范围。进入红线的，坚决不碰；老化的商圈，坚决不设点。有发展前途的商街和商圈、新辟的学院区、住宅区，是布点重点考虑的地区。纯住宅区则往往不设点，因为纯住宅区居民消费的时间有限。

3. 讲究醒目

麦当劳布点都选择在一楼的店堂，透过落地玻璃橱窗，让路人感知麦当劳的餐饮文化氛围，体现其经营宗旨——方便、安全、物有所值。由于布点醒目，便于顾客寻找，也吸引人。

4. 不急于求成

黄金地段或黄金市口，业主往往要价很高。当要价超过投资的心理价位时，麦当劳不急于求成，而是先发展其他地方的布点。通过别的网点的成功，让“高价”路段的房产业主感到引进麦当劳有助于提高自己的身价，于是再谈价格，重新布点。

5. 优势互动

麦当劳开“店中店”选择的“东家”，不少是声誉较高的地方。知名百货店、超市等为麦当劳带来客源，麦当劳又吸引年轻人逛商店，起到优势互补的作用。

案例二：

肯德基的选址步骤

第一步：划分商圈——用数据说话

肯德基计划进入某城市，就先通过有关部门或专业调查公司收集这个地区的资料，有些资料是免费的，有些资料需要花钱去买。把资料买齐了，就开始规划商圈。

商圈规划采取记分的方法。例如，这个地区有一个大型商场，商场营业额为 1 000 万元算 1 分，5 000 万元算 5 分，有一条公交线路加多少分，有一条地铁线路加多少分，这些分值标准是多少年平均下来的一个较准确的经验值。通过打分把商圈分成几大类。

第二步：选择地点——在人气最高的地方开店

商圈的成熟度和稳定度也非常重要。例如规划局说某条路要开，在什么地方设点，将来这里有可能成为成熟商圈，但肯德基一定会等到商圈成熟稳定后才进入。肯德基开店的原则是：努力争取在最聚客的地方及其附近开店。

古语说“一步差三市”，开店地址差一步就有可能差三成的买卖。这跟人流活动线路有关，可能有人走到这便会拐弯，则这个地方就是客人到不了的地方。也许差不了一个小胡同，但生意差很多，这些在选址时都要考虑进去。人流活动路线是怎么样的，在这个区域里，人从地铁出来后往哪个方向走，等等，这些都派人去测量，有一套完整的数据之后才能据此确定地址。选址时一定要考虑人流的主要路线会不会被竞争对手截住。人流是有一个主要路线的，如果竞争对手的聚客点比肯德基选址更好，那就有影响，如果两个一样，那就无所谓。

思考与讨论

1. 创业地址的选择对创业企业有何影响？
2. 你认为创业地址的选择要考虑哪些因素？
3. 请谈谈商铺的选址策略和步骤。

第二节　创业企业经营地点的选择

一、正确选址的原则

在决定了自主创业也选好了项目之后，接下来最重要的恐怕就是选址的问题了。选址对于办公司开店铺到底有多重要？我们的看法是：不论创立任何企业，地点的选择都是决定成败的一大要素，尤其是以门市为主的零售、餐饮等服务业，店面的选择往往是成败的关键，店铺未开张，就先决定了成功与否的命运。可以说，好的选址等于成功了一半。

自己开店、开公司做老板的人都会碰到一个选址的问题。据广州再就业培训学校介绍：创业培训班的学员看中的门面，有 80% 不符合要求。另一个现实是目前很多大卖场已有专门的“选址员”。据了解，广州投资开店、开公司的老板们，大多找过专业的风水大师看过风水，从心理上来安慰、暗示自己的公司未来红红火火，甚至出现了专门替新开公司看风水、看朝向的行业。显然开店选址越来越有讲究，人们对选址也越来越重视。撇开看风水这种方式有多少科学依据不谈，仅从经济学的角度来看，选址确实需要很专业的眼光。

（一）黄金地段的“人气”原则

一般来说，人潮就是钱潮，在车水马龙、人气汇集的热闹地段设店，成功的几率较高。

如咖啡厅、餐厅、服装专卖店、便利商店等行业，若是设在车站、灯光夜市、娱乐场所、大型商场购物步行街附近，就至少占了七分地利。因为川流不息的人潮就是利益基础，有这么多的潜在顾客，只要销售的产品或提供的服务能满足消费者的需求，就不怕没有好业绩。但是这类热门地段的租金往往极高，而且大多已被人捷足先登，有心者想取得一席之地并不容易。如果你所选择的行业十分适合在热闹地段设店，却找不到店面，而你并不需要太大的空间，不妨采取分租店的方式，也就是目前盛行的“复合店面”形式。

在你所中意的地段中找寻合适的伙伴，共用一个店面，不但可以节省租金，如果同一屋檐下的两种行业，顾客属性相似且产品可以互补的话，更可以收到相辅相成之效。时下这些复合店的形式也相当常见，例如花店、书店与咖啡厅、饰品与服装店、陶艺品与茶艺馆、冷饮与小吃、书店与文具、家用电器与电脑、房产中介与装修工程等，都是常见的组合。

也许大多数人会认为，在同业众多的地方，竞争过于激烈，不易取得优势。但是从消费者的角度来看，店面众多，表示货品齐全，可以比较参考及选择的机会也较多，不怕价钱不公道，这是有心购物者购物时的当然选择。所以，经营者不必害怕竞争，同业愈多，人气愈旺，业绩就愈好，这是相辅相成的。毕竟，单枪匹马地拉顾客，怎比得上整条街的同业、集体广告营销来招徕客人？

（二）偏僻地段的“特色”原则

并不是每种行业都非要在黄金地段设店不可，有些行业便具有扭转人潮的能力，虽然设在偏僻地区，却能像磁铁般把消费者吸引过来，甚至逐渐繁荣周边地区，如超级市场、大型仓储式商场就是如此。

经营超市、仓储商场所需的资金与空间都不小，在房租地价高涨的今天，如果选在黄金地段开店，实在是违反经济原则。而更重要的是，到超市、货仓商场采购的消费者，讲求的是货色齐全、空间宽广、价钱合理、停车方便、交通顺畅，而设立在偏僻地区，就能兼顾这些综合因素，收到远近通吃的效果。

国内近年来大行其道的大型货仓商场，都选在郊区或新兴社区开店，便是着眼于此。

其实，营业地点的选择与营业内容及诉求、客源息息相关。各行业都有不同的特性、不同的经营手法，黄金地段并不是唯一的选择。如果是别具特色的精品店、手工艺品店，或是风格雅致、特殊的小餐厅、咖啡店，只要用心经营，打出了名号，就不必在乎地点，靠着有心人士和老顾客的口碑相传，即使位于郊区或僻静街巷，也必然不乏“寻幽访胜”的雅客眷顾，因为他们爱的正是这一份幽静。俗语说“酒香不怕巷子深”就是这个道理。

至于制造业的设厂地点更要考虑地价、交通、税率、原材料供应、上下游企业联系、进出货物是否方便，以及员工招募等条件，还要考虑产业特性、分析消费人群并做好市场调查工作，才能敲定地点，进行设点事宜。

（三）量力而行原则

尽管在选择经营场地时，各行业的考虑重点不尽相同，但是有两个条件是绝对不可忽略的。

1. 租金给付能力

经营场地租金是最固定的营运成本之一，即使休息不营业，照样得支出，尤其在房价飙升后，租金往往是经营者的一大负担，不能不好好“计较”。有些货品流通迅速、体积小而又不占空间的行业，如精品店、高级时装店、餐厅等，负担得起高房租，可以设于高租金区；而家具店、旧货店等，因为需要较大的空间，最好设置在低租金区。

2. 租约条件

租约有固定价格及百分比两种，前者租金固定不变，后者租金较低，但业主分享总收入的百分比，类似以店面来投资作股东。例如，以固定租金方式每月需5 000元；而百分比方式则是业主每月只要3 000元房租，但须再另算总收入的10%或更多。租期可以订为不同时限，但对于初次创业者来说，最划算的方式是订一年或两年租期，以备有更好的选择。

二、创业企业选址的主要影响因素

经营地点的选择是创业者在创业初期面临的一大难题，而影响创业者选择的因素也相当多。其中尤为值得注意的因素主要有：市场因素、商圈因素、物业因素、所区因素、个人因素、价格因素。

（1）对于市场因素，可以从顾客和竞争对手两个角度来考虑。从顾客角度看，要考虑经营地点是否方便顾客，周围的顾客是否有足够的购买力。对于零售业和服务业，店铺的客流量和客流的购买力决定企业的业务量。从竞争对手角度看，经营地点的选择有两种不同的思路：一是选择同行聚集林立的地方，同行成群有利于人气聚合与上升，如当下的服饰一条街、建材市场、家电市场、小商品市场等；另一种思路则是“别人淘金我卖水”，别人都蜂拥到某地去淘金，成功者固然腰缠万贯，失败者也要维持生存。如果到他们中间去卖水，肯定稳赚不赔。

（2）商圈因素，就是指要对特定商圈进行特定分析。如车站附近是往来旅客集中的地区，适合发展餐饮、食品、生活用品；商业区是居民购物、聊天、休闲的理想场所，除了适宜开设大型综合商场外，特色鲜明的专卖店也很有市场；影剧院、公园名胜附近，适合经营餐饮、食品、娱乐、生活用品等；在居民区，凡能给家庭生活提供独特服务的生意，都能获得较好的发展；在市郊地段，不妨考虑为驾车者提供生活、休息、娱乐和维修车辆等服务。

（3）物业因素同样也不能忽略。在置地建房或租用店铺前，创业者应首先了解地段或房屋规划的用途与自己的经营项目是否相符；该物业是否有合法权证；还应考虑该物业的历史、空置待租的原因、坐落地段的声誉与形象等。是否为环境污染区，有无治安问题等都是创业者选址时需要考虑的。

（4）所区因素指的是经营业务最好能得到当地所区和政府的支持，至少不能与当地的政策背道而驰。对于创业者来说，尤其要做好实地考察，详细了解当地政府的施政情况。虽然大的政策从上到下是一致的，但各地之间执行的差异性还是相当大的，不然，很可能会使自己处于尴尬的境地。

（5）个人因素，有时会被一些创业者过多地关注，一些人常常选择在自己的住所附近经营，然而这种做法，可能会令创业者丧失更好的机会，或因经营受到局限致使业绩受到限制。

（6）创业者在购买商铺或租赁商铺时，要充分考虑价格因素，包括资金、业务性质、创业成功或失败后的安排、物业市场的供求情况、利率趋势等，以免作出错误决定，对企业的业务经营造成不良影响。

三、创业企业选址的步骤

开店创业对很多人尤其是年轻人来说是一件充满梦想的事情。但是光有一腔热情，没有详细周密的计划与实施步骤只能使自己的创业计划永远躺在想象的空间里。所以，对于创业者来说，有了好的创业设想与决心之后，怎样实施自己的创业计划便显得尤为必要。我们将开店选址分为以下几个步骤。

1. 选地方：确定人潮及流量

首先，你必须清楚人们要往哪里去，像早餐店要在上班族经过的地方，录像带出租店则要开在回家的路上。你可以花点时间，在感兴趣的目标地区计算上午、下午、晚上各时段的人潮，统计进入附近店铺的人数，看看经过的人当中，上班族、学生、家庭主妇的比例，而且至少要在平日和周末各算一次，才能知道人潮真实的分布状况。

除了人流的去向，你还要考虑人们得花多久才能到达你的店面。越便宜的产品，顾客越不愿花时间，例如便利商店以 3 分钟来定义主要商圈，咖啡店大约是 5 分钟，除非你打算卖汽车这种高单价商品，一般而言，顾客最远只能忍受 7 分钟交通时间。

2. 找地点：调查周边环境

有了预选的地方，然后要调查其周边环境，这时要从两种角度来观察。首先，从商人的角度：什么迹象显示该地点可以创造业绩？其次，从顾客的角度：你会不会到这逛街？黄金地段有冷门的角落，次级商圈也有热门据点，找地点最忌讳只看到别人成功，就想在隔壁复制一家店，除非你有把握作出自己的差异化。

此外，留意坐落在对角或不远处的竞争对手是否会抢走你的生意？你是否能在顾客行动的路线上，抢先别人一步拦截顾客？随时注意对手的位置，寻找足以抗衡的地点，你一定要保持领先地位，不然，选在同性质商店的下风处，小心生意也会一直处于下风。

3. 看店面：建筑等于活广告

请抱着初次约会的心情看店面，要关心，也要怀疑。先远看，再近看，想象你的店面在这个空间里的感觉，一旦店名放在招牌上，会很显眼吗？开车经过的人看得到吗？行人在人行道上就能注意到吗？好的店面就像活广告，不只是让人方便找到你，也能向路上的潜在客户展示自己。

此外，建筑设计也是一个重点，这个地点适合零售业吗？吸引人吗？即使在外观设计上相似的购物街，质量方面也可能相当悬殊。该大楼的质量是否跟你的产品一样好？记住，一定要从品牌打造的角度来思考建筑物。

4. 选邻居：好邻居让你少奋斗

顾客会认为，彼此相邻的店面，其商品质量也相当类似，所以，跟类似的品牌坐落在同一地点十分重要，因为有些选址策略就是要“寄生”。在大百货公司旁开服饰店、在高级超市旁开饮食店，被大品牌所吸引的顾客，也会被你所吸引。

另外，如果能碰到一些像水果店或干洗店之类的优质邻居那更好，因为这些店面都有着“两次到访”的机会，人们把衣服送去洗，隔几天必定会再回来拿；邮局、超市也会出现人潮回流，若能沾到它们的光，你的生意绝对会大大加分。

四、各类商品经营门店的选址策略

选址要选客流较大的街区，同时，不同类别的商品也要选择不同性质的商业区域。在繁华街区，客流一般以购物为目的，停留的时间相对较长，应经营一些可供挑选的商品；而在机关、学校、工厂附近，客流主要是路过，相对停留时间较短，应经营一些选择性不强的商品，并且质量较直观、携带方便。

通常，商品的类别可分为三类：

第一类是低值易耗的生活日用品，如牙膏、肥皂、手绢、毛巾之类。人们购买这类商品时，并不反复挑选，但求方便就近。因此，经营这类商品的商店，应最大限度地接近消费者，以距居民区300米左右，步行即可到达的路程为宜。

第二类是价高耐用的选择性消费品，如服装、家具、家用电器之类。这类商品的价格高，购买频率低，消费者购买时不惜多跑路，货比三家后方肯解囊。因此，经营这类商品的商店应靠近店铺密集的商业区，便于顾客多家比较选择。

第三类是能满足消费者某种特殊偏好的特殊商品，如古玩、钓鱼用具、古装书等。经营这类商品的店址不必一定设于闹市区，因为有特殊偏好的消费者是不惜多跑点路来满足自己的需要的。但这种商店一定要品种齐全，各档次兼备，便于顾客挑选。

旅游区的店铺与旅游季节有关。如果在此区选址，不可忽视淡季、旺季之别。以旺看淡是旅游区店铺经营策略。旅游区的商品有自己的特点，如纪念品、饮料、食品、餐饮等，因为在旅游地区，人们主要是以娱乐为目的。所以，在开店时，要对自己经营的商品有所了解，对将要选择的商业区有所了解，盲目选址是不会有好的经济效益的。

零售店依据自身的能力和经营设计可以把门店开在繁华商业区。这里，众商家的烘托，加上城市的规划，使繁华区日显繁华。但繁华区房租较高，其他费用也相当可观，实力雄厚及经营能力强者可选此区域一展才华。

城镇郊区、居民区也是零售商店经营的理想区域。较低的房租降低了投资成本和风险。有关机构调查后认为，杂货店、五金店、餐厅、日用百货店、药店比较适合在此开设。批发店一般应选择集中的批发市场，如书城、服装城、五金城等。经营无孔不入，使批发商有更大的选择余地。

有的商铺对地点没有要求，生意依然做得很好。应当说，对于批发商、生产商来说，经营、公关、策划显得更重要，服务业主要讲特色、讲服务质量，知名度、信誉度是经营的基本策略。

策略是没有穷尽的，只要你处处留心，随时可能会出现灵感。连锁店除集合优势外，选址是否得当，也可能影响企业的命运。

五、关于商铺选址的几点建议

中国人经商最讲究“天时、地利、人和”，对于做终端零售的经营者来说，店铺位置的好坏是能否盈利的关键。如何选择好的店铺位置是店铺经营者面临的首要问题，如果不经过认真而科学的选择，而是仓促或者盲目开店的话，通常很容易遭受失败的打击。这里，我们对这类商铺的选址提出几点建议。

1. 要根据自己店铺的经营定位进行选址

选择店铺位置之前，首先要明确自己的经营范围和经营定位。如果经营的是日化、副食等快速消费品，就要选择在居民区或社区附近；如果经营的是家具、电器等耐用消费品，就要选择在交通便利的商业区。此外，还要考虑自己的目标消费群体，是主要面向普通大众消费群体，还是主要面向中高阶层消费群体，简单地说就是要选择能够接近较多目标消费群体的地方。通常情况下，大多数店铺适合选择在人流量比较大的街区，特别是当地商业活动比较频繁，商业设施比较密集的成熟商圈。

2. 要尽量避免在受交通管制的街道选址，店铺门前要有适合停放车辆的位置

很多城市为了便于交通管理，在一些主要街道设置交通管制，如单向通行、限制车辆种类、限制通行时间等，店铺选址应该避免这些地方。也尽量不要在道路中间设有隔离栏的街道开店，因为这样会限制对面的人流过来，即使你的店铺招牌做得再惹眼，对面的顾客也只能“望店兴叹”。交通方便是选择店铺位置的条件之一，店铺附近最好有公交车站点，以及为出租车提供的上下车站等。另外，店铺门前或附近应该有便于停放车辆的停车场或空地，这样会更方便顾客购物。

3. 要选择居民聚集、人口集中的地区，不要在居民较少和居民增长较慢的地区开店

人气旺盛的地区基本上有利于开设店铺，尤其是开设超市、便利店、干洗店这样的店铺。城市新开发的地区，刚开始居民较少、人口稀零，如果又缺乏较多流动人口的话，是不适宜开设店铺的。虽然有时候在新开发地区开店，可以货卖独家，但由于顾客较少，往往难以支撑店铺的日常运营。

4. 要事先了解店铺近期是否有被拆迁的可能，房屋是否存在产权上的纠纷或其他问题

随着城市的快速发展，旧城改造是经营中可能遇到的，开设店铺首先要调查和了解当地的城市规划情况，避免在容易拆迁的“危险”地区设置店铺。在租赁房屋时，还要调查了解该房屋的使用情况（如建筑质量）、房屋业主是否存在产权或其他债务上的纠纷等。这些细节方面的忽略往往会导致店铺的夭折，给自己带来巨大的损失。

5. 要注意店铺所在街道的特点和街道客流的方向与分类

一条街道会因为交通条件、历史文化、所处位置不同，而形成自己的不同特点，要选择街道两端交通顺畅，往来车辆人流较多的街道，避免在一条“死胡同”里开店。店铺的坐落和朝向也是十分重要的，店铺门面要尽量宽阔，朝北要注意冬季避风，朝西要注意夏季遮阳。同一条街道的两侧，由于行人的走向习惯，客流量不一定相同，要细心观察客流的方向，在较多客流的一侧选址。长途汽车站、火车站和城市的交通主干道，虽然人流也很大，但客流速度较快、滞留时间较短，很多人的目的不在购物，在这些地方开店，要根据自己的经营需要慎重选择。

6. 要选择同类店铺比较集中的街区，或者选择适合自己店铺的专业市场

“货比三家”是很多人经常采取的购物方式，选择同类店铺集中的街区，更容易招揽到较多的目标消费群体，不要担心竞争激烈，相关店铺聚集有助于提高相同目标消费群的关注。电子市场、花卉市场、建材市场等专业化程度较高的市场或商场，也是开设店铺的不错选择。需要注意的是，选择专业市场或商场开店，要考察这些市场和商场的管理水平、规模大小、在当地的影响力等因素，对规模较小、开业时间较短、管理水平差的市场，要谨慎入驻。

本章实训

实训项目一：

请比较哈慈公司与雪贝尔公司选址的策略，他们的选址经验和教训也许能够给我们带来一些有益的启示。

[案例1]

哈慈：几番搬迁终黯然离去

广州五羊新城作为广州20世纪80年代初的高档住宅区，在90年代吸引了一大批国内外知名的大企业进驻，但是现在依然坚守在五羊新城的大企业却没有几家。国内最早的保健品上市公司哈慈公司的广东分公司，当年就落户在五羊新城，作为哈慈公司主打全国最重要市场的广东分公司，由于位置欠佳而经营每况愈下，最后撤离了广州。

据哈慈公司当年的分公司负责人介绍说，1996年哈慈刚刚进入广东市场，一开始将分公司设在了新河浦。而新河浦是广州旧时代的高档住宅区，整个新河浦幽静而缺乏活力。更要命的是新河浦没有一趟公交车经过，停车也很不方便，很多道路是单行线。到了1998年，新到任的分公司经理看到这么大的市场，哈慈的业绩却不是很理想，决定将公司迁移。于是该公司从新河浦迁到了五羊新城的深华大厦。原本指望公司搬迁可以带旺公司生意，谁料到五羊新城的交通依然不便利。该负责人回忆说："我们租了两套两居室的房子作为分公司办公室，因为当时五羊新城的房子都是商住楼，大部分是香港业主投资的住宅楼，几乎没有专业的办公写字楼。客户到了这样的办公室，一点大公司的感觉都没有，反倒像个家。公司所在楼盘的物业管理也完全是按照住宅来管理，给公司带来诸多不便。关键是五羊新城依然缺乏商业气息，到了2000年，我们的生意越做越差，我们又一次搬家到了人民路。"

哈慈广东分公司就是这样几次三番地搬家，而频繁的搬迁后给客户造成不信任的感觉，市场业绩大幅下降，于是在2001年从广州市场全线撤离。

后来该公司负责人分析说，五羊新城是个住宅区，根本不适合公司办公，因为太缺乏商业味道了。

资料来源：中国创业投资网（www. wineast. com）

思考与讨论

1. 你认为哈慈撤离广州的最大原因是什么？
2. 你认为在哈慈所选中的两个区段开办什么企业比较合适？
3. 以哈慈为话题，谈谈交通对于企业的重要性。
4. 你觉得哈慈只有撤离广州一条路吗？如果不是，你认为应如何解决其困境？

[案例2]

雪贝尔：开一间火一间

雪贝尔蛋糕店开一间火一间是业内有目共睹的。同样是蛋糕店，为什么雪贝尔可以越开越火？

雪贝尔公司的原"选址员"、现在雪贝尔深圳公司经理的倪修兵介绍说："我到雪贝尔公司的头一份工作就是选址，在广州培训了一个月后，我就被派到了人生地不熟的深圳，专门负责公司新开蛋糕店的选址。当时我选的店面是开一间火一间，所以我今天坐到了经理的位置。"那么倪修兵选址有什么诀窍？

倪修兵认为，开店的人都特别讲究一个人气。有人气才有生意。但是，是不是选择店址的时候，找准人多的地方就好呢？其实不尽然。很多人都有的一个误区，就是把人流量当成一个地段好坏的唯一标准。诚然，人流量是决定生意成败的一个重要因素，但是了解客流的消费目标，才是更为重要的工作。在开店以前要研究的，不是人流量是多少，而是这些人中你的“潜在顾客”或者说“有效客流量”有多少。雪贝尔每建立一个新连锁店之前，都要做大量的最佳店址选择工作，其中一项最重要的工作就是测算、分析人流量，他们派员工拿着秒表到目标场所测算流量。这些测算人员除了要汇报日人流数量以外，还要详细汇报如下一些数据：如附近有多少路公共汽车经过；过往行人中，多少是走路来的，多少是坐公共汽车来的，多少是打的或开车来的，以此分析该地区人群的消费水平和消费习惯。

据了解，倪修兵可以很快成为选址专家，在于他很有悟性。他发现肯德基与雪贝尔同属于一种业态，于是就取巧地看肯德基开在哪里，雪贝尔的新店址就选在肯德基方圆百米内，这样一来新店生意果然火暴！

资料来源：中国创业投资网（www. wineast. com）

思考与讨论

1. 雪贝尔生意火暴的原因何在？
2. 你认为雪贝尔尾随肯德基的选址策略如何，这种做法值得效仿吗？

实训项目二：

通过实地调查，准确掌握你所在地区的几个具有代表性的大超市的选址情况，通过相关的数据分析，总结出这几家大超市的选址诀窍是什么。

（1）首先确定具有代表性的大超市有哪些。这是解决分析对象的问题，比如沃尔玛、百佳、易初莲花、好又多等。

（2）查找相关资料并实地调查这些超市的具体位置，尽可能掌握第一手数据材料。

（3）准确掌握超市周围交通情况，有哪些交通要道、公交线路等。

（4）准确掌握超市周围人群居住情况，有哪些居民区，人口有多少。

（5）抽样调查周围居民的购物情况，他们选择的购物场所主要有哪些。

（6）抽样调查进入超市购物的顾客情况，他们来自哪里，来此购物的理由各是什么。

（7）根据掌握的材料，写一篇较详细的调查报告，总结出该超市的选址经验是什么。

实训项目三：师生互动

师生共同讨论、总结或点评本章第一节的讨论主题。

第七章　创业融资

第一节　读创业故事的思考与讨论

[创业故事导读]

案例一：

个人创业贷款圆了小老板创业梦

2003年12月31日，对山东即墨通济街道的个体业主孙某来说，是一个再好不过的日子。这一天，他遇到了天大的好事。他只花了不到一天的时间，就在即墨农行金融超市拿到了他创办公司急需的60万元贷款，并因此成为即墨农行金融超市以个人创业贷款方式扶持的第58个“小老板”。

刚满30岁的孙某从回收起家，一心想通过个人创业实现自己的价值。他从我国申奥成功给青岛带来的巨大发展机遇中觅得商机，发现房地产、建筑业的发展需要大量架子管，建筑用架子管市场的空间巨大。于是，他多方筹资，于2002年6月创办了青岛红日升钢管制品有限公司，但该项目资金需求量较大，公司还有不小的资金缺口。即墨农行金融超市开办并推出个人创业贷款业务，对他来说无疑是雪中送炭，得到消息后，他用自己的房产作抵押，在农行金融超市申请了个人创业贷款，不到一天时间就办妥了审批手续。

根据中国农业银行2002年12月出台的《中国农业银行个人生产经营贷款管理办法（试行)》，个体经营者只要登记注册，有明确合法的贷款用途，能提供担保抵押，经农业银行调查证实有稳定的经营收入和按期还本付息的能力，都能在最短的时间里获得农业银行的贷款支持。该项业务一经推出，就受到公众的欢迎，圆了许多像孙某一样创业者的美梦。

思考与讨论

1. 调查搜集近年来国内金融机构为创业企业融资推出的各种金融创新工具，分析其解决创业企业融资难的作用。
2. 结合本案例，谈谈及时了解银行等金融机构的相关信息对拓宽融资渠道的意义。
3. 如果你打算创业，如何获得必要的资金？

案例二：

组合融资由幼苗长成参天大树

菱花集团的前身是一家只有8万元原始资本的村办小型企业，当时企业的条件异常简陋，职工大部分是本村农民。针对家底薄、起步阶段固定资产少、向银行申请贷款困难重重的客观条件，企业经营者不等不靠，眼睛向内，充分利用自身的各种条件，迂回挖潜，多方并举，融得了企业生产经营和发展所需的资金。

首先，向内部职工借款。小企业与职工的关系非常紧密，可以说一荣俱荣，一损俱损。只要职工确信企业有发展前途，就会慷慨解囊。向本企业职工借钱，既不受使用时间的限制，还会使职工更尽心尽力地为企业工作，因为该企业的职工大部分是本村农民，具有勤俭持家的传统美德。据此，企业每月只给每个职工支付300元生活费，其他全部由财务部门统一存入本企业账户，企业按年利率15%给职工支付利息，职工可按需要灵活使用。仅此一项就给企业提供稳定的资金来源1 700万元。

其次，使用商业信用融资。菱花集团充分利用自己的信用，以商业信用欠款的方式使用上游企业的资金，采购原材料赊欠钱款，确保了3 500万元的资金长期为本企业使用。

再次，使用技改和基建施工单位的资金。在搞基本建设和生产线技改时，通过市场调查、策划，选择有实力的企业和安装队伍垫款施工，仅此一项每年就为企业提供了1 000万元左右的资金。再加上采购设备时采用先赊账后付款的方式，也为企业节省了大量的资金。

最后，资本营运融资。随着该企业市场不断开拓、业务快速发展，他们积极考察市场，在全国各地寻求一些亏损或濒临倒闭的国有企业进行联营。按照国家当时的政策，这些企业贷款可停息或转为投资，从而既在一定程度上缓解了企业资金紧张的程度，又实现了企业低成本扩张，赢得了更丰厚的利润。

由于该企业能及时抓住机遇，发挥自身的优势特征，面向市场寻求融资渠道，从而实现了“东方不亮西方亮”，巧妙地融到了企业发展所需要的资金，实现了凤凰涅槃，由一棵幼苗成长为一棵参天大树。目前，企业的资产达到26.6亿元，员工7 800人，其中大专毕业生2 200人，一跃成为国家一级企业集团。

思考与讨论

1. 作为创业企业，菱花集团在传统融资渠道不畅时是如何解决发展所需资金的？你从中可得到哪些启示?

2. 你认为创业企业应如何策划融资方案。

第二节　创业企业融资渠道和方式及选择技术

一、各种融资渠道和方式的比较与选择

融资是指企业从自身生产经营及资金运用情况出发，根据未来经营发展的需要，通过一定的渠道和方式筹集资金，以满足后续经营发展需要的一种经济行为。

我国创业企业融资存在较大困难，突出表现在融资方式单一、渠道狭窄、融资难度大、成本高、融资风险高等方面。

融资难的原因错综复杂，既有国内宏观的金融制度、政策方面的原因，如缺乏多层次的

资本市场体系、商业银行未形成专业化分工、信用制度不完善、金融债权维护难、抵押担保制度落实难、商业银行信贷管理体制不适合创业企业的特点等；也有创业企业自身的原因，如信息不透明、资产信用不足、财务制度不健全、报表不实、竞争力不强、缺乏融资相关经验和知识等。因而，寻找创业资金已成为国内创业者的重要任务之一。

（一）融资渠道和方式的基础知识

融资渠道是指取得资金的途径，即资金的供给者是谁。确定融资渠道是融资的前提，它直接影响企业的融资成功率和融资成本，并决定企业融资公关的方向。

融资方式是指如何取得资金，即采用什么融资工具来取得资金。融资渠道展示出取得资金的客观可能性，即谁可以提供资金。融资方式解决用什么方式将客观存在的可能性转化为现实性，即如何将资金融到企业。

总体来看，我国创业企业的资金来源主要有以下六个：

（1）国家财政资金。指国家以财政拨款形式投入企业的资金。为了支持创业活动，国家一些部委和地方政府设立了各种基金，对于符合基金支持条件的创业企业（如技术创新、出口创汇及生态环保等）以无偿拨款、投资和贴现贷款等方式来扶持其发展。

（2）企业自留资金。指企业在生产经营过程中形成的资本积累和增值，主要包括资本公积金、盈余公积金和未分配利润等。

（3）国内外金融机构资金。指各种银行和非银行金融机构向企业提供的资金。我国商业银行资金雄厚，是企业经营资金的主要来源。世界银行及外国银行在中国境内的分支机构为我国企业及外商投资企业提供的外汇贷款，也是企业的资金来源渠道。各级政府和其他组织主办的非银行金融机构，如科技投资公司、租赁公司及保险公司等，虽然其融资额有限，但其资金供给方式灵活方便，也可以作为企业补充资本的渠道。

（4）其他企业和单位的资金。指各类企事业单位、非营利社团组织等，在经营和业务活动中暂时或长期闲置、可供企业调剂使用的资金。创业企业可以通过接受投资、借款或商业信用等方式吸收这些资金。

（5）职工和社会个人资金。指企业职工和社会个人以其合法财产向企业提供的资金。随着我国国民财富的迅速积累，居民手中持有大量资金而缺乏有效的投资渠道，因此，发展资本市场，以直接投资的形式吸引企业和私人资金，既拓宽了创业企业的融资渠道，又实现了社会资金的良性循环。

（6）境外资金。指国外的企业、政府和其他投资者，以及我国港澳台地区的投资者向企业提供的资金。利用外资的方式主要包括吸收外资和借用外资两大类。

与融资渠道多元化的特点相应，融资方式也是多种多样的。同一渠道的资金也可以采用不同的融资方式来筹集。

（二）内部融资和外部融资的比较与选择

1. 内部融资和外部融资的特点比较

从大的方面来说，企业可以从内部和外部两个途径来融通资金。

内部融资是企业依靠其内部积累进行的融资，具体包括三种形式：资本金、折旧基金转化为重置投资和留存收益转化为新增投资。

内部融资对企业资本的形成具有原始性、自主性、低成本性和抗风险性等特点。相对于外部融资，它可以减少信息不对称问题及与此有关的激励问题，节约交易费用，降低融资成本，增强企业剩余控制权。但是，内部融资能力及其增长，要受到企业的盈利能力、净资产规模和未来收益预期等方面的制约。

外部融资是指企业通过一定方式从外部融入资金。它对企业的资本形成具有高效性、灵活性、大量性和集中性等特点。从实际看，外部融资是成长中的企业获取资金的重要渠道，它包括银行借款、发行债券、融资租赁和商业信用等负债融资方式与吸收直接投资、发行股票等权益融资方式。

2. 内部融资和外部融资的选择

企业融资是一个随着自身的发展由内部融资到外部融资的交替变换过程。创业之初，主要依靠内部融资来积累；随着企业逐步成长，抗风险能力增强，内部融资难以满足要求，外部融资就成为企业扩张的主要手段；当企业具备相当规模后，自身有了较强的积累能力，则会逐步缩小外部融资总量，转而依靠自身雄厚的积累资金来发展。

考虑到外部融资的成本代价，创业企业在资金筹措过程中，一定要高度重视内部的积累。辩证地说，内部融资是外部融资的保证，外部融资的规模和风险必须以内部融资的能力来衡量。通常在内部融资不能满足需要的时候，才考虑通过外部融资渠道来解决。

（三）直接融资和间接融资的比较与选择

1. 直接融资和间接融资的特点比较

直接融资是指资金供求双方之间直接融通资金的方式，是资金盈余部门在金融市场购买资金短缺部门的直接证券，如商业期票、商业汇票、债券和股票等。另外，政府拨款、占用其他企业资金、民间借贷和内部集资也属于直接融资范畴。

直接融资具有直接性、长期性、不可逆性（即股票融资无须还本）和流通性（指股票与债券可在证券二级市场上流通）等特点。

利用直接融资的方式，企业处于主动地位，对融资的时间、数量及成本等均可主动作出选择，在总量上不受资金来源的限制，但它也存在局限性，主要表现为易受融资双方资信的限制，受融资的时间、地点及范围的限制，同时其成本要高于间接融资。

间接融资是指企业通过金融中介机构间接向资金供给者融通资金的方式，它由金融机构充当信用媒介来实现资金在盈余部门和短缺部门之间的流动，具体的交易媒介包括货币和银行券、存款及银行汇票等。另外，“融资租赁”、“票据贴现”也属于间接融资。

间接融资具有与直接融资截然相反的特性，即间接性、集中性、安全性和周转性。其资金的初始供应者和资金的需求者不直接发生借贷关系，由中介机构把众多供应者的资金集中起来贷给需求者。由于银行或非银行金融机构资金实力雄厚，内部管理严格，可有效分散管理风险，因此融资风险较小、信誉度高、稳定性强。

2. 直接融资和间接融资的选择

在直接融资中，由于信息不对称，一方面，投资者要求资金使用者的经营活动具有较高的透明度，不管规模大小，企业为达到较高的透明度所需支付的信息披露、社会公证等费用差别不大，因而，创业企业筹集单位资金的费用相对很高；另一方面，信息不透明程度越高，资金提供者所要求的风险补偿就越高，除高科技企业外，大量劳动密集型的创业企业，也难以达到投资者的收益要求。

在间接融资中，由于金融媒介能够以较低的成本事先对资金的使用者进行甄别，并通过合同对资金使用者的行为进行约束，事后则继续对资金使用者进行监督，因此，这种融资方式对资金使用者信息透明度的要求相对较低，因而，银行信贷方式就成为创业企业外部融资的主要方式。

（四）股权融资和债权融资的比较与选择

1. 股权融资和债权融资的特点比较

股权融资包括创业者自己出资、争取国家财政投资、与其他企业合资、吸引投资基金投资及公开向社会募集发行股票等。自己出资是股权融资的最初阶段，发行股票是股权融资的最高阶段。

股权融资的特点在于，引入资金且无须偿还，但同时企业引入新股东，使企业的股东构成和股份结构发生变化，不需要支付利息且不必按期还本，但需按企业的经营状况支付红利。

债权融资包括向政府、银行、亲友、民间借贷和向社会公众发行债券等。向亲友借贷是债权融资的最初阶段，发行债券是债权融资的最高阶段。

债权融资的特点在于，融资企业必须根据借款协议按期归还本金并支付利息，一般不影响企业的股东及股权结构。

股权融资和债权融资体现了不同的产权关系：股权融资体现的是所有权与控制权的关系，投资者是企业的股东，享有企业的剩余索取权和最终控制权；债权融资体现的是债权与债务关系，债权人拥有对企业的相对控制权，即只有企业不能按合同履约时，控制权才会转移到其手中。

2. 股权融资和债权融资的选择

股权融资和债权融资的选择主要涉及企业控制权的分散甚至转移。控制权改变不仅直接影响企业生产经营的自主性、独立性，原有股东的利益分配，而且当其失去控股权时还可能影响到企业的效益与长远发展。因此，在可能的情况下应尽量考虑采取债权融资。

当然，在以下几种情形下，企业采取股权融资也是一种明智的选择：

一是企业难以满足债权融资的要求（包括信用、资产及抵押等条件）。

二是企业经营风险和预期收益均较高，原有股东希望分散风险、共享收益，而债权人要求的收益率超出企业的承受能力。

三是引入股权投资者有利于提高企业的竞争能力。如与一些拥有强大技术或市场营销力的大企业合作，可使企业迅速做大做强。

二、融资渠道和方式（工具）的选择技术

（一）了解、搜集各类潜在资金提供方的基本情况

融资渠道选择首先要了解、搜集各类潜在资金提供方的基本情况，这样才能有的放矢，有针对性地做好各项融资准备工作。一般可通过以下问题进行了解：

（1）资金供给方总共有哪些？各类资金供给方之间有哪些区别和联系？包括资本存量和流量的大小，提供资本的使用期长短等。

（2）每一类资金供给方的资金来源有什么特点？投资方向是什么？

（3）每一类资金供给方对项目或融资企业有哪些要求？

（4）每一类资金供给方风险控制的手段有哪些？

（5）每一类资金供给方工作程序有哪些？

（6）如何与资金供给方打交道？

在此基础上，对各类资金提供者按照融资可能性进行分类排序，即最可能提供资金者、经过努力可能提供资金者和不可能对本企业提供资金者。

（二）分析本企业对不同融资渠道的吸引力

具体可考虑以下因素：

（1）企业或项目所在的行业，不同资金供给方的投资重点不同。

（2）融资规模的大小。

（3）融资的成本要求或对股权的要求。

（4）自身具备的条件与核心优势，如抵押物、无形资产、市场和管理水平等。

（5）融资的时间要求，不同机构的工作程序及所需要的时间不同。

（三）综合选择融资渠道

1. 融资成本的高低

融资成本关系到融得资金的实际数额和企业的经营成本及利润，最终影响到企业的经济效益。影响融资成本的主要因素有：利率、使用期限、企业盈利水平和稳定性及证券发行的价格等。一般来说，各种融资方式资金成本从低到高的顺序为：政策性融资、商业信用融资、票据贴现、银行贷款、债券、典当及股权等。

2. 融资风险的大小

企业对外融资都面临风险，特别是借款，当出现收益不足以偿还债务时，企业将陷入危机之中。在其他条件相同的情况下，企业融资负债的比例越高，其面临的风险也将越大。各种融资方式还本付息风险从小到大的顺序依次为：股权出让、商业信用、票据贴现、发行债券及银行贷款等。

3. 融资方式的机动性

机动性是指创业企业在需要流动资金时能否及时通过融资获得，而不需要资金时能否及时偿还所融资金，且提前偿还资金是否会给企业带来相应的损失等。显而易见，各种融资方式的机动性从优到差顺序依次为：内部融资、票据贴现、商业信用、银行贷款、债券及股权出让等。

4. 融资的方便程度

融资的方便程度一方面是指企业有无自主权通过某种融资方式取得资金，以及这种自主权的大小；另一方面是指借款人是否愿意提供资金，以及提供资金的条件是否苛刻，手续是否烦琐。各种融资方式的方便程度从易到难依次排列为：内部融资、商业信用、票据贴现、银行贷款、股权及债券等。

（四）运用融资优序理论指导融资次序选择

根据国外企业融资的结构理论，企业融资一般遵循这样一个规律，即先是内部融资，使用企业内部留利，不足时再向银行贷款，或发行债券，最后再发行股票融资。

（五）注意对金融机构的选择和企业素质的提高

选择金融机构时，应重点考虑以下机构：对本企业发展感兴趣并愿意投资的金融机构；能提供经营指导的金融机构；分支机构多、交易方便的金融机构；资金充足、费用较低的金融机构；员工素质好、职业道德良好的金融机构等。

在融资时，创业企业要以实绩和信誉来赢得金融机构的信任和支持，包括与金融机构保持良好关系，主动向合作的金融机构沟通企业的经营方针、发展计划及财务状况，说明遇到的困难，以减少信息不对称，进而赢得投资者的信任，而不应以各种违法或不正当的手段套取资金。

（六）融资渠道和方式组合策略

在更多情况下，融资渠道与方式需要组合，常见的组合方式有以下几种：

（1）不同期限的资金组合。期限长的资金用于项目投资或固定资产投资，期限短的资金用于临时周转或短期投资。

（2）不同性质的资金组合。权益性资金用于项目投资或固定资产投资，债权性资金用于临时周转或短期投资。

（3）成本组合。高成本的资金用于弥补临时性资金需求，低成本的资金用于置换高成本的资金或企业铺底流动资金。

（4）内外结合。缺少资金时，首先向管理要资金，其次才是外部资金等。

（5）传统和创新结合。随着我国金融体系改革的深化，金融工具创新的速度会不断加快。企业需要不断关注、跟踪和应用这些创新的融资工具。

创业企业常用融资工具汇总见表 7－1。

表 7－1　创业企业常用融资工具汇总表

一级分类	二级分类	一级分类	二级分类
内部融资	扩大企业收入	短期拆借	典当
	降低成本		投资公司
	控制费用	资本运营融资	企业
	加快存货周转率		个人
	加快应收账款周转		资产重组或债务重组
商业融资	经销商融资		股权结构优化
	供应商融资		引入战略投资者
	关联企业融资		组建企业集团
员工融资	集资	政策性融资	政策性贷款
	入股		政策性担保
	股转债或债转股		财政贴息
银行融资	贷款		专项扶持基金
	票据		政策性投资
	保理	租赁	经营性租赁
	担保		融资租赁
	贸易融资	其他方式	信托融资
	销售链融资		短期融资券
	综合授信或透支		上市融资

三、融资渠道和方式选择策略

（一）不同类型的创业企业融资策略

（1）制造业型创业企业，大多数是劳动密集型的传统行业，从业人员多，劳动占用大，产品附加值低，资本密集度小，技术含量不高，一般投资收益率较低，但资金需求相对也较小。大多数要依赖信贷资金，直接融资难度较大。

（2）高科技型创业企业，具有高投入、高成长、高回报和高风险的特征。其资金来源主要是“天使投资”和各种“风险投资基金”，性质多数属于权益资金。

（3）服务业型创业企业，其资金需求主要是存货的流动资金占用和促销活动上的经营性开支，资金需求数量小、频率高、周期短、随机性大，但风险也相对较小，其主要融资方向是中小型商业银行贷款。

（4）社区型创业企业，包括街道手工业，具有一定的社会公益性，因此比较容易获得政府的扶持性资金。另外，社区共同集资也是一个重要的资金来源。

（二）不同发展阶段的创业企业融资策略

（1）种子期：创业者可能只有一个创意或一项尚停留在实验室的科研项目，所需资金不多，应主要靠自有资金、亲友借贷、吸引“天使”投资者，也可向政府寻求资助。

（2）创建期：企业需要一定数量的“门槛资金”，主要用于购买机器、厂房、办公设备、生产、资料、后续研究开发和初期销售等，所需资金往往较大。由于没有经营和信用记录，从银行申请贷款的可能性甚小。这一阶段的融资重点是吸引股权性的机构风险投资。

（3）生存期：产品刚投入市场，市场推广需要大量的资金，现金的流出经常大于流入。此阶段要充分利用负债融资，同时需要通过融资组合多方筹集资金。

（4）扩张期：企业拥有较稳定的顾客和供应商及良好的信用记录，利用银行贷款或信用融资已比较容易。但由于发展迅速，需要大量资金以进一步进行开发和市场营销。为此，企业要在债务融资的同时进行增资扩股，并为上市做好准备。

（5）成熟期：企业已有较稳定的现金流，对外部资金需求不再特别迫切。此时的工作重点是完成股票的公开发行上市工作。

（三）不同资金需求特点的企业融资策略

（1）资金需求的规模较小时，可以利用员工集资、商业信用融资及典当融资；规模较大时，可以吸引权益投资或银行贷款。

（2）资金需求的期限较短时，可以选择短期拆借、商业信用及民间借贷；期限较长时，可以选择银行贷款、融资租赁或股权出让。

（3）资金成本承受能力低时，可以选择股权出让或银行贷款；承受能力强时，可以选择短期拆借、典当及商业信用融资等。

第三节　创业企业融资方案策划技术

一、创业企业融资的程序

企业融资是一个复杂的过程，要解决选择目标投资者、向目标投资者证明其投资是有价值的、投资风险是可以控制的等问题。一个科学清晰的融资战略和周密详尽的融资策划是融资成功的前提，这就需要一套合理的程序或步骤来保障。

（一）事前评估

事前评估就是在充分调查研究和对企业进行 SWOT 分析（优势、劣势、机会和威胁）的基础上，系统分析企业融资的必要性和可行性。具体包括以下几个方面：

（1）企业发展战略判断。首先要基于 SWOT 等分析工具判断企业战略，然后判断融资与战略方向是否一致。

（2）融资需求的合理性判断。如企业为什么要融资，不融资行不行，融资用途是否合理，资金需要量是否合理，还款来源是否合理等。

（3）融资具备的基础条件判断——融资可能性分析。基础条件包括融资主体、企业资产、报表、融资资料、渠道资源、融资机构和团队、融资知识和经验、与融资服务机构的合作、企业团队品质和行为等。

（4）融资诊断与评估报告。对上述结果进行归纳，作为高层进行融资决策的依据。

（二）融资决策与方案策划

这个环节主要是就融资中的一系列关键问题进行决策和策划，包括估算融资规模、确定融资渠道和方式、选择融资期限与时机、估算融资成本、评估融资风险等。

（三）融资资料准备与谈判

该阶段，企业一方面要着手准备相关融资资料，编制融资计划书（商业计划书），另一方面要开始与潜在资金提供方接触，就资金的使用价格、期限、提供方式及还款方式等细节进行协商，直到达成一致。

（四）过程管理

该阶段包括融资组织、策划与实施等内容，它是根据双方谈判的结果和要求，对所有资金到位前的工作进行细化、论证及安排。核心是制订融资实施方案与签订融资协议两个环节。

（五）事后评价

通过分析总结成败之处，为下次融资积累经验和相关资料。包括融资效果评价及其成败经验教训分析；融资参与人员的表现及其奖惩处理；企业融资档案的建立等。

二、创业企业融资决策

（一）融资理念的树立

创业企业在融资时，首先应以科学正确的融资理念来指引。具体包括：

（1）资本经营的理念。即将资本当作一种商品，并以盈利为目的对其进行买卖（经营），使融资收益大于融资成本。成本包括客观的筹集和使用资本的费用（如股利、利息及融资费用等），以及主观的机会成本。收益是指经营活动的结果，即税前利润。

（2）重视现金流量管理。现金流动是企业资产流动性和变现性的基础和具体体现。企业的所有经营活动，其财务本质都是现金流动的过程。现金流量不足将直接导致企业财务危机甚至破产。现金流量管理通常通过编制现金流动计划、现金流量表来进行。

（3）重视资金的时间价值。资金的时间价值指由于时间的因素使资金的内在价值含量发生改变。基于这一差异，不同时间点上的价值不具有可比性，必须通过现值计算或终值计算将其调整折算至同一时点上才能进行计算与比较。

（4）重视风险与收益的权衡。市场经济中收益与风险总是形影不离的。高收益必然伴随着高风险，因此，企业必须在收益和风险之间进行权衡，既追求收益又重视风险。

（二）融资决策的原则

（1）融资总收益大于融资总成本。必须经过深入分析，确信利用筹集的资金所产生的预期总收益大于融资的总成本，才有必要考虑融资问题。

（2）融资规模要量力而行。融资过多会造成资金的闲置浪费，并导致负债过多，增加风险；而融资不足又会影响企业投资计划及其他业务的正常开展。因此，应根据资金需求、企业自身的条件，以及融资的难易程度和成本情况，量力而行确定融资数量。

（3）尽可能降低融资成本。融资成本是决定企业融资效率的关键因素，对企业选择何种融资方式有着十分重要的意义。

（4）确定恰当的融资期限。融资期限的选择主要取决于融资的用途和融资人的风险偏好。原则上，流动资产宜于选择各种短期融资方式；长期投资或购置固定资产适宜选择各种长期融资方式。

（5）选择最佳融资机会。融资决策要有超前预见性，及时掌握各方面信息，科学预测政策、市场及环境等变化趋势，积极寻求并及时把握住各种有利时机。

（6）尽可能保持企业的控制权。企业的控制权和所有权决定企业的战略、方向，以及生产经营、利润和股东利益。放弃控制权一定要慎重，但也不能一味固守控制权不放。

（7）选择最有利于提高企业竞争力的融资方式。除了均可解决企业资金需求外，不同融资方式对企业的信誉、产品市场份额乃至获利能力的影响大不相同，因此，应选择最有利于提高企业竞争力的融资方式。

（8）寻求最佳资本结构。不同融资方式形成的不同资本结构直接影响资本成本，进而影响企业的市场价值。一般来说，只有当预期普通股利润增加的幅度超过财务风险增加的幅度时，借债才是有利的。

三、创业企业融资方案策划技术

（一）融资规模的确定

1. 融资规模的测算公式

创业企业资金需求总量可按以下公式计算：

资金需求总量＝流动性资金需求量＋偿债性资金需求量＋投资性资金需求量

投资性资金需求量＝固定投资资金需求量＋资本运营资金需求量＋投机资金需求量

外部资金需求量可按以下公式测算：

外部资金需求量 = 资金总需求量 - 内部资金来源

内部资金来源 = 折旧 + 自然增长的负债 + 新增留存收益

2. 融资规模的测算方法

测算融资规模的方法大致有三种，即定性分析法、实际核算法及财务报表分析法。对于创业企业，大多采用实际核算法。

在核算中，对于流动性资金需求，主要测算用于维持生产、扩大规模、增加流动资金的投入，以及支付费用开支、弥补收入的季节性差异及承接新合同、需要垫资或增加投入的资金。

偿债类资金需求，主要测算为保持信誉，需要归还银行到期贷款、供应商货款和其他外部借款等所需的资金。

固定投资类资金需求，主要测算购买生产设备及其厂房和不动产构建的费用。

资本运营类资金需求，主要测算办理银行承兑汇票的保证金，购买土地、办理土地证的费用，为获得某种资质或资格，扩大企业资本金，收购企业等所需的资金。

投机类资金需求，主要测算用于炒作有价证券和股票、土地和房产及不良资产等所需的资金。

3. 创业企业在不同阶段的各类资金需求经验数据

企业资金的使用方向主要表现在四个方面：技术及产品开发、生产及设备、拓展市场、人力资源，其在不同阶段的资金需求经验数据参见表7-2。

7-2　创业企业在不同阶段的各类资金需求经验数据

	技术及产品开发	生产及设备	拓展市场	人力资源
种子期	50%	10%	5%	35%
创建期与生存期	40%	20%	10%	30%
扩张期	20%	30%	25%	25%
成熟期	10%	35%	35%	20%

（二）融资成本的估算

1. 融资成本及其对企业融资决策的影响

融资成本是指使用资金的代价，包括融资费用和使用费用。前者是企业在筹集资金过程中发生的各种费用，如银行融资时的抵押物评估费、登记费、公证费、担保费、贴现费和手续费等，发行股票、债券时支付的注册费、代办费、审核费和承销费，企业在融资过程中发生的差旅费、交际费等；后者是企业因使用资金而向其提供者支付的报酬，如向股东支付的股息、红利，向债权人支付的利息、债息，向出租人支付的租金等。由于融资费用与融资额几乎同时发生，因此可将融资费用视为融资额的抵减项。融资成本率的计算公式如下：

融资成本率 = 资金使用费/（融资总额 - 融资费用）

融资成本对企业融资决策的影响表现在三个方面：一是融资成本对投资具有决策依据的作用，融资成本是一项投资是否可行的取舍标准；二是融资成本影响着企业对融资渠道和融资方式的选择；三是资本结构直接取决于企业的融资成本。企业只有通过改变主权资本和债务资本的比重才能找到最低加权平均的融资成本，从而确定最佳资本结构。

2. 融资成本的表现形式及估算

融资成本可分为个别融资成本、综合融资成本和边际融资成本。在比较各种融资方式时，使用个别融资成本；在进行企业全部资本结构决策时，使用综合融资成本；在追加融资决策时，使用边际融资成本。

（1）权益融资成本：

优先股融资成本＝优先股年股利／（优先股实际融资额－实际融资费用）

普通股融资成本＝普通股年股利／（普通股实际融资额－实际融资费用）

（2）债务融资成本：

银行借款融资成本＝借款利息×（1－所得税率）／（银行借款实际融资额－融资费用）

银行借款融资成本＝借款利息×（1－所得税率）／（1－融资费用率）

企业债券融资成本＝债券债息×（1－所得税率）／（债券实际融资额－融资费用）

（3）综合融资成本：

综合融资成本＝∑（各种融资形式的融资成本×该融资额占总融资额的比例）

［**例题** 1］M 公司的资本总额为 3 000 万元，其金额构成及费用情况是：银行借款 300 万元，利息率为 6%；按照面值发行债券金额 900 万元，债息率为 8%；普通股实际融资额 1 500万元，留存收益 300 万元，预计红利率为 9%。各种融资形式的融资费用比率分别是：银行借款为 0.05%，债券为 0.1%，普通股为 0.2%。企业所得税率为 33%。

［**解**］个别融资成本为：

银行借款融资成本＝6%×（1－33%）／（1－0.05%）＝4.022%

债券融资成本＝8%×（1－33%）／（1－0.1%）＝5.365%

普通股融资成本＝1 500×9%／（1500×（1－0.2%））＝9.018%

留存收益融资成本＝300×9%/300＝9%

各种融资额占总资本的比重分别为：银行借款 10%，债券 30%，普通股 50%，留存收益 10%。

综合融资成本＝4.022%×10%＋5.365%×30%＋9.018%×50%＋9%×10%＝7.421%

3. 融资成本的比较

首先，企业外部融资中，债务融资的成本一般低于股权融资的成本。这是因为，一方面，股权投资者所获股利是一种税后收益，而债权人所获利息可作为营业利润扣除项目；另一方面，股东的收益不确定性高，又是企业破产的最后索偿人，风险大，自然要求更高的报酬率。

其次，债务融资中，短期债务一般低于长期债务的融资成本。原因包括：资金的时间价值不同，长期债务使债权人面临着更高的经济周期波动及信用或违约风险。

4. 创业企业如何控制融资成本与费用

对创业企业来说，当选定了融资渠道和融资方式以后，融资成本基本上就是刚性的，因而，融资成本控制的重点应该集中在以下三个方面：一是提高融资的效率，及早融到资金就可以尽早获得收益，从而弥补融资成本；二是减少融资的盲目性，对不同的资金供给方提高分辨能力，以免上当受骗；三是委托一家专业融资顾问机构，融资费用包干或风险代理，以弥补融资团队和关系资源的不足。

（三）资本结构的确定

1. 影响资本结构的因素

资本结构指企业长期债务资本与股权资本的比例关系，由于债务资本具有抵税效应，但过高的债务比例又会增加债权人和股权投资者的代理成本、破产成本和风险，进而提高融资成本，因此，必须确定一个合理的资本结构，以使企业的市场价值最大化。

资本结构理论目前还不能给出最优资本结构的具体描述，因此，创业企业在选择融资方式和融资渠道时，除了融资成本外，还需综合考虑各方面的因素，包括：

（1）行业因素。一般而言，具有较高垄断性的行业，大量使用标准的通用机器设备等有形资产的行业，资产流动性较强的行业，能够承担较高的负债率。

（2）企业经营战略、管理者的风险态度。愿冒风险以求得企业价值提高的创业者适合股权融资，而希望稳步发展的企业适合债权融资。

（3）企业获利能力。获利能力强的企业可以融通较多的债权资本，使股东获取债务融资的杠杆效益。

（4）企业资产结构。企业的有形资产越多，通过资产的抵押、担保，就可筹集到更多的债务资金；而专利技术、商誉等无形资产一般难以被资金提供方接受，相应地，可借贷资金就少。

（5）企业经营规模和资金需求量。经营规模大的企业倾向于采取多角化或纵向一体化战略，可以更多地使用负债经营。

（6）企业面临的风险。企业经营风险越高，偿债能力越低，最优的负债比率也就越小。

2. 最佳资本结构的确定

资本结构的决策目标就是使加权平均融资成本最小，从而使得企业价值最大化。具体可通过比较不同方案的加权平均融资成本来确定。

[**例题**2] S公司现有甲、乙两个资本结构方案。甲方案的具体内容为：总资本500万元，其中银行借款100万元，利息率6%；发行债券100万元，债息率7%；普通股300万元，预计红利率8%。乙方案总资本仍为500万元，其中银行借款100万元，利息率6%；发行债券150万元，债息率8%；普通股250万元，预计红利率9%。公司所得税税率33%。融资费用忽略不计。

[**解**] 两个方案的加权平均融资成本为：

甲方案 $=6\% \times (1-33\%) \times 20\% + 7\% \times (1-33\%) \times 20\% + 8\% \times 60\% = 6.542\%$

乙方案 $=6\% \times (1-33\%) \times 20\% + 8\% \times (1-33\%) \times 30\% + 9\% \times 50\% = 6.912\%$

甲方案综合融资成本低于乙方案，故甲方案是优势方案。

（四）融资期限组合及融资时机的确定

1. 选择融资期限的依据

由于融资期限越长，融资成本就越高，但期限越短，融资的风险也越高。因而，融资企业应根据资金需求的长短、用途来合理确定融资期限。

原则上，企业的长期资金需求应与长期融资相结合，短期资金需求应与短期融资相配合。即弥补流动性资金不足时，宜选择各种短期融资方式，如商业信用、典当、短期贷款及民间集资等；用于长期投资或购置固定资产时，宜选择各种长期融资方式，如长期贷款、内部积累、租赁融资、发行债券及股权出让等。

除此之外，还要考虑还款来源的可靠性和不可抗力的影响，从保持信用的角度来看，企业在确定融资期限时应保守一些。

2. 融资期限组合方法

企业融资期限组合的策略大致可分为以下三类：

（1）到期配比政策。要求企业负债和资产到期完全一致。即临时流动资产以短期负债融资，永久资产以长期负债和权益资本融资。这种政策不存在延期借款的问题，企业的违约风险很小。

（2）激进政策。企业的全部固定资产用长期资本融资，但部分永久流动资产用短期信贷融资。其好处是，可获取一定的融资成本，但存在财务周转困难及违约的风险，也可能因为未来利率提高而增加成本，因而国内创业企业应慎用。

（3）保守政策。全部永久资产和部分或全部临时流动资产都用长期资本融资，企业的短期借款只是满足经营旺季的需要，有时也满足在淡季储存有价证券的需要。该政策风险最小，但成本最高。

3. 融资时机的确定

融资时机是指有利于企业融资的一系列因素所构成的一种融资环境和时机。首先，融资时机取决于环境变化所提供的投资机会出现的时间，即何时进行融资取决于投资的时机，过早、过迟均不利；其次，融资时机取决于外部环境给企业提供的有利的融资机会。

由于创业企业一般无力左右外部环境，故它必须积极寻找、预测外部环境变化所提供的有利的投资机会和融资机会，并从长期和整体的战略观点出发，正确进行融资的时机规划，努力探求投资需要和融资机会相适应的可能性，尽力抓住有利的融资机会。

（五）资金偿还风险的评估

1. 未来盈利测算技术

资金偿还或收益分配从根本上来自企业投资项目未来的盈利，由于未来盈利在数量和时间上具有不确定性，所以对企业偿还债务或对投资者分配收益均有风险。

企业未来盈利测算是在企业的投资规划、销售预测、成本费用预测和税负预测的基础上进行的，一般要依次进行以下几步预测：按时间序列测算投资需求，测算产能（包括产能利用率或达产率），测算销售量和销售价格及产销率，测算单位成本及总成本，测算管理、销售及财务三项费用，测算销售税金，利用损益表测算净利润。

2. 债务偿还保证的测算技术

（1）抵押、担保措施的落实。资产是企业融资安全保障的基础。在融资前，创业企业要尽量提供能令资金供给方满意的债务偿还或投资收益保证，特别是债务融资。此外，股东保证、关联企业保证及担保公司保证等也是企业常用的债务安全保证方式。

（2）还款来源评估。在确定还款来源时，要从还款来源的合理性和确定性两方面着手进行。还款来源主要有：融入资金使用在确定时限内产生的现金流；企业未来可以变现的资产；企业未来的销售回款；企业未来可以借入的资金及其他确定的还款来源。

第四节　创业企业融资能力提升技术

创业企业融资难的原因在于信息不对称、信用不高、竞争力不强等，因此，要提高融资能力，最根本的就在于提升企业的综合素质。

一、改善经营管理，增强企业竞争能力

竞争力的提高意味着企业利润的增加、内部融资能力的增强、偿债能力的提高、对股东回报的增加等，故而它是企业融资能力的微观基础。

影响企业竞争力的因素很多，大致可将其归结为企业的产权结构和治理结构、企业经营战略及企业经营管理三个方面。

（一）明晰产权，改善企业治理结构

清晰明确的产权结构、完善的治理结构是保证企业经营决策正确和吸引外部投资者的前提条件。对创业企业来说，家族企业制度在发展初期是比较有效的，但随着企业的成长壮大，家族制的封闭性将成为企业从社会吸引人才、吸引投资的桎梏，因而应从自身条件出发，选择适合企业实际的财产组织形式和经营管理方式，适时进行治理机制和管理模式的改进。

（二）调整与创新企业经营战略

适合创业企业的经营战略有以下几种：

（1）集中竞争战略，即将资源集中于某个范围有限的细分市场中，以取得领先地位。

（2）合作配套战略，即通过合作方式，为大企业生产配套产品，成为大企业的定点加工承包单位，这样既保证了产品销售，降低了销售费用，也减少了经营风险。

（3）差异性竞争战略，即通过生产与大企业有差异的产品的方式，以更好满足消费者个性化、多样化需求，借此获得竞争优势。

（4）集团化战略，即若干个企业以产权为纽带结成多层次联合体，其中，大企业居于中心地位，外围由若干创业企业为其提供配套服务。创业企业加入企业集团，能够节约交易成本，带动技术与产品升级，在融资方面还可享受大企业的信誉。

（5）集群战略，即众多独立自主而又相互联系的中小企业，依据专业化分工和协作原理建立起来的松散组织。企业集群的形成，增强了集群内企业的信贷可得性，有利于取得银行的支持。

（三）转变经营管理机制

（1）改善企业管理模式，实行制度化、规范化管理。通过内外部环境分析和预测，制定科学可行的发展目标和战略规划，建立健全各项规章制度，不断提高决策和管理水平。

（2）加强财务管理，提高偿债能力。包括：建立和完善财务管理制度，确保会计资料真实完整；提高财务管理水平，加强财务控制；加强合同管理，杜绝违约、侵权及欺诈失信行为；保证产品质量、服务质量和资金运行质量；及时足额缴纳税款等。

（3）强化技术的开发与应用。首先，要充分认识到技术、产品创新对企业生存和发展的

重大意义，走“名、特、优、新、精”的发展之路；其次，在技术开发中要综合权衡技术的先进性、适用性之间的关系，避免好高骛远及闭门造车两种倾向；再次，建立企业信息系统，提高企业对市场、技术及产品的反应能力；最后，充分利用接近顾客、市场的优势，加强对技术、产品的二次开发。

二、强化融资意识，提高融资管理水平

（一）学习相关金融法规，熟悉融资游戏规则

市场经济是法制经济，资金供给方和融资服务方的行为及盈利模式都是在一定法规框架下运行的。在和这些机构打交道的过程中，企业主应该学会遵守这些规则，更好地利用这些规则为企业服务。相关融资方面的法律法规大致可分为五大类，具体参见相关文献。

（二）强化融资基础工作

融资基础涉及许多方面，其完善与否直接影响资金供给方的信心。具体包括：

（1）融资主体的选择与重构。当有多个企业可选择时，一般应选择符合投资者要求的企业作为融资主体；当没有符合条件的企业时，可考虑通过资本运营手段重构融资主体。

（2）报表完善与重组技术。无论债权人还是股权投资者都对企业的财务报表有严格要求。一般要根据会计师事务所的审计意见或资金供给方提出的意见进行完善与重组，还可以聘请融资顾问进行帮助。

（3）融资渠道资源储备与公关。在融资工作进行之前，要对融资渠道进行选择、了解和跟踪，并要为储备、维护融资渠道进行公关活动。

（4）企业融资机构和团队建设。随着创业企业的发展壮大，应建立健全各类组织机构，包括融资岗位和融资部门。

（5）资金、资产和资本管理技术。首先，要借助信息化手段改进资金管理方式，加强融资危机管理；其次，强化中长期资金筹划，加强内部控制，并不断开拓融资渠道；再次，重视资产管理，加强账务处理和税收筹划工作；最后，制定长期的资本运营目标，并借助融资中介服务机构进行资本运营。

（三）加强信用文化建设，提升信用水平

1. 创业企业融资与信用文化建设

信用指的是以偿还为条件的价值运动的特殊形式。其含义包括：要按时还本付息，要从事那些在贷款者看来不影响其贷放资金安全的行为。

现代经济是一种信用经济，信用关系的正常运行是保障本金回流和价值增值的基础。创业企业融资难的最根本症结在于缺乏信用保证。重建信用文化是解决创业企业融资的前提和基础。信用体系包括征信系统的建立、失信惩罚机制的建立及社会信用伦理道德的建立等。

［案例］

一个创业企业的产生、成长和失败

张女士是一名在1997年下岗的国有企业职工。下岗后张女士自强不息，开办了一家“净菜社”。在当地，以前几乎没有企业提供过类似的业务。开始时，张女士的经营比较顺利，凭借自己的辛勤劳动，她的产品顺利地进入了市场，并获得了良好的质量信誉。企业的规模也从原有的几个人扩大到十几个人。一时间，张女士成为艰苦创业、带领下岗女工自谋职业

的典型人物，被地方政府和新闻媒体广泛报道，企业的订单也在增加。但是，问题也就在这时开始出现了，随着规模的扩大，张女士开始申请银行贷款购置一些新的设备、租赁更大的工作场地，并开始雇佣更多的下岗女工，最多时达到100多人。由于职工都缺乏管理经验和市场推销经验，张女士只能包揽几乎所有的管理工作和市场开拓业务。随之企业的产品成本核算和产品销售出现问题，企业无法准确核算产品成本，如果提高销售价格，产品就无法销售出去；如果保持较低价格，则企业就处于亏损状态。而此时，张女士仍怀有很强的利他主义思想，她不愿意使工人受到第二次失业的打击。最后的结果可想而知：企业因无法偿还银行的债务而破产。

2. 创业企业信用管理中的基本原则和方法

对上一案例进行分析归纳，可得出信用管理中有以下基本原则和方法：

第一，要善于约束自己的投资和扩张行为，要懂得“节制和约束自己的企业家往往是最后的成功者”。

第二，投资以前进行认真的市场调查和分析，多考虑不利的市场竞争局面，认真分析自己的竞争实力。

第三，不要试图逃避债权人的监管，在多数情况下，特别是保障资金安全方面，债权人和企业的利益是一致的，银行稳健经营的原则普遍适用于绝大多数创业企业。

第四，不断提高自身的素质，充实自己的管理知识。许多创业企业信用的失败就在于管理水平和素质太低。

第五，健全企业财务制度，建立起与企业法律地位相适应的财务和信用管理制度，提高企业财务管理水平，增强财务信息的真实性。

第六，控制不同阶段的信用风险。

第七，加强财务管理。

3. 提供令资金供给方满意的融资安全保障措施

融资安全保障就是让资金供给方感到安全的一系列措施和机制的总和。它不仅包括法律保障，还包括信心保障和机制保障。

法律保障即通常理解的担保、抵押和质押等担保措施；机制保障是指保障资金安全的措施、制度和机制等，即通过流程、过程控制、管理及信息及时传递、控制融资方的行为、合同限制性条款和控股等方式来保障资金安全；信心保障则是让资金供给方感到放心和树立信心的措施总和，包括资料的准备与策划、经营团队的素质、现场管理水平和融资中介服务机构的协调等。

4. 建立新型银企关系

创业企业要顺利获得资金，还应积极与金融机构保持良好的公共关系，取得其信任。如经常与金融机构互访，定期提供财务报表等有关企业资料，对信贷资金按用途使用、按时归还，对金融机构的有关活动予以密切配合等。

（四）充分利用中介服务机构，提高融资效率

由于创业企业资源有限，应特别重视利用外部资源为其服务。随着金融创新的不断进行，只有借助于专业化的中介机构，才能有效地利用新的融资工具以满足其融资需求。

融资中介服务机构种类很多，创业企业常涉及的有：会计师事务所、不动产评估机构、律师事务所、融资财务顾问及信用评估机构等。

各类融资服务中介机构各有优缺点，创业企业在融资中要对其进行选择与组合。考察融资服务中介机构的基本依据是：位置独立，能从企业的角度考虑问题；具有丰富的融资经验和专业水平；机构背景及服务人员品质良好；收费与其提供的服务价值一致；提供的服务符合企业的实际情况等。

本章实训

实训项目一：创业资金面面观

（一）寻求政策性扶持资金或其他机构的创业资助

作为调节产业导向的有效手段，中央和地方政府设有各种政策性资金。对于拥有高科技成果的创业者，争取这种政策性的支持是一条有效途径。

[案例]

章教授是某大学计算机专业的教师，她一直希望办个软件公司以发挥自己的才能，无奈没有资金。1997 年，她得到了一条信息：市政府为扶持高科技企业的发展壮大，将创办高科技企业孵化基地，对通过资格审查的企业提供免三年租金的办公场所，并给予一定的创业扶持资金。于是，她立即带领了几名成绩优秀的学生创办了一家软件开发公司，不仅成功地进驻了孵化基地，不花一分钱就获得了一百多平方米的办公场所，还得到了 10 万元的扶持资金。

近年来，残酷而激烈的媒体大战愈演愈烈，为了吸引读者，各大媒体纷纷采取各种行动。不少报纸杂志、电台、电视甚至大型网站都不断设计和推出一些资助创业的活动，有效地帮助了那些想创业却又没有资金的人实现了心愿。

[案例]

朱小勇因原工作单位破产而失业了，想创业又缺乏资金。2007 年，他获悉一家报纸正在举办“寻找最佳创业者”的活动，于是报名参加，获得了一个“木帘店”的单项奖，从而获得了一笔创业现金，并得到了一家木帘企业的支持，开了一家木帘店。

（二）寻找银行各类创业贷款

资金不足时，人们首先想到的就是向银行求援。银行贷款大致可分为信用贷款、抵押（质押）贷款和保证贷款三大类，每一类都有许多创新产品和业务，分别适合于不同的创业企业。

1. 小额信用贷款

信用贷款是指银行仅凭对借款人资信的信任而发放的贷款，借款人无须向银行提供抵押物。其中最简单的就是个人信用卡透支（贷款），虽然期限较短，但只要安排妥当，既可解决临时性的资金周转，还可无息使用。

随着国内银行业务创新的不断加强，许多银行纷纷发放个人小额短期信用贷款，同时一些银行主动寻找担保方，为创业者个人或企业提供免担保贷款。这种信贷业务种类繁多、手续简便，一般都有较强的时效性，而且不同的银行可提供的贷款额度也不尽相同，创业者应经常到各家银行或网上搜集相关信息。如工商银行上海分行以柯达公司作为担保方，为开办柯达快速彩扩店的业主提供信贷资金；渣打银行也推出了中小企业无抵押贷款。

[案例]

周光超2006年大学毕业后回到老家上海，一直没找到称心的工作，看到小型超市生意非常红火，也想开个超市，但是因开超市至少需要投资六七万元，只好作罢。2007年8月，周光超获悉上海浦东发展银行与联华便利签约，推出了面向创业者的特许免担保贷款业务后，立即递交了申请。两个月后，他顺利地从浦发银行领到了贷款，在控江路开起了自己的小超市。

2. 抵押贷款

抵押贷款是指按照担保法规定的抵押方式，以借款人或第三人的财产作为抵押物发放的贷款。办理抵押贷款时应由银行保管抵押物的有关产权证明，其金额一般不超过抵押物评估价的70%，最高限额为30万元。只要抵押手续符合要求，借款人不违法，银行一般不问贷款用途。

[案例]

赵先生原是一家工厂的司机，在单位实行买断工龄后，他成了一名失业人员。这时，他所在的地区开始动工建设高速公路，经过一番调查后，他觉得买辆运输车承揽土建工程是一条非常好的生财之道，但买车需要一笔不菲的资金，一辆最便宜的自卸车也要8万元，而他手中仅有2万多元买断工龄的补偿金，所以只好求助银行。在银行工作人员的帮助下，他在指定的汽车经销公司看好了一辆15吨自卸车，并以拟购车辆作抵押，与银行签订了6万元的抵押贷款合同。在交了2万多元首付款后，他把这辆新车开回了家，并很快在工地承接了土方工程。如今，赵先生每月的收入达到8 000多元，正准备贷款再买一辆车。

3. 个人创业贷款

创业贷款实际上是抵押贷款的一种特殊类型，具有一定的政策性。它是指具有一定生产经营能力或已经从事生产经营活动的个人，因创业或再创业提出资金需求申请，经银行认可有效担保后而发放的一种专项贷款。符合条件的借款人，最高可获得单笔50万元的贷款支持，贷款期限一般为1年，最长不超过3年。

为了支持下岗职工创业，贷款利率可以按照人民银行规定的同档次利率下浮20%，许多地区推出的下岗失业人员创业贷款还可以享受60%的政府贴息。目前，国内多家银行都已推出了个人创业贷款业务。

[案例]

刘先生自2000年下岗后一直给别人打工，后来他产生了自己创业的想法，决定开家单身公寓。按照预算，装修及购置简单家具的开支为3万元，房主要求一次预交年房租1万元。于是他以自住的房改房作抵押，到银行办理了创业贷款，不但手续简单，还享受了20%的下浮利率。依靠这笔创业贷款，刘先生的单身公寓很快开张了，生意非常红火，扣除贷款利息等开支，每月的房租净收益在2 000元左右。

4. 担保贷款

担保贷款是指以担保人的信用为保证而发放的贷款。随着国内中小企业信用担保体系的建立和完善，各地现均有专业化的信用担保机构，如果创业者缺乏合格的抵押物品，就可向担保公司申请。与银行相比，担保公司的“门槛”要低许多——除房子外，车子、公司股权、机器设备、存货、特许经营权甚至个人无限责任等，都可作为反担保品。万一贷款到期无力偿还，担保公司还可以通过更灵活的方式处置这些反担保品。

[案例]

一对小夫妻成立了一家贸易公司，在扩大经营规模时遇到了资金瓶颈，便想用公司的应收账款作抵押到银行借款，但银行不接受。在朋友的指点下，他们找到了担保公司，经过一番考察，担保公司为他们出具了一份保函，小夫妻高高兴兴地从银行拿到了30万元贷款。

5. 质押贷款

质押贷款是以借款人或第三人的动产或权利作为质物而取得的贷款。创业者可用自己甚至亲友（需要本人书面同意）未到期的存单、国债、国库券及人寿保险单等作为质物，从银行获取有价证券面值80% ~90%的贷款。

[案例]

李女士想开一家某品牌化妆品的连锁店，按照总部的要求，需要缴纳各种费用5万元。她手中有1万元现金，还有一张5万元的定期储蓄存单，本来打算办理提前支取，但银行理财师一算，办理质押贷款比提前支取多收益2 244元。于是，她在银行办理了小额质押贷款，既及时筹齐了创业资金，又避免了提前支取的利息损失。

（三）寻求社会、企业、个人资金

随着经济的发展，很多大公司、大集团甚至个人手中掌握了大笔的闲置资金，他们也在四处寻求好的投资项目。因此，对于有好项目的创业者，不妨寻找这些投资者。其中，高科技创业企业可向风险投资机构申请，一般性项目也可寻找民间借贷。具体可通过亲朋好友介绍、委托专门中介机构代理，还可以适当做寻资广告或者上网发布寻资信息。

[案例]

尚雄伟所工作的某粮油食品商店连年亏损，上级公司决定将该商店向社会进行公开拍卖。尚雄伟十分看好该商店，但要将商店拍到手，起码要有60万元以上的资金，凭自己的实力显然无法企及。于是他向昔日的同学——现任庄氏集团董事的庄岩俊求助，在了解了情况后，对方提出以投资的方式参与合作竞拍。一个月后，尚雄伟在庄氏集团100万元风险投资的支持下，一举拍得了该商店，并很快进入了门面的重新装修阶段。

（四）大公司提供的加盟设备资金支持

当前，有许多大公司为了扩大市场份额，纷纷选择连锁经营的方式来扩充自己，他们广泛吸收个体业主加盟经营，还常给加盟者提供一系列优惠待遇。

[案例]

家住朝晖七区的张先生，下岗后想开一家卤味店谋生，但是缺乏资金及技术。通过朋友的介绍，他以加盟的方式开了一家“不老神鸡”的连锁店，不仅省下了添置制作卤味的5万多元设备费用，还省下了数千元的成本周转资金，公司考虑到他是下岗工人，还免去了他近万元的加盟费用。张先生因此只花了大约18 000元就开起了一间别人要投资七八万才能开起来的卤味店。

（五）融资租赁、经营租赁

对于资金有限的创业企业，通过经营租赁，租入所需要的设备、机器等，既可以减少资金占用，还可以获取最新的设备、机器。融资租赁则是由需要机器设备的企业选购设备，由融资租赁公司根据承租人的要求购买设备，并直接提供给使用人，承租人分期偿还租金的一种以融资为目的的信用方式，表面上看是借物，实质上是融资。这种方式比较适合需要购买大件设备的初创企业。

[案例]

某科技有限公司从事广告设备和耗材的销售及生产业务，因扩大规模而急需增添设备，但苦于资金周转困难，决定通过融资租赁的方式来盘活公司的运作。该公司向“金海岸”融资租赁了240万元的流水线生产设备，租期为3年，半年支付1次租金，并自筹了融资额的20%作为租赁保证金。从而既保证了企业的发展，又没有在资金问题上“伤筋动骨”。

实训项目二：降低银行融资成本技巧

[案例]

王佳原来在一家电脑公司做推销员，后来一位当老板的朋友多次鼓动他自己创业，并许诺如果需要贷款可以提供担保。有好友的鼎力相助，他便辞去了这份收入不菲的工作，自己注册了一家电脑公司。在好友的帮助下，他顺利地从当地信用社取得了30万元的贷款，信用社的服务非常完善，可就是贷款利率要上浮30%，另外，还要从贷款中扣除两笔“咨询费”和“理财顾问费”。当时，王佳没有过多考虑贷款成本，可由于电脑业竞争激烈，他只能微利经营，到年底一算账，偿还贷款本息后正好不赚不赔，等于白白给信用社打了一年工。

（一）巧选银行，贷款也要货比三家

随着利率市场化改革的推进，各家银行商业贷款利率浮动范围也随之不断扩大，因而到银行贷款也需要货比三家，才能选到合适的贷款。

（二）合理挪用，住房贷款也能创业

如果创业者有购房意向，并且准备了一笔购房款，可以先将这笔购房款挪用于创业，在买房时再向银行申请办理住房按揭贷款，因为住房贷款是商业贷款中利率最低的品种，如5年以内住房贷款年利率为4.77%时，普通3～5年商业贷款的年利率则为5.58%。

（三）精打细算，合理选择贷款期限

如果创业者的资金使用时间不是太长，应尽量选择短期贷款。如原打算办理两年期贷款的，可以一年一贷，这样可以节省利息支出。

另外，创业融资也要关注利率的走势情况，如果利率趋势走高，应抢在加息之前办理贷款；反之，则应尽量暂缓办理贷款，等降息后再办理。

（四）用好政策，享受银行和政府的低息待遇

中央和地方政府的各种基金和扶持性资金、政策性银行的融资成本是最低的，如果创业企业基本符合相关政策条件，应尽量努力，争取这类政策支持，如前述案例中的创业贷款。

（五）亲友借款，成本最低的创业“贷款”

如果亲朋好友在银行存有定期存款或国债，创业者可以和他们协商借款，按照存款利率支付利息，并适当上浮。这样，创业者既能方便快捷地筹集到创业资金，亲朋好友也可以得到比银行略高的利息。

（六）提前还贷，提高资金使用效率

创业过程中，如果经营资金出现闲置，就应及时向贷款银行提出变更贷款方式和年限的申请，直至部分或全部提前偿还贷款，从而降低利息负担，提高资金使用效率。

实训项目三：

为自己设计或实施的创业项目制订一套融资方案，要求对方案有分析、说明。内容包括：

（1）公司、项目的基本情况，如项目性质、公司资产、经营地点、范围、目标客户、年销售预计、销售利润、净利润及投资收益率等。

（2）资金需求总额、对外融资额。

（3）具体的融资对象、方式。

（4）融资的成本测算、资本结构。

（5）融资期限。

（6）你能为投资者提供的融资安全保证。

（7）你准备如何落实这种方案（完善融资的基础条件）。

实训项目四：师生互动

师生共同讨论、总结或点评本章第一节的讨论主题

第八章　创业计划书制定

第一节　读创业故事的思考与讨论

[创业故事导读]

张华的创业计划

张华毕业于某名牌大学，经过多年的业余研究，他在室内环境污染治理方面取得了一项重要的技术突破，这项技术如果在实际中得到应用，前景将非常广阔。于是张华辞去原来的工作，准备自己创业，但由于多年的积蓄都用在了室内环境污染治理的研究上，在七拼八凑注册了一家公司之后，已经无力再招聘员工及购买实验材料了。无奈之下，张华想到了风险投资基金，希望通过引入合作伙伴的方式解决困境。为此，他多次与一些风险投资机构或个人投资者接洽商谈，虽然张华反复强调他的技术多么先进，应用前景多么好，并拍着胸脯保证投资他的公司回报绝对低不了，但总是难以令对方相信，而且他对于投资人问到的大多数数据也没有办法提供，如：市场需求量具体有多少？一年可以有多大的销售量？投资后年回报率有多高？就连招聘技术骨干也比较困难，因为这些人也对公司的前景缺乏信心。

这时，曾经在张华注册公司时帮助过他的一位做管理咨询的朋友一句话点醒了他，"你的那些技术有几个投资者搞得懂？你连一份像样的创业计划书都没有，怎么让别人相信你？投资者凭什么相信你？"于是，在向相关专家请教、咨询后，张华又查阅了大量的资料，然后静下心来，从公司的经营宗旨、战略目标出发，对公司的技术、产品、市场销售、资金需求、财务指标、投资收益及投资者的退出等方面进行了分析和论证。当然，这个过程中，他还得做一些市场方面的调查。一个月后，他拿出了一份创业计划书初稿，经过几位相关专家的指点，进行了修改和完善。凭着这份创业计划书，张华不久就与一家风险投资公司达成了投资协议。有了风险投资的支持，员工招聘问题也迎刃而解。

现在，张华的公司经营得红红火火，年销售利润已达到500万元。回想往事，张华感慨地说："创业计划书的编制与我搞的环境污染治理材料要求差不多，绝不是随便写一篇文章的事。编制计划书的过程就是我不断理清自己思路的过程。只有企业家自己思路清楚了，才有可能让投资人、员工相信你。"

思考与讨论

1. 为什么张华开始时拍着胸脯的保证无法令投资者相信，甚至连招聘技术骨干都很困难？

2. 创业计划书对张华的创业成功起到了什么作用?

第二节 编制创业计划书的意义、作用与基本格式

一、编制创业计划书的意义和作用

创业计划书，是创业者自己在创业前需要准备的一份书面计划，是创业者创业的蓝图，也是筹措创业资金的重要依据。其意义和作用主要体现在以下两个方面：

（一）帮助创业者理清思路，准确定位

著名投资家克雷那（Eugene Kleiner）说："如果你想踏踏实实地做一份工作的话，写一份创业计划，它能迫使你进行系统的思考。有些创意可能听起来很棒，但是当你把所有细节和数据写下来的时候，它自己就崩溃了。"可能许多创业者在刚开始投入一项事业中的时候，凭借的仅仅是一腔热情，然而当真正着手去做一些事情的时候，才会发现需要考虑的地方何止是一处两处，也许有一些创业者只是在自己的脑海里形成一幅蓝图，但是如果未雨绸缪，就需要制定一份创业计划书，这样就不容易偏离自己原先预定的方向。

在创业融资之前，创业计划书首先应该是给创业者自己看的。办企业不是"过家家"，创业者应该以认真的态度对自己所有的资源、已知的市场情况和初步的竞争策略作尽可能详尽的分析，并提出一个初步的行动计划，通过创业计划书使自己心中有数。

另外，创业计划书还是创业资金准备和风险分析的必要手段。对初创的风险企业来说，创业计划书的作用尤为重要，一个酝酿中的项目，往往很模糊，通过制定创业计划书，把正反理由都写下来，然后逐步推敲，创业者就能对这一项目有更加清晰的认识。可以这样说，创业计划书首先是把计划中要创立的企业推销给创业者自己。

（二）帮助创业者获得创业融资

一位投资家曾经说过："企业邀人投资或加盟，就像向离过婚的女士求婚一样，而不是像和女孩子初恋。双方各有打算，仅靠空口许诺是无济于事的。"对正在寻求资金的创业者来说，创业计划书的好坏往往决定了融资的成败。

除了使创业者更加了解自己要做的事情外，创业计划书更多是让他人看的，尤其是给那些能给创业者提供一定资金帮助的人看的。所以，创业计划书的另外一个重要作用就是帮助创业者把计划中的企业推销给风险投资家。因此，创业计划书还要说明创办企业的目的、创办企业所需的资金、为什么投资人值得为此注入资金等一些问题。

此外，对已创建的企业来说，创业计划书还可以为企业的发展定下比较具体的方向和重点，从而使员工了解企业的经营目标，并激励他们为共同的目标而努力。更重要的是，它可以使企业的出资者及供应商、销售商等了解企业的经营状况和经营目标，说服出资者（原有的或新来的）为企业进一步发展提供资金。

二、创业计划书的基本格式

创业计划书通常包括封面（标题页）、保密要求、目录、摘要、正文（综述）、附录几

部分。

(1) 封面（标题页）。标题页可以放一张企业的项目或产品彩图，但需留出足够的版面排列以下内容：创业计划书编号、公司名称、项目名称、项目单位、地址、电话、传真、电子邮件、联系人、公司主页及日期等。

(2) 保密要求。保密要求可放在标题页，也可放在次页，主要是要求投资方项目经理妥善保管创业计划书，未经融资企业同意，不得向第三方公开创业计划书涉及的商业秘密。

(3) 目录。目录标明各部分内容及页码，要注意确认目录页码与内容的一致性。

(4) 摘要。摘要是对整个创业计划书的概括，目的在于用最简练的语言将计划书的核心、要点及特色展现出来，吸引读者仔细读完全部文本，因而一定要简练，一般要求在两页内完成。摘要十分重要，它是出资者首先要看的内容，必须能让读者有兴趣并渴望得到更多的信息，给读者留下长久的印象。摘要应从正文中摘录出投资者最关心的问题，对公司内部的基本情况、公司的能力及局限性、公司的竞争对手、营销和财务战略、公司的管理队伍等情况作简明而生动的概括。如果公司是一本书，摘要就是这本书的封面，做得好就可以把投资者吸引住。

(5) 正文（综述）。正文是创业计划书的主体部分，要分别从公司基本情况、经营管理团队、产品服务、技术研究与开发、行业及市场预测、营销策略、产品制造、经营管理、融资计划、财务预测及风险控制等方面对投资者关心的问题进行介绍，要求既有丰富的数据资料，使人信服，又要突出重点，实事求是。

(6) 附录。附录是对正文中涉及的相关数据、资料的补充，作为备查。

第三节　创业计划书的内容与要点

一、摘要

摘要是为了吸引战略合伙人与风险投资人的注意，将创业计划书的核心提炼出来制作而成的，它是整个创业计划书的精华，涵盖计划书的要点。一般在后面所有内容编制完毕后，再把主要结论性内容摘录于此，以求一目了然，在短时间内给读者留下深刻的印象。

在摘要中，企业必须回答以下问题：

(1) 企业所处的行业，企业经营的性质和范围。

(2) 企业主要产品的内容。

(3) 企业的市场在哪里，谁是企业的顾客，他们有哪些需求。

(4) 企业的合伙人、投资人是谁。

(5) 企业的竞争对手是谁，竞争对手对企业的发展有何影响。

(6) 如何投资、投资数量和方式。

(7) 投资回报及安全保障。

摘要如同推销产品的广告，编制人要反复推敲，力求精益求精，形式完美，语句清晰流畅而富有感染力，以引起投资者阅读创业计划书全文的兴趣，特别要详细说明企业的独特之处，以及企业获得成功的市场因素。

二、企业介绍

这一部分是向战略合伙人或者风险投资人介绍融资企业或项目的基本情况。具体而言，如果企业处于种子期或创建期，现在只有一个美妙的商业创意，那么，应重点介绍创业者的成长经历、求学过程，并突出其性格、兴趣爱好与特长、创业者的追求、独立创业的原因，以及创意产生的经过。

如果企业处于成长期，应简明扼要介绍公司过去的发展历史、现在的状况及未来的规划。具体而言，包括公司概述、公司名称、地址及联系方法、公司的业务状况、公司的发展经历、对公司未来发展的详尽规划、本公司与众不同的竞争优势、公司的法律地位、公司的公共关系、公司的知识产权、公司的财务管理、公司的纳税情况、公司的涉诉情况等。在描述公司发展历史时，正反的经验都要写，特别是对以往的失误不要回避，要对失误进行客观的描述，中肯地进行分析，这能够赢得投资者的信任。

三、管理团队介绍

管理团队是投资者非常看重的，这部分主要是向投资者展现企业管理团队的结构、管理水平与能力、职业道德与素质，使投资者了解管理团队的能力，增强投资信心。

这部分主要介绍管理团队、技术团队及营销团队的工作简历、取得的业绩，尤其是与目前从事工作有关的经历。另外，可以着重介绍企业目前的管理模式，如果无特色，也可以不介绍，或者归入劣势部分。

在编写过程中，首先，必须对公司管理的主要情况作一个全面介绍，包括公司的主要股东及他们的股权结构、董事和其他一些高级职员、关键的雇员，以及公司管理人员的职权分配和薪金情况，必要时，还要详细介绍他们的经历和个人背景。企业的管理人员应该是互补型的，而且要具有团队精神。一个企业必须要具备负责产品设计与开发、市场营销、生产作业管理及企业理财等方面的专门人才。

此外，在这部分创业计划书中，还应对公司组织结构作一简要介绍，包括公司的组织机构图、各部门的功能与责任、各部门的负责人及主要成员、公司的报酬体系等。这部分应让投资者认识到，创业者具有与众不同的凝聚力和团结战斗精神，管理团队人才济济且结构合理，在产品设计与开发、财务管理及市场营销等各方面均具有独当一面的能力，足以保证公司以后成长发展的需要。

四、技术产品（服务）介绍

在进行投资项目评估时，投资人最关心的问题之一就是，企业的产品、技术或服务能否及在多大程度上解决现实生活中的问题，或者，企业的产品（服务）能否帮助顾客节约开支，增加收入，这是市场销售业绩的基础。

技术产品（服务）介绍一般包括以下内容：产品的名称、特性及性能用途，产品处于生命周期的哪个阶段，市场竞争力如何，产品的研究和开发过程，产品的技术改进、更新换代或新产品研发计划及相应的成本，产品的市场前景预测，产品的品牌和专利等。

在这一部分，要对产品（服务）作出详细的说明，说明要准确，也要通俗易懂，让不是专业人员的投资者也能明白。一般而言，产品介绍都要附上产品原型、照片或其他介绍。具体地说，产品介绍必须要回答以下问题：

（1）顾客希望企业的产品能解决什么问题，顾客能从企业的产品中获得什么好处。

（2）企业的产品与竞争对手的产品相比有哪些优缺点，顾客为什么会选择企业的产品。

（3）企业为自己的产品采取了何种保护措施，企业拥有哪些专利、许可证，或与已申请专利的厂家达成了哪些协议。

（4）为什么企业的产品定价可以使企业产生足够的利润。为什么用户会大批量地购买企业的产品。

（5）企业采用何种方式去改进产品的质量、性能，企业对发展新产品有哪些计划等。

此外，对于一些以技术研发为重点的高新技术企业来说，还要对相关技术及其企业研发情况进行分析，包括企业技术来源、技术原理、技术先进性及技术可靠性，公司的技术研发力量和未来的技术发展趋势，公司研究开发新产品的成本预算及时间进度，技术的专利申请、权属及保护情况，技术发展后劲和技术储备等，以使投资者对公司的技术研发队伍的实力、公司未来竞争发展对技术研发的需要等有所了解。

产品（服务）介绍的内容比较具体，因而写起来相对容易。虽然夸赞自己的产品是推销所必需的，但应该注意，双方所建立的是一种长期的合作伙伴关系。空口许诺，只能得意于一时。如果企业不能兑现承诺或不能偿还债务，企业的信誉必然要受到极大的损害，这是真正的企业家所不屑为的。

五、行业、市场分析预测

行业与市场分析主要对企业所在行业基本情况、企业产品或服务的现有市场情况、未来市场前景进行分析，使投资者对产品或服务的市场销售状况有所了解。这是投资者关注的重点问题之一。

行业分析主要介绍行业发展趋势、行业发展中存在的问题、国家有关政策、市场容量、市场竞争情况、行业主要盈利模式、市场策略等。

市场分析包括已有的市场用户情况、新产品或者服务的市场前景预测等几个部分。已有的市场用户情况，要分析公司在以往经营中拥有了怎样的和多少用户，市场占有率如何，市场竞争情况如何，是否已经建立了完整的市场营销渠道等。

市场前景预测，首先要对需求进行预测，包括市场是否存在对这种产品的需求，需求程度是否可以给企业带来所期望的利益，新的市场规模有多大，需求发展的未来趋向及其状态如何，影响需求有哪些因素，新产品的潜在目标顾客和目标市场是什么等。市场前景预测还要包括对市场竞争的情况——企业所面对的竞争格局进行的分析：市场中主要的竞争者有哪些，是否存在有利于本企业产品的市场空当，本企业预计的市场占有率是多少，本企业进入市场会引起竞争者怎样的反应，这些反应对企业会有什么影响等。

为此，企业首先应尽量扩大收集信息的范围，重视对环境的预测和采用科学的预测手段和方法。让投资者相信，你的预测是建立在科学基础之上的。其次，要注意自己所假设的一些前提条件（特别是宏观经济发展、消费者偏好及消费能力等），并且要根据前提条件可能发生的变化对市场前景预测作出必要的调整。千万不能单凭想象，作出不切实际的美好的前景估计。

六、市场营销策略

企业的盈利和发展最终都要拿到市场上来检验，营销成败直接决定了企业的生存命运。

营销策略的内容应包括：营销机构和营销队伍的建立、营销渠道的选择和营销网络的构建、广告策略和促销策略及价格策略、市场渗透与开拓计划、市场营销中意外情况的应急对策等。

在介绍市场营销策略时，创业者要讨论不同营销渠道的利弊，要明确哪些企业主管专门负责销售，主要使用哪些促销工具，以及促销目标的实现和具体经费的支出等。

一般来说，中小企业可选择的市场营销策略有以下三种：

（1）集中性营销策略，即企业只为单一的、特别的细分市场提供一种类型的产品（如制造汽车配件）。这种方法尤其适用于那些财力有限的小公司，或者是在为某种特殊类型的顾客提供服务方面确有一技之长的组织。

（2）差异性营销策略，即为不同的市场设计和提供不同类型的产品。这种战略大多为那些实力雄厚的大公司所采用。

（3）无差异性营销策略，即只向市场提供单一品种的产品，希望它能引起整体市场上全部顾客的兴趣。当人们的需求比较简单，或者产品并不被人们认为很重要时，该策略较为适用。

七、生产制造计划

生产制造计划旨在使投资者了解产品的生产经营状况。这一部分应尽可能把新产品的生产、制造及经营过程展示给投资者。主要的内容包括：

（1）公司现有的生产技术能力，企业生产制造所需的厂房、设备情况。

（2）质量控制和改进能力。

（3）新产品的生产经营计划，改进或将要购置的生产设备及其成本。

（4）现有的生产工艺流程，生产周期标准的制定及生产作业计划的编制。

（5）物资需求计划及其保证措施，供货者的前置期和资源的需求量。

（6）劳动力和雇员的有关情况。

同时，为了增大企业的评估价值，应尽量使生产制造计划更加详细、可靠。

八、财务分析与预测

这部分包括公司过去三年的财务状况分析、今后三年的发展预测及详细的投资计划，旨在使投资者据此判断企业未来经营的财务状况，进而判断其投资能否获得理想的回报，因而，它是决定投资决策的关键因素之一。

（一）过去三年的财务状况

包括过去三年的现金流量表、资产负债表、损益表，以及每年度的财务总结报告书。如果公司刚刚成立，则应该讲述创业者对财务管理重要性的认识。

（二）今后三年的发展预测

主要明确说明财务预测的依据、前提假设和预测方法，然后给出公司未来三年预计的资产负债表、损益表及现金流量表。

财务预测的依据、前提假设是投资者判断企业财务预测准确性和财务管理水平的标尺，也是投资者关注的焦点。其主要依据和前提假设是企业的经营计划、市场计划的各项分析和预测，就是说，要在这部分明确回答以下问题：

（1）产品在每一个期间的销售量是多少。

（2）什么时候开始产品线的扩张。

（3）每件产品的生产费用是多少。

（4）每件产品的定价是多少。

（5）使用什么分销渠道，所预期的成本和利润是多少。

（6）需要雇用哪几种类型的人员，雇用何时开始，工资预算是多少。

介于财务分析预测在公司经营管理中的重要地位，企业需要花费较多的精力来作具体分析，必要时最好与专家、顾问进行商讨。

对中小企业来说，财务预测既要为投资者描绘出美好的合作前景，又要使得这种前景建立于坚实的基础之上，否则会令投资者怀疑企业管理者的诚信或财务分析、预测及管理能力。

九、融资计划

融资计划主要是根据企业的经营计划提出企业资金需求数量、融资的方式与工具，投资者的权益、财务收益及其资金安全保证，投资退出方式等。它是资金供求双方共同合作前景的计划分析。

融资计划的主要内容包括：

（1）融资数额是多少，已经获得了哪些投资，希望向战略合伙人或风险投资人融资多少，计划采取哪种融资工具，是以贷款、出售债券的形式，还是以出售普通股、优先股的形式筹集。

（2）公司未来的资本结构如何安排，公司的全部债务情况如何。

（3）公司融资所提供的抵押、担保文件，包括以什么物品进行抵押或者质押，什么人或什么机构提供担保。

（4）投资收益和未来再投资的安排如何。

（5）如果以股权形式投资，双方对公司股权、控制权及所有权比例如何安排。

（6）投资者介入公司后，公司的经营管理体制如何设定。

（7）投资资金如何运作，投资的预期回报是多少，投资者如何监督、控制企业运作等。

（8）对于吸引风险投资的，风险投资的退出途径和方式是什么，是企业回购、股份转让还是企业上市。

这部分是融资协议的主要内容，企业既要对融资需求、用途提出令人信服的理由，又要有令人心动的投资回报和投资条件，同时还要注意维护企业自身的利益。其基础是企业的财务分析与预测。

由于与资金供给方合作的模式可能有多种，因此还需设计几种备选方案，给出不同盈利模式下的资金需要量及资金投向。

十、风险分析

这部分内容主要是向投资者分析企业可能面临的各种风险隐患、风险的大小，以及融资者将采取何种措施来降低或防范风险、增加收益等。主要包括：

（1）企业自身各方面的限制，如资源限制、管理经验的限制和生产条件的限制等。

（2）创业者自身的不足，包括技术上的、经验上的或者管理能力上的欠缺等。

（3）市场的不确定性。

（4）技术产品开发的不确定性。

（5）财务收益的不确定性。

（6）针对企业存在的每一种风险，企业进行风险控制与防范的对策或措施。

对于企业可能面临的各种风险，融资者最好采取客观、实事求是的态度，不能因为其产生的可能性小而忽略不计，也不能为了增大获得投资的机会而故意缩小、隐瞒风险因素，而应该对企业所面临的各种风险都认真地加以分析，并对每一种可能发生的风险作出相应的防范措施，这样才能取得投资者的信任，也有利于引入投资后双方的合作。

十一、附件和备查资料

附件主要是对创业计划书中涉及的一些问题的细节和相关的证书、图表进行描述或证明，如企业的营业执照、公司章程、验资审计报告、税务登记证、高新技术企业（项目）证书、专利证书、鉴定报告、市场调查数据、主要供货商及经销商名单、主要客户名单、场地租用证明、公司及其产品的介绍和宣传等资料、工艺流程图、各种财务报表和财务预估表及专业术语说明等。它与创业计划书主体部分一起装订成册。

备查资料只需列出清单，供资金供给方有投资意向时查询。

第四节　创业计划书的完善

一、创业计划书的完善

创业计划书有很多形式，如 POWERPOINT 格式和 WORD 文件格式，基于两者的不同特点，一般同时提供两种版本，一种是完整版本（WORD 格式），一种是摘要式版本（PPT 格式）。

在创业计划书编制完成之后，融资企业还应对计划书进行检查完善，以确保计划书能准确回答投资者的疑问，增强投资者对本企业的信心。通常，可以从以下几个方面对计划书加以检查完善：

（1）创业计划书是否显示出创业者具有管理公司的经验。如果创业者缺乏能力去管理公司，那么一定要明确地说明，公司已经雇了一位经营大师来管理公司。

（2）创业计划书是否显示了企业有能力偿还借款。要保证给预期的投资者提供一份完整的财务比率分析。

（3）创业计划书是否显示出企业已进行过完整的市场分析。要让投资者坚信计划书中阐明的产品需求量是确实的。

（4）创业计划书是否容易被投资者所领会。创业计划书应该备有索引和目录，以便投资者容易地查阅各个章节。此外，还应保证目录中的信息流是有逻辑的和现实的。

（5）创业计划书中是否有计划摘要，并把摘要放在了最前面。计划摘要是否写得引人入胜。

（6）创业计划书是否在文法上全部正确。如果不能保证，那么最好请人检查一下。计划书的拼写错误和排印错误很可能会使企业丧失机会。

（7）创业计划书能否打消投资者对产品、服务的疑虑。如果需要，企业可以准备一件产品模型。

二、编制创业计划书的注意事项

融资用的计划书“七分策划，三分包装”，是技术和艺术的统一体。

（一）尽量精练，突出重点

编制创业计划书的目的是为了让投资者了解商业计划，其内容必须紧紧围绕这一主题，开门见山，使投资者在最短的时间内了解最多的关于商业计划的内容。如要第一时间让读者知道公司的业务类型，应避免在最后一页才提及经营性质；要明确阐明公司的目标及为达到目标而制定的策略与战术；陈述公司需要多少资金，以及时间和用途，并给出一个清晰和符合逻辑的让投资者撤资的策略。一般而言，摘要以 2 页为佳，主体内容以 7 ~ 10 页为佳。注重企业内部经营计划和预算的编制，而一些具体的财务数据则可留待下一步会见时面谈。

（二）换位思考

编制创业计划书的一个重要方法就是换位思考，即融资者要设身处地，假设自己是一位战略合伙人或风险投资人，自己最关心的问题是什么，自己判断的标准是什么。就是说，要按照读者的思路去写作创业计划书，这样就会弄清哪些是重点，应该具体描述，哪些可以简单描述，哪些是不必要的东西，从而获得投资者的青睐。

就此来说，编制创业计划书应忌讳用过于技术化的术语来形容产品或生产营运过程，应尽可能使用通俗易懂的条款，使读者容易理解。

（二）以充分的调查、数据、信息为基础

市场销售是投资获利的基础，对此，融资人要充分考察市场的现实情况，广泛收集有关市场现有的产品、现有的竞争、潜在市场及潜在消费者等具体信息，使市场预测建立在扎实的调查、数据之上，否则后面的生产、财务及投资回报预测就都成了“空中楼阁”。为此，创业计划书中忌用含糊不清或无确实根据的陈述或结算表。

在收集资料时，一定要做到客观、公正，避免只搜集对自己有利的信息，而不去搜集或者故意忽略那些对自己不利的信息。一般而言，战略投资者或风险投资家都是专业人士，提出的问题会非常尖锐，如果只收集对自己有利的信息，在遇到质疑时就会显得欠考虑和准备得不充分。

（四）实事求是，适度包装

创业计划书的作用固然重要，但它只是一块敲门砖。过度包装是无益的，企业应该在盈利模式打造、现场管理、企业市场开拓及技术研发等方面下硬工夫，否则，即使有机会，也把握不住。

（五）不过分拘泥于格式

创业计划书固然有很多约定俗成的格式，但很多资金供给方在实际运作中正在忽略这种

格式，只直接关注几个关键点，关注他们想看到的东西。因此，企业在组织编制创业计划书的过程中，不要过分拘泥于固定的格式，“依样画葫芦”，只需把企业的优势、劣势都告诉他人，就可能是最后的赢家。

部分资金供给方或其代理机构，有时候会要求企业必须提供固定格式的计划书，在格式上做文章，这有可能是融资骗局。

本章实训

实训项目一：撰写创业计划书

（一）创业计划书的撰写原则

（1）目标性。创业的目的不仅是追求企业的发展，而且要有创造利润的可能，要突出经济效益。

（2）完整一致性。运营计划完整陈列，涵盖创业经营的各项功能要素，前后基本假设或预估相互呼应，逻辑合理。

（3）优势竞争性。呈现出资源、经验、产品、市场及经营管理能力的优势。

（4）团队和谐性。展现组建经营团队的思路、人员的互补作用，尽可能突出专家的作用、高管人员的优势、专业人才队伍的水平，明确领军人物。

（5）市场导向性。明确市场导向的观点，明确指出企业的市场机会与竞争威胁，把握并充分显示对市场现状的掌握及未来发展预测的能力。

（6）客观实际性。一切数字尽量客观、实际，以具体资料为证，并尽量同时分析可能采用的解决方法。切勿凭主观意愿估计，高估市场潜量或报酬，低估经营成本，夸大其词。工作安排循序渐进，有条不紊，可操作性强。

（二）创业计划书的撰写程序

一份良好的创业计划书一般为20～40页（包括附录在内），过于冗长的创业计划书会让人失去耐心。整个创业计划书的编制是一个循序渐进的过程，可以分成五个阶段完成。

第一阶段，创业计划构想细化，初步提出计划的构想。

第二阶段，市场调查。与行业内的企业和专业人士进行接触，了解整个行业的市场状况，如产品价格、销售渠道、客户分布及市场发展变化的趋势等因素。可以自行进行问卷调查，在必要时也可以求助于市场调查公司。

第三阶段，竞争者调查。确定你的潜在竞争对手，并分析本行业的竞争方向。如分销问题如何，形成战略伙伴的可能性怎样，谁是你的潜在盟友。准备一份一两页的竞争者调查小结。

第四阶段，财务分析，包括对公司的价值评估。必须保证所有的可能性都考虑周全。财务分析应量化本公司的收入目标和公司战略，详细而精确地考虑实现计划所需的资金。

第五阶段，创业计划书的撰写与修改。利用所收集到的信息，制定公司未来的发展战略，按照上面的结构对相关的信息进行调整，完成整个创业计划书的写作。在计划完成以后，仍然可以进一步论证计划的可行性，并跟踪信息的积累和市场的变化，不断完善整个计划。

实训项目二：师生互动

师生共同讨论、总结或点评本章第一节的讨论主题。

附：

大学生创业计划作品模板

一、概要

一个非常简练的计划及商业模型的摘要，介绍你的商业项目，500字左右。

二、公司描述

1. 公司的宗旨
2. 公司的名称、公司的结构
3. 公司经营策略

在这里用最简洁的方式，描述你的产品（服务）；遇到的困难有哪些；你准备如何解决。

4. 相对价值增值

说明你的产品为消费者提供了什么新的价值。

5. 公司设施

需要对计划中的公司设备详加描述。如：

我公司的生产设备及厂房主要集中于×××。

我公司认为到××××年××月止，为了达到×××的产量和销售额，我们需要×××。

回答为什么需要这笔钱。

建立开发/生产设备，并努力提高生产和研究能力以满足日益提高的客户需求。通过大规模的促销攻势提高我公司产品/服务的销售量。

增加分销渠道/零售网点/区域销售/销售公司/采用电气化/直邮式的分类等。

录用新的员工以支持在新的市场计划下可持续发展。

提高研发能力，创造领导潮流的新型产品，提高竞争能力。

三、产品或服务

在这里用简洁的方式，描述你的产品或服务。

不需要透露你的核心技术，主要介绍你的技术、产品的功能、应用领域和市场前景等。

说明你的产品是如何向消费者提供价值的，你提供服务的方式有哪些，你的产品填补了哪些急需补充的市场空白。可以在这里附上你的产品或服务的照片。

1. 产品优势
2. 技术描述

（1）独有技术简介。

（2）技术发展环境。

3. 研究与开发
4. 将来产品及服务

说明你的下一代产品，并同时说明为将来的消费者提供的更多的服务是什么。

5. 服务与产品支持

四、市场分析

简要叙述你的公司处于什么行业、市场、专向补充区域，市场的特征是什么，你的分析与市场调查机构和投资分析有什么不同，分析是否有新生市场，以及你将如何发展这个新生市场。

如果你在新序软件市场开发 C++或 NT 的平台工具，不要只泛泛地叙述这是一个价值300亿的大市场。如果你正在制作在 NT 工作平台上的 C++应用程序开发工具，你就应该在报告中详细描述公司去年共销售了多少 C++开发程序软件，有多少成长型的客户群，你的目标市场是什么，你的竞争对手分到了多少份额。是否有其他的市场/零售商/OEC 厂商在销售你的产品。

1. 市场描述

我们计划或正在与××行业竞争。这个市场的价值大约有×××，我们相信，整个行业的主要发展趋势将向着环境导向型/小型化/高质量/价值导向型发展。

市场研究表明（引用源）到20××年该市场将发展/萎缩到×××。在这段时期里，预计我们力争的细分市场将成长/萎缩/不发展。改变这种情况的主要力量是……（如电脑降价，家电商业的蓬勃发展等）。这个行业最大的发展将达到×××。公司可能将独一无二的产品/服务和×××公司/同级别的公司的现行业务合并。而当今的类似××公司正面临着逐步提高的劳动力或成本等困难。

2. 目标市场

我们将目标市场定义为 X，Y，Z。现在，这个市场由 n 个竞争者分享。

我们的产品拥有以下优势：高附加值、出色的表现、高品位、突出个性。

3. 目标消费群

是什么因素促使人们购买你的产品，你的技术、产品吸引用户的地方在哪里，人们为什么选择你的产品/服务/公司。

4. 销售战略

我们的市场营销部门计划可以动用不同的渠道销售我们的产品。

我们之所以选择这些渠道，是因为：

（1）消费群特点。

（2）地理优势。

（3）季节变化引起的消费特点。

（4）资金的有效运用。

还可以利用市场上现有产品的销售渠道。

针对每一个分销渠道，确定一个五年期的目标销售量及其他假设条件。

五、竞争分析

描述我们分别根据产品、价格、市场份额、地区、营销方式、管理手段、特征及财务力量划分的重要竞争者。

1. 竞争描述

2. 竞争战略/市场进入障碍

研究、分析进入细分市场的主要障碍及竞争对手模仿你的障碍。

六、营销策略及销售

1. 营销计划

描述你所希望进行的业务是怎样的，以及你所希望进入的细分市场。曾经使用的分销渠道，如零售、对商业机械的直接销售、OEM及电子媒介等。还要描述你所希望达到的市场份额。

2. 销售战略

描述你进行销售所采取的策略，如通过广告、邮件推销，电台广播或电视广告等方式。

3. 分销渠道及合作伙伴

4. 定价战略

5. 市场沟通

你的目的是加强、促进并支持你的产品能更好地满足消费者需求的热点。唯一的原则就是寻找一切可能的有利的途径进行沟通。

（1）促销展出（Trade Shows）。

（2）广告（Advertising）。

（3）新闻发布（Press Releases）。

（4）大型会议或研讨会（Conferences/Seminars）。

（5）网络促销（Internet Promotion）。

（6）捆绑促销（Promotional Bundles）。

（7）媒体刊登（Trade Journal Articles）。

（8）邮件广告（Direct Mail）。

七、财务分析

财务数据概要。

八、附录

如有以下材料，请列出：

1. 公司背景及结构

2. 团队人员简历（人名请用“甲、乙、丙、丁”或“A、B、C、D”等符号代替）

3. 公司宣传品

4. 相关词汇

说明：

本商业计划模板仅供参考，可以根据自己的实际情况自由发挥。

第三编

创业管理

第九章　创业团队管理

第一节　读创业故事的思考与讨论

[创业故事导读]

1993年，由郭广昌和梁信军创办的广信公司更名为复星高新，汪群斌、范伟陆续加入，复星的核心管理成员并不是家族成员，而是大学的同窗。当时，郭广昌、梁信军、汪群斌、范伟分别持有复星高新58%、22%、10%、10%的股权。这样的股权分配，直到2004年复星准备上市都没有改变。

目前，在复星多元化的产业链条中，郭广昌是整个企业集团的灵魂；善于沟通交流的梁信军是副董事长兼副总裁，负责集团的战略投资；汪群斌是复星实业总经理，专攻生物医药；范伟则掌管房地产。至今他们已持续合作15年，利益共享、理念一致、个性互补。复星之所以运作良好，是因为他们的创业团队实行的一直就是规范化的运作。

新东方——利益受损 元老出走

1993年到2000年，俞敏洪陆续邀请到杜子华、徐小平、王强、胡敏、包凡一、何庆权、钱永强、江博、周成刚等一起组成了新东方的核心团队。在创业之初，新东方一直保持着合作伙伴分管一方，不在学校拿工资，各自划定地盘，除去上缴15%的管理费，其余归已的潜在分配模式。但自从股份改革后，合作伙伴转变成股东，新东方同时也要求他们将经营权统统上缴，收益按照股权的比例分配。2006年，新东方成功登陆纽约证券交易所，俞敏洪拥有该公司31.18%的股权。随后，在学校发展壮大的过程中，元老们频频出走：原总裁胡敏、原董事江博、主管国际合作的副校长杜子华、IT培训创始人周怀军，他们或自立门户，或另投他主。分析人士认为，导致俞敏洪和元老们矛盾激化的关键原因，是新东方股份制度改革对股东既得利益的重新分配。

Google——共同理想构建运营“铁三角”

美国斯坦福大学计算机系的两名学生佩奇和布林创建出Google实属偶然。2004年，Google在纳斯达克上市，创始人佩奇和布林分别拥有公司约16%的股权，成为美国最年轻的亿万富豪，但两人倡导有限度的富裕生活，依然保持着俭朴的本色。他们认为，这时的Google急需消除在这个时期非常流行的骄傲自大的情绪，迫切需要从一个富有个人色彩的创业型公司转向一个管理规范的公司，因此他们聘请职业经理人埃瑞克·斯密特做Google的CEO，他目前拥有公司6%的股份。在工作中，布林更多地负责一些长远的有技术突破的项目；佩奇则专注于一些近期重要的事务，决定选择什么样的项目上线；埃瑞克主要负责工作的顺利运转。目前，三人合作顺利，公司运营业绩持续增长。

思考与讨论

1. 什么是创业团队？创业团队有哪些类型？
2. 团队中一般都包括哪些角色？
3. 团队需要各种不同的、互补的角色，可以通过哪些方法来平衡团队中的角色？
4. 可以通过哪些方法和手段培育团队成员有效的关系？
5. 你的团队为什么要关心其他的团队？
6. 如何稳定创业团队，以及如何防止创业团队分裂？
7. 你认为组建创业团队要注意的问题有哪些？请提出建议。

第二节　创业团队的组建

俗话说，一个篱笆三个桩，一个好汉三个帮。创建开办企业或其他经济实体，都不是一个人的活动，也不可能由一个人来完成。创业和经营企业都要有一个可靠的团队。这个团队不一定从一开始就是一成不变的，会不断地更新补充，会重组、改组，但作为企业的核心创业者，企业的灵魂人物心中始终要有保持一个高效团结经营管理团队的思想。

一、创业团队及类型

（一）创业团队及构成要素

简单地说，团队就是一群为达到共同目标而一起工作的人员。每个成员的心中都有相同的目标，并为之奋斗。严格地说，团队是指由一些具有共同目标和不同角色分工、技能互补的人所组成的共同体。

创业团队就是由少数具有技能互补和角色分工的创业者组成的团队，他们为了实现共同的创业目标，共同为达成高品质的结果而努力工作。

创业团队需要具备五个重要的要素，简称为5P。

（1）目标（Purpose）。创业团队应该有一个既定的共同目标，为团队成员导航，知道要往何处去。目标在创业企业的管理中以创业企业的远景、战略的形式体现出来。

（2）人（People）。在一个创业团队中，人力资源是所有创业资源中最活跃、最重要的资源。应充分调动创业者的各种资源和能力，将人力资源进一步转化为人力资本。

目标是通过人员来实现的，所以，人员的选择是创业团队中非常重要的一个部分。在一个团队中可能需要有人出主意，有人定计划，有人负责实施，有人协调不同的人一起工作，还有人监督创业团队工作的进展、评价创业团队的最终贡献。不同的人通过分工来共同完成创业团队的目标。在人员选择方面要考虑人员的能力如何、技能是否互补、人员的经验如何。

（3）创业团队的定位（Place）。创业团队的定位包含两层意思：一是创业团队的定位。即创业团队在企业中处于什么位置，由谁选择和决定团队的成员，创业团队最终应对谁负责，创业团队应采取什么方式激励下属。二是个体（创业者）的定位。即作为成员在创业团队中扮演什么角色，是制订计划还是具体实施或评估。是大家共同出资，委派某个人参与管理，还是大家共同出资，共同参与管理，或共同出资，聘请第三方（职业经理人）管理。这体现在创业实体的组织形式上，即是合伙企业还是公司制企业。

（4）权限（Power）。创业团队中领导人的权力大小与其团队的发展阶段和创业实体所在的行业相关。一般而言，创业团队越成熟，领导者所拥有的权力相应就越小，在创业团队发展的初期，领导权相对比较集中。

（5）计划（Plan）。计划有两层含义：一是目标的最终实现，需要一系列具体的行动方案，可以把计划理解成达到目标的具体工作程序；二是按计划进行，可以保证创业团队的顺利进展，只有在计划的指导下，创业团队才会一步一步地贴近目标，最终实现目标。

（二）创业团队的类型

创业团队可从不同的角度、层次和结构来划分。依据创业团队成员之间的关系，可将其分为以下三种类型：

1. 星状创业团队

一般在团队中有一个核心人物，充当领队的角色。这种团队在形成之前，一般是核心人物有了创业的想法，然后根据自己的设想进行创业团队的组建。这些加入创业团队的成员也许是核心人物以前熟悉的人，也有可能是不熟悉的人，但这些团队成员在企业中更多时候是扮演支持者的角色。

这种创业团队的特点是：

（1）组织结构紧密，向心力强，主导人物在组织中的行为对其他个体影响巨大。

（2）决策程序相对简单，组织效率较高。

（3）容易形成权力过分集中的局面，从而使决策失误的风险加大。

（4）当团队成员和主导人物发生冲突时，成员往往处于被动地位。在冲突较严重时，成员一般会选择离开团队，因而对组织的影响较大。

这种组织的典型例子，如太阳微系统公司（Sun Microsystem），创业当初就是由维诺德·科尔斯勒确立了多用途开放工作站的概念，接着他找了两位分别在软件和硬件方面的专家及一位具有实际制造经验和人际技巧的行家，组成了 Sun 的创业团队。

2. 网状创业团队

这种创业团队的成员一般在创业之前都有密切的关系，如同学、亲友、同事及朋友等。一般是在交往过程中，他们共同认可某一创业想法，并就创业达成共识以后，开始共同进行创业。在创业团队组成时，没有明确的核心人物，大家根据各自的特点进行自发的组织角色定位。因此，在企业初创时期，各位成员基本上扮演的是协作者或者伙伴的角色。

这种创业团队的特点是：

（1）团队没有明显的核心，整体结构较为松散。

（2）组织决策时，一般采取集体决策的方式，通过大量的沟通和讨论达成一致意见，因此组织的决策效率相对较低。

（3）由于团队成员在团队中的地位相似，因此容易在组织中形成多头领导的局面。

（4）当团队成员之间发生冲突时，一般采取平等协商、积极解决的态度消除冲突，团队成员不会轻易离开，但是一旦团队成员间的冲突升级，使某些团队成员撤出团队，就容易导致整个团队的涣散。

这种创业团队的典型是微软的比尔·盖茨和他的童年玩伴保罗·艾伦，惠普的戴维·帕卡德和他在斯坦福大学的同学比尔·体利特等。

3. 虚拟星状创业团队

这种创业团队是由网状创业团队演化而来的，基本上是前两种的中间形态。在团队中，有一个核心成员，但是该核心成员地位的确立是团队成员协商的结果，因此核心人物从某种意义上说是整个团队的代言人，而不是主导型人物，其在团队中的行为必须充分考虑其他团队成员的意见，不如星状创业团队中的核心主导人物那样有权威。

二、如何组建理想的创业团队

（一）组建创业团队的基本条件

1. 树立正确的团队理念

（1）凝聚力。拥有正确团队理念的成员，相信他们处在一个命运共同体中，共享收益，共担风险。团队工作不能靠个别的"英雄"，而是每个人的工作相互依赖和支持的结果，依靠事业成功来激励每个人。

（2）诚实正直。这是有利于顾客、公司和价值创造的行为准则，它排斥纯粹的实用主义或利己主义，拒绝狭隘的个人利益和部门利益。

（3）为长远着想。拥有正确团队理念的成员相信他们正在为企业的长远利益工作，正在成就一番事业，而不是把企业当作一个快速致富的工具，他们追求的是最终的资本回报及由此带来的成就感，而不是当前的收入水平、地位和待遇。

（4）承诺价值创造。拥有正确团队理念的成员承诺为了每个人而使"蛋糕"更大，包括为顾客增加价值，使供应商随着团队成功而获益，为团队的所有支持者和各种利益相关者谋利。

2. 确立明确的团队发展目标

目标在团队组建过程中具有特殊的价值。

首先，目标是一种有效的激励因素。如果一个人看清了团队的未来发展目标，并认为随着团队目标的实现，自己可以从中得到很多的利益，那么他就会把这个目标当作自己的目标，并为实现这个目标而奋斗。从这个意义上说，共同的未来目标是创业团队克服困难、取得胜利的动力。

其次，目标是一种有效的协调因素。团队中各种角色的个性、能力有所不同，但是"步调一致才能取得胜利"。只有真正目标一致、齐心协力的创业团队才会取得最终的胜利与成功。

3. 建立责、权、利统一的团队管理机制

（1）创业团队内部需要妥善处理各种权力和利益关系。

首先，要妥善处理创业团队内部的权力关系。在创业团队运行过程中，团队要确定谁适合从事何种关键任务和谁对关键任务承担什么责任，以使权力和责任明晰化。

其次，要妥善处理创业团队内部的利益关系。一个新创企业的报酬体系，不仅包括诸如股权、工资及奖金等金钱报酬，还包括个人成长机会和相关技能提高等方面的因素。

由于新创企业的报酬体系十分重要，而在创业早期阶段财力有限，因此要认真研究和设计整个企业生命周期的报酬体系，以使之具有吸引力，能够保证按贡献付酬和不因人员增加而降低报酬水平。

（2）制定创业团队的管理规则。要处理好团队成员之间的权力和利益关系，创业团队必须制定相关的管理规则。规则的制定，要有前瞻性和可操作性，要遵循先粗后细、由近及远、逐步细化、逐次到位的原则。这样有利于维持管理规则的相对稳定，而规则的稳定有利于团队的稳定。

企业的管理规则大致可以分为三个方面：

一是治理层面的规则。主要解决企业剩余索取权和剩余控制权的问题。治理层面的规则大致可以分为合伙关系与雇佣关系。除了利益分配机制和争端解决机制，还必须建立进入机制和退出机制，约定以后创业者退出的条件和约束，以及股权的转让、增股等问题。

二是文化层面的管理规则。主要解决企业的价值认同问题。企业章程和用工合同解决的是经济契约问题，但作为管理规则，它们还是很不完备的，对此，要由文化契约来弥补，它包括很多内容，但可以用“公理”和“天条”这两个词来概括。所谓“公理”，就是团队内部不证自明的东西，它构成团队成员共同的终极行为依据；所谓“天条”，就是团队内部任何人都碰不得的东西，它对所有团队成员都构成一种约束。

三是管理层面的规则。主要解决企业的指挥管理权问题。包括：平等原则，即制度面前人人平等，不能有例外现象；服从原则，即下级服从上级，行动要听指挥；等级原则，既不能随意越级指挥，也不能随意越级请示等。

（二）组建创业团队的关键要素

创业团队是否能够取得成功关键是团队的互补性。

创业团队的互补是指由于创业者知识、能力、心理等特征和教育、家庭环境方面的差异，通过团队成员扬长避短，发挥各自优势，弥补彼此不足，从而形成一个在知识、能力、性格及人际关系资源等方面全面具备的优秀创业团队。

1. 创业团队互补的意义

通过团队成员之间的技能互补，可提高企业驾驭环境不确定性的能力，从而降低新企业的经营失败风险；更为重要的是，团队创业将具有更强的资源整合能力，能同时从多个融资渠道获取创业资金，保证创业资金的获取。调查发现，合伙创业的比率高达60.5%，这充分表明团队创业有利于分散、降低创业失败的风险。

据统计，创业的成功率只有20%，只有20%的新企业能生存5年或更长的时间，而35%的新企业在开业当年就失败了，活过5年的只有30%，生存10年的仅为10%。创业企业因为资金、技术相对弱小，不够成熟，缺乏管理方面的经验，要想获得成功，就必须付出更大的努力，而其中重要的一点，就是必须高度重视创业团队的组织设计。组建一个高效、优势互补的团队是创业取得成功的重要基础。

2. 不同角色对团队的贡献

不同角色在团队中发挥着不同的作用，一个创业团队要想紧密地团结在一起，共同奋斗，努力实现团队的远景和目标，各种角色的人才都不能缺少。

（1）创新者提出观点。没有创新者，团队的思维就会受到局限，点子就会匮乏。创新是创业团队生产、发展的源泉。企业不仅在技术开发方面要创新，更要在管理方面创新。

（2）实干者运筹计划。“千里之行始于足下”，有了好的创意还需要靠实际行动去实践。而且，实干者在企业人力资源中应该占较大的比例，他们是企业发展的基石。没有执行就没有竞争力，只有通过实干者踏实努力的工作，美好的愿望才会变成现实，团队的目标才能实现。

(3) 凝聚者调节各种关系。没有凝聚者的团队，人际关系会比较紧张，冲突的情形会更多，团队目标的完成将受到很大的冲击，团队的寿命也将缩短。

(4) 信息者提供支持的武器。当今社会，信息是企业发展必备的重要资源之一。创业团队要想在社会中生存和发展，必须掌握正确的、及时的信息。没有与外界的信息交流，企业就会失去目标和方向。

(5) 协调者协调各方利益和关系。从某个角度说，管理就是协调。各种背景的创业者凝聚在一起，经常会出现各种分歧和争执，这就需要协调者来调节。协调者要有一种个性的号召力来帮助领导沟通各方面关系，从而使团队和谐融洽。

(6) 推进者促进决策的实施。没有推进者效率就不高，推进者是创业团队进一步发展的"助推器"。

(7) 监督者监督决策实施的过程。监督者是创业团队健康成长的鞭策者，没有监督者的团队会大起大落。

(8) 完美者注重细节，强调高标准。现代管理界提出的"细节决定成功"的观点，进一步说明完美者在企业管理和发展中的重要作用。虽然在创业初期，不能过于追求完美，但在企业逐渐成长的过程中，完美者的作用将迅速显现，他们将不断修正缺陷，从而为做大做强企业打下坚实的基础。

(9) 专家为团队提供指导。没有专家，企业的业务就无法向纵深方向发展，企业的发展也将受到限制。

3. 团队的角色搭配

团队中不同角色相互配合的时候，难免会出现各种问题，因此，在角色搭配的时候需要对此加以注意。

(1) 创新者碰到协调者的上司，他们之间应该没有问题，因为协调者善于整合各种不同的人一起去完成目标；但如果创新者碰到实干者的上司往往就会不太理想，因为实干者喜欢按计划做事，不喜欢变化。

(2) 作为同事，创新者和凝聚者之间不会有问题，因为凝聚者擅长协调人际关系；但如果一个创新者碰到另一个创新者同事，这时两人就会围绕着各自的立场和观点展开争议，内耗就可能出现。

(3) 创新者的领导如果碰到一个实干者的下属会很高兴，因为有人把他具体的工作细节往前推，正好是一种互补；但如果创新者的领导碰到一个推进者的下属，他们之间的矛盾可能会激化。

(4) 两个完美者在一起，可能作为上司的完美者并不欣赏作为下属的完美者，因为完美者永远觉得自己的标准是最高的，很难接受别人的标准；但完美者如果完美者碰到实干者同事，往往彼此很欣赏；如果完美者碰到一个信息者的上司，就会产生一些冲突，因为信息者对于外界的新鲜事物接受很快，而完美者主张当120%把握的时候才去做，他们会围绕着要不要采取新的方式和方法进行争论。

类似的不同团队成员之间还会有很多配合关系，也都需要一一了解。

作为团队组建者，首先，要在了解不同的角色对于团队的贡献及在各种角色的配合关系的基础上，有针对性地选择合适的人才，通过不同角色的组合来达到团队的完整。

其次，由于团队中的每个角色都有优点和缺点，领导者要学会用人之长、容人之短，充分尊重角色差异，发挥成员的个性特征，找到与角色特征相契合的工作，使整个团队和谐，达到优势互补。

再次，优势互补是团队搭建的根基。当代社会，社会分工越来越细，最专业的事就要交给最专业的人去做。因此，寻找到优势互补的合作伙伴是创业成功一半的保证，只有优势互补的团队才能充分发挥其组合潜能。

最后，在一个创业团队中，成员的知识结构越合理，创业的成功性就越大。纯粹的技术人员组成的公司容易形成技术为主、产品为导向的情况，从而使产品的研发与市场脱节；全部由市场和销售人员组成的创业团队缺乏对技术的领悟力和敏感性，也容易迷失方向。因此，在创业团队成员的选择上，必须充分注意人员的知识结构——技术、管理、市场及销售等，充分发挥个人的知识和经验优势。

（三）组建创业团队的程序和方法

创业者在有了创业点子后，可以采用以下方法组建创业团队：

（1）撰写出创业计划书。通过撰写创业计划书，进一步使自己的思路清晰，也为后来的合作伙伴的寻找奠定基础。

（2）分析优、劣势。认真分析自我，发掘自己的特长，确定自己的不足。要对自己正在或即将从事的创业活动有足够清醒的认识，并使用 SWOT 法分析自己的优点、缺点。

（3）确定合作形式。通过第二步的分析，根据自己的情况，选择有利于实现创业计划的合作方式，通常是寻找那些能与自己形成优势互补的创业合作者。

（4）寻求创业合作伙伴。可以通过媒体广告、亲戚朋友介绍、各种招商洽谈会、互联网等形式寻找自己的创业合作伙伴。

（5）沟通交流，达成创业协议。找到有创业意愿的创业者后，双方就创业计划、股权分配等具体合作事宜进行深层次、多方位的全面沟通。

（6）落实谈判，确定责、权、利。在双方充分交流达成一致意见后，创业团队还需对合伙条款进行协商。

（四）组建创业团队的技巧

为了组建一支优秀的创业团队，以保证创业团队沿着共同目标，求同存异，最后实现团队远景，创业者在组建团队时应掌握一些技巧。

1. 知己知彼

绝大多数创业团队的核心成员都很少，一般是三四人，多的也不过十来人，但这些人可能都有自己的想法、自己的观点，特别是当团队中具备领导特质的人有两个或两个以上时，团队成员会在内心有不服气的念头。因此，我们对创业团队中的每个成员都不能掉以轻心。

一个优秀的创业团队的所有成员都应该相互非常熟悉，知根知底。《孙子兵法》云：“知己知彼，百战不殆。”在创业团队中，团队成员都应非常清醒地认识到自身的优、劣势，同时也要对其他成员的长处和短处一清二楚，这样可以很好地避免团队成员之间因为相互不熟悉而造成的各种矛盾、纠纷，迅速提高团队的向心力和凝聚力。同时，团队成员的熟悉更有利于成员工作的合理分配，最大限度地发挥各自的优势。

许多创业者选择的合作伙伴多是同学、朋友或校友，但很快就失败了。为什么？因为他们选择的合作伙伴虽然都是他们的“熟人”，但是他们之间缺乏交流、沟通，其实团队成员之间还是相互陌生的。

2. 有胜任的带头人

在创业团队中，带头人作用更加重要。带头人如大海航行中巨轮的舵手，指引着创业团队前进的方向。

创业团队中必须有可以胜任的领导者，这种领导者，并不是单单靠资金、技术和专利决定的，也不是谁提出什么好的点子谁就当头。这种带头人，是团队成员在多年同窗、共事过程中发自内心认可的，在创业团队中有巨大的、无形的影响力，有一呼百应的气势和号召力的领导者。

许多创业团队在很短的时间内就消亡了，很重要的原因在于创业团队的带头人根本不是一名合格的领导者。而领导者的作用“决定一切”。

许多年轻人雄心勃勃，敢于第一个吃“螃蟹”，但是他们不一定胜任创业团队带头人，他们最多只是起到一种“先锋”示范作用。

3. 有正确的理念

要坚信组织能够健康地发展下去，相信创业团队一定能够获得成功。不要一开始就想着失败，尤其不要用那些“经典”的“只能共苦，不能共甘”、“天下没有不散的筵席”等理论来支配自己的思想和行动，应该树立坚定的信念，要坚信团队的事业一定会成功。

4. 有严格的规章制度

俗话说：“没有规矩不成方圆。”创业初就把该说的话说到，该立的字据一定要立到，不要碍于情面。要把最基本的责、权、利说得明白透彻，尤其是股权、利益的分配更要明确，其中包括增资、扩股、融资、撤资、人事安排及解散等。在企业发展壮大后，才不致因利益、股权等的分配分歧而产生矛盾，导致创业团队焕散。

（五）优秀团队的特征

（1）目标与目的明确。优秀团队清楚他们要达到的目标，所有的成员都致力于达到他们的目标。如果目标是由团队成员共同参与制定的，则团队具有更高的责任感。作为团队领导，最主要的工作任务就是提醒团队成员时刻牢记目标。

（2）拥有广泛的技能与经验。创业团队能够利用多种多样的技能完成工作。有效团队一般具有多种角色的人员，如“思想活跃的人”、“积极进取的人”、“吃苦耐劳的人”等，这些角色有助于团队实现其自身功能。

（3）信任与支持。在优秀团队中，相互信任的氛围十分浓厚。正因为如此，团队成员才会全身心地参与工作并相互支持。

（4）公开交流。优秀团队可以公开交流，每个团队成员都拥有其他人需要的信息。

（5）合理利用冲突。优秀团队十分重视出现的冲突，并能够以积极的态度对待和利用冲突。

（6）透明。优秀团队中团队成员对工作方式和方法都非常清楚，在团队工作中的信息和程序也是可以公开、透明的。

（7）定期检查。优秀团队定期进行“自我检查”，以对他们的目标进行校正，从失误中吸取教训。

第三节　创业团队的培养与维护

一、创业团队的培养

不管创业者在某个行业多么优秀，也不可能具备所有的经营管理经验，而借助团队就是拿来主义，他们可以拥有企业所需要的经验，如顾客经验、产品经验和创业经验等。而且人际关系在创业中被放在了一个很重要的位置，人际关系网络或多或少地帮助创业者，是企业成功的因素之一。通过团队，人脉关系可以放大，从而提高创业成功的几率。

一项针对创业者能力的研究报告也指出，组成团队与管理团队是成功创业者需要具备的主要能力之一。由于组成创业团队的基石在于创业远景和共同信念，因此创业者需要提出一套能够凝聚人心的远景和经营理念，形成共同的目标、语言、文化，以此作为互信与利益分享的基础。组成创业团队是一种结合远景、理念、目标、文化、共同价值观的机制，使之成为一个生命与利益共同体的组织。

一名成功的创业者需要知道如何培养团队精神，并发挥团队成员各自的优势和潜能。创业团队精神的培养运作应该从以下八个方面下工夫：

1. 凝聚力

团队是一体的，成败取决于整体而非个人，成员能够同甘共苦，经营成果能够公开且合理地分享，团队就会形成坚强的凝聚力与一体感。

每位成员都应将团队利益置于个人利益之上，而且充分认识到，个人利益是建立在团队利益基础上的，因此团队中没有个人英雄主义。每位成员的价值，表现为其对于团队整体价值的贡献。成员愿意牺牲短期利益来换取长期的成功果实，而不计较短期薪资、福利、津贴，将利益分享放在成功之后。

2. 与企业同成长

团队成员保持对企业长期经营的信心，对企业经营成功给予长期的承诺，每位成员均要了解企业在成功之前将会面临的挑战，并承诺不会因为一时利益或困难而退出，同意将资金集中管理。如有特殊原因而提前退出团队者，必须以票面价值将股权转让给原公司团队。

3. 企业价值发掘

团队成员全心致力于创造新企业的价值，认为创造新企业价值才是创业活动的主要目标，并认识到唯有企业不断增值，所有参与者才有可能分享到其中的利益。

4. 股权分配合理

平均主义并非合理，团队成员的股权分配不一定要均等，但需要合理、透明与公平。通常创始人与主要贡献者会拥有比较多的股权，但只要与他们所创造的价值和贡献能匹配，就是一种合理的股权分配。有一家创业公司的四位成员以平均方式各拥有25%股权，但其中两位对新企业的发展几乎完全没有贡献，这样的创业团队其实是不健全的，也很难吸引外部投资。

5. 利益分配公平有弹性

创业之初的股权分配与以后创业过程中的贡献往往并不一致，因此会发生某些具有显著贡献的团队成员，拥有股权数较低，贡献与报酬不一致的不公平现象。因此好的创业团队需要有一套公平弹性的利益分配机制，以弥补上述不公平的现象。例如，新企业可以保留10%的盈余或股权，用来奖励以后有显著贡献的创业成员。

6. 能力搭配完美

创业者寻找团队成员，应该基于这样的考虑，主要是弥补当前资源能力上的不足，也就是说考虑创业目标与当前能力的差距，来寻找所需要的配套成员。好的创业团队，成员间的能力通常能形成良好的互补，而这种能力互补也会有助于强化团队成员间的彼此合作。

当然创业团队并非一蹴而就，往往是在新企业发展过程中才逐渐形成具有完美组合的创业团队。在这一过程中，创业成员可能因为理念不合等原因，在创业过程中不断替换。有人统计，在美国，创业团队成员的分手率要高于离婚率，由此可见团队组成的不易。虽然有诸多不易，但团队组成和团队运作水平对创业集资与创业成败都具有关键影响，因此创业者必须重视如何发展创业团队的问题，并培养自己在这一方面的能力。

7. 创业激情

建立优势互补的团队是创业的关键。团队是人力资源的核心，“主内”与“主外”的不同人才，耐心的“总管”和具有战略眼光的“领袖”，技术与市场两方面的人才，都不可偏废。创业团队的组织还要注意个人的性格与看问题的角度，如果团队里有总能提出有建设性的可行性建议的成员和能不断发现问题的批判性的成员，对创业过程将大有裨益。

作为创业者还需要特别注意，那就是一定要选择对项目有热情的人加入团队，并且要使所有人在企业初创时就有每天长时间工作的准备。任何人，不管他（她）的专业水平多么高，如果对事业的信心不足，将无法适应创业的需求，而这样一种消极的因素，对创业团队所有成员产生的负面影响可能是致命的。创业初期，整个团队可能需要每天16个小时不停地工作，并要求在高负荷的压力下仍能保持创业的激情。

8. 互信

猜疑会令企业瓦解。近年来中关村每年的企业倒闭率在25%左右，其中很重要的一个原因，就是创业团队内部不团结。

而建立和维护创业团队成员之间的信任，简单地说，一是要增强信任，二是要防止出现不信任，避免信任转变为不信任。信任是一种非常脆弱的心理状态，一旦产生裂痕就很难缝合，要消除不信任及其带来的影响往往要付出巨大的代价，所以防止不信任比增强信任更重要。

一般而言，创业者在选择创业伙伴时主要考察的是对方的人品和能力。相对于能力而言，人品更加重要，它是人们交往和合作的基础，也是决定一个人是否值得信任的前提。在创业团队中，人们主要注重：成员是否诚信、成员的行为和动机是否带有很强的私心。另外，团队成员要对集体忠诚，彼此以诚相待、公平相处，误会和猜疑产生时应及时沟通，避免越积越多而不可收拾。创业团队的组建是没有任何神奇公式的，它类似于把拼板玩具的每一块拼凑起来，而能否搭建起来，关键是合适与否。

二、创业团队发展各阶段的特征及其建设的重点

一支团队通常要经历一系列阶段才能成长起来，就像植物的成熟过程一样，一般包括：形成阶段、波动阶段、稳定阶段和成熟阶段。

为了使团队早日成熟，在决定团队发展方法的时候，首先需要了解每个阶段可能发生的事件，并认清团队目前所处的阶段。在不同的阶段，任务需要、团队需要和个人需要三方所占的比重不同，团队领导需要在不同的阶段注重不同的角色和任务。

1. 形成阶段

在这个阶段，团队的各个成员聚集到一起，每个人都迫切想知道他们的工作任务是什么。在这一时期，成员之间的信任一般处于低谷状态。本阶段，团队进行的主要活动应该是交流思想和收集信息。

在形成阶段，个人需要很高，他们需要确定各自的工作任务是什么，以及他人是如何评价他们的。因而，团队领导需要多用一些精力来认识每个成员，并就将会出现的问题与他们进行沟通。

团队需要在形成阶段处于中等水平，此时的团队领导需要通过自由活动，帮助团队成员相互认识。

形成阶段的任务需要很低，只有在群体成为一支团队之后才能真正开始解决工作中的问题。但是，在这一阶段，团队领导可以向团队成员介绍自己的观点，回答“我们要做什么”的问题。在这一阶段，主要进行的不是任务的需求，但也需要慢慢推动工作进展。

2. 波动阶段

当团队从互相信任转向拥有共同目标时，各个成员可能会出现意见不一甚至产生冲突的情况。这是一个充满竞争且积极向上的阶段，如果处理得当，本阶段将富有创造性。

在这个阶段，个人需要仍保持较高的水平，因此必须继续满足个人需要，并使全团队成员安心。

随着成员提出不同的观点（如群体应该如何协作、群体应该做什么等），团队需要逐渐提高。这时要注意发生问题的信号，并避免一两个人在群体中占据优势。随着冲突的产生，把冲突公开并帮助团队成员解决冲突变得越来越重要。

任务需要在此阶段仍处于较低水平，因为团队仍处在发展过程中。团队领导需要把任务看作推动团队发展并解决波动问题的工具。

3. 稳定阶段

在稳定阶段，团队成员理解了各自的工作任务，并相互信任，团队开始和谐发展。成员感到他们是团队的一部分，并意识到如果接受他人的观点，他们就能够更好地完成任务。

在这一阶段，个人可以得心应手地处理在团队中遇到的事情，因此，他们的个人需要在某种程度上降低了。

此时，团队需要仍然很高，因为团队正致力于在行动准则和工作程序上达成一致。团队领导在本阶段的角色是激励新想法，督促每个团队成员全力以赴，帮助他们达成一致。

在此阶段，任务需要的重要性开始凸现，团队领导应该注重目标的制定并激励团队成员为目标作出贡献，使全团队成员加强合作。

4. 成熟阶段

在成熟阶段，团队在一种公开、信任的氛围中工作。团队成员之间能够相互理解，并领悟了工作的实质。他们受到鼓舞，以期达到目标。团队主要致力于完成工作任务。

在这一阶段，个人需要与团队需要处于中等水平。团队领导的精力主要放在任务需要上，帮助团队实现并监控计划，时刻谨记团队目标。同时，要警惕团队退回到前一个阶段。例如，当有新成员加入时，团队经常会恢复到波动阶段。如果发生了这种情况，要尽快修正行动，回到成熟阶段。

三、创业团队如何保持稳定

从人力资源管理的角度来看，建立优势互补的创业团队是保持创业团队稳定的关键。在创建一个团队的时候，不仅要考虑相互之间的关系，最重要的是考虑成员之间的能力或技术上的互补性。太阳微系统公司就是一个非常值得借鉴的例子，创业初期维诺德·科尔斯勒找来的三个人分别是软件专家、硬件专家和管理专家，Sun 的创业团队非常稳定，稳定的团队为太阳微系统公司带来了稳定的发展。

在团队已经组建以后，无论是有核心主导的创业团队还是群体性的创业团队，要保持项目团队的稳定性，都应注意以下几点：

（1）创业团队一定要有碰撞后形成的一致的创业思路，成员要有共同的目标远景，认同团队将要努力的目标和方向，同时要有自己的行动纲领和行为准则。这些其实涉及团队文化的建设问题。

（2）以法律文本的形式确定一个清晰的利润分配方案。把最基本的责、权、利界定清楚，尤其是股权、期权和分红权，此外还应包括增资、扩股、融资、撤资、人事安排、解散等与团队成员利益紧密相关的事宜。

（3）要保证团队成员间通畅的沟通渠道，进行持续不断的沟通。团队开始工作时要沟通，遇到问题时要沟通。解决问题时也要沟通，有矛盾时更要沟通。沟通的时候要多考虑团队的远景目标和未来的远大理想，多想有利团队发展的事情。

孙子曰："上下同欲者，胜。"只有真正目标一致、齐心协力的创业团队才会获得最终的胜利。

四、创业团队分裂的主要原因及其预防措施

（1）随着企业规模的增长，有些成员因其能力已经不适应更大规模、更规范的企业经营管理的需要。

这一点在我国众多的中小乡镇企业中体现得非常明显。很多乡镇企业的创业元老的文化程度不高，当初的成功往往是因为敢拼敢干，吃别人不能吃的苦，干别人不敢干的事而发展起来的，但随着企业进入规范发展的时期，自身素质和能力的制约反而会成为企业发展的阻力，在这种情况下，创业团队很有可能走向分裂。

预防办法：在企业壮大的过程中，不断地修正与规范员工的思想言行，创建学习型创业团队。

（2）创业团队成员的经营理念与方式不一致，团队思想没有统一，有些成员不认可公司的目标和策略价值观，导致创业团队解散。

这种情况非常普遍，一个典型的例子就是联想的倪光南和柳传志。柳传志是一位有科技背景的企业管理者，倪光南是一名科学家，他们产生分歧的主要原因是经营理念不一致，柳传志是市场导向，倪光南是技术导向，这一根本的分歧导致了曾被誉为"中关村最佳拍档"的联想创业组合的分裂。当然，联想创业组合的分裂并不是发生在联想从创业阶段向集体化阶段过渡的时期，而是发生在联想从集体化阶段向规范化阶段过渡的时期。

预防办法：公司不可多人合办，只能由一人做主。公司发展壮大后，可以分股，但决策

方向自始至终须由一人来定。

（3）创业成员之间因为性格、个性、兴趣不合，导致磨合出现问题，创业活动难以正常开展，创业团队解散。

群体性的创业团队中容易出现这种情况。群体性的创业团队是由一些因为私交很好而在一起的伙伴组成的，如朋友、同事、同学、校友、亲戚等，成员多是由人际关系来寻找共同创业的伙伴；或有相似的理念和观点，如具有相近技术研发背景的人，基于对某一技术的狂热而结合。可以说，在人际上的交集是成为群体性创业团队成员最重要的条件。在这种情况下，团队成员在性格上的差异和处理问题的不同态度就容易被掩盖，有些团队从表面上看，好像大家都在努力工作，但真正全身心投入的只有一两人，同时团队内缺乏真正的沟通，那么该团队实际上并未形成真正的团队，充其量只是几个人的力量加总而已。若团队成员间目标不一致，则造成的结果就是 $1+1<2$。这种情况必定会导致创业团队解散。

预防办法：公司创办之初，团队核心须经过考核。人心各异，必会散伙。

（4）团队在创立初期没有确定一个明确的利润分配方案，随着企业的发展，利润增加，在利润分配时出现争议导致创业团队解散。

这种情况在民营企业中非常普遍。很多中小民营企业的创业团队在发展初期，或是没有考虑到，或是碍于面子，没有明确提出未来具体的利润分配方案，等企业规模扩大的时候就开始为利润怎么分配而争执。而企业发展壮大后，就会由于利润的分配最终导致团队解散。

预防办法：公司创办之初，要确定一个比较明确的利润分配方案。

本章实训

实训项目一：柯达重组团队的启示

柯达电子（上海）有限公司是美国柯达公司（Kodak）在上海的全资子公司。公司成立之初，采用了传统的以职能为取向的组织结构模式。在原有的组织结构中，流程被严重割裂。各产品生产流程的各环节分别由不同的部门经理负责，而无人对整个产品的生产流程负责。结果，运作过程中，问题丛生，矛盾不断，各部门负责人都以做好本身工作为己任，对其他部门的工作漠不关心，他们都单个地对执行经理负责，执行经理对总经理负责。各部门之间的矛盾由执行经理来协调，整个流程出现了问题同样由执行经理来解决，使顾客满意的工作从而落到了执行经理的身上，也就是说，顾客对产品的满意度与顾客满意度的制造者——各部门经理无关，却成了执行经理的事务。

1997 年 3 月，公司决定对其生产流程进行再造，将以职能部门为主体的组织架构，变为以产品为中心而组织起来的流程小组作为主体的组织架构。原有的职能部门经理，能够胜任者，变为流程小组负责人或称产品经理，不能胜任者则另作安排。

经再造后，其生产流程并没有什么大的变化，只是以前由执行经理负责的顾客满意度的问题，交由各产品经理负责。这些产品经理们不再是只管理某一职能部门，而是承担起某一产品从投入到产出，直到顾客满意等整个管理工作。CBIO 经理、CAMCO 经理、一次性相机经理与 APS 经理均要对其产品的整个流程负责。流程不再是片段化的碎片连接，而是一个完全的整体。顾客——这个在以往的生产流程图中被忽视的对象，在新的流程图中地位十分显赫。

经过再造流程后，柯达电子（上海）有限公司无论是在产品质量、生产效率，还是在企业形象及顾客满意度上都获得了较大的提高。不仅如此，再造流程后果的直接承担者——产品经理，从他们自身的变化上更能看出再造流程的本质所在。主要表现在：

（1）责任扩大，工作强度提高。再造流程前，各部门经理工作性质不同、工作内容单调，忙闲不一，人浮于事的现象比比皆是。再造流程后，各产品经理的责任范围扩大了几倍，他们不仅要协调不同工种的工作人员，而且要对整个产品生产流程负责，对顾客的满意度负完全责任，工作内容也变得多样化。由此，其工作强度大大提高，各产品经理早出晚归已司空见惯。

（2）权力扩大。再造流程前，各部门经理只对执行经理负责，完成执行经理下达的工作任务和计划，决策权有限。再造流程后，除了某些特殊情况外，各种问题基本上由产品经理处理。

（3）避免了经理之间的矛盾，部门之间的摩擦消除。再造流程前，各部门经理仅对整个生产流程的某一环节负责，由于眼睛只向内，注重本部门的利益，彼此的摩擦和矛盾经常发生。执行经理整日忙于调和各部门经理之间的矛盾。再造流程后，原来需要外部配合的活全"内部化"了。各产品经理对完整的产品流程负责，中层经理之间的矛盾也自然消失了。由此，执行经理从日常的协调工作中解放出来了，可集中精力于战略性和全局性的工作。

（4）工作效率提高。在原来职能部门经理各司其职的情况下，当生产的某一环节出现问题时，各部门经理就让生产停下来共同开会研究，寻找原因和责任，小问题往往也难以解决。再造后，各产品生产线上一旦出现问题，其产品经理立即解决，无须开会研究，也无责任可推卸，因此，生产效率大大提高。

（5）顾客成为第一服务的对象。在再造流程前的组织架构里，各部门经理只关心自己的工作任务的完成情况，对整个产品流程毫不关心；一心只想取悦执行经理，不关心也无须关心顾客满意度。再造流程后，各产品经理的工作业绩由顾客满意度直接反映，顾客满意度成为其工作成效的衡量标准。因此，顾客在产品经理心目中开始占有很重要的地位，顾客不再是抽象的概念，而是看得见、摸得着的对象。

（6）统筹、协调力度提高。再造流程前，各部门经理管理的对象是工作性质相同的各专业人员，其沟通简单，协调容易，整个产品的统筹与协调由执行经理承担。再造后，各产品经理统筹安排整个产品生产的各环节，促进各不同专业人员共同工作，因而其统筹协调的难度增加了。各产品经理也不能再满足于自己的专业知识，而需要通晓相关的各方面知识。

思考与讨论

1. 柯达原先的团队有哪些方面的问题？
2. 在重组团队之后，加强了团队哪些方面的建设？这些建设带来了哪些成效？
3. 通过本案例，简单说说团队组建时有哪些问题应该注意。
4. 团队有哪些角色？角色分工是什么？如何保证团队的和谐运转？

实训项目二：

分析下述案例，并回答相关问题。

[案例]

小宋毕业于国内某名牌大学的机电工程系，是液压机械专业方面的工学硕士。毕业以后，小宋应聘到北京某研究院工作，其间因业绩突出而被破格聘为高工。

在我国科研体制改革大潮的冲击下，小宋和另外几个志同道合者创办了一家公司，主要生产液压配件，公司的资金主要来自几个个人股东，包括小宋本人、他在研究院时的副手老黄，以及他原来的下属小秦和小刘。他们几个人都在新公司任职，老黄在研究院的职务还没辞掉，小宋、小秦、小刘等人则彻底割断了与研究院的联系。新公司还有其他几个股东，但都不在公司任职。各人在公司的职务安排是：小宋任总经理，负责公司的全面工作；小秦负责市场销售；小刘负责技术开发；老黄负责配件采购、生产调度等。

近年来公司业务增长良好，但也存在许多问题，这使小宋感到了沉重的压力。

第一，市场竞争日趋激烈，在公司的主要市场上，小宋感受到了强烈的挑战。

第二，老黄由于要等研究院分房子而未辞掉在原研究院的工作，尽管他分管的一摊子事抓得挺紧，小宋仍认为他精力投入不够。

第三，两个外部股东向小宋建议，希望公司能帮助国外企业做一些国内的市场代理和售后服务工作。这方面的回报不低，这使小宋（也包括其他核心成员）颇为心动，但现在仍举棋不定。

第四，由于公司近两年发展迅速，股东们的收入有了较大幅度的增加，当初创业时的那种拼搏奋斗的精神正在消退。例如，小宋要求大家每天必须工作满12小时，有人表现出明显的抵触情绪，勉强应付或者根本不听。

公司的业绩在增长，规模在扩大，小宋感到的压力也越来越大。他不仅感到应付工作很累，而且对公司目前的状况有点不知所措，不知该解决什么问题，该从何处入手。公司的某些核心成员也有类似的感觉。

思考与讨论

1. 你认为小宋创建的团队有何优势？
2. 在小宋创业的过程中，团队是成功的重要保证，但也遇到了很多问题，你认为问题主要出在什么地方？
3. 团队如何适应新形势？你能给出好的建议吗？

实训项目三：师生互动

师生共同讨论、总结或点评本章第一节的讨论主题。

第十章　创业企业营销管理

第一节　读创业故事的思考与讨论

[创业故事导读]

小小蜜蜡店年赚过百万

自言对女性研究最透彻、专做女人生意的香港人蓝景云，2004年在广州中华广场6楼投资开了一间名叫“清雅古蜡”的蜜蜡店，该店铺只有十多平方米的实用面积，月租金却要3万元人民币。50多岁的蓝景云已不是投资新手，他从20世纪80年代初期就来内地投资做贸易。1989年，美欧联手制裁中国，蓝景云的贸易生意也亏得一塌糊涂。最后身无分文的他回到香港，靠做“走鬼”卖牛仔裤度日。蓝景云为何将投资的触觉伸向比较冷门的蜜蜡呢？几年前，蓝景云偶然发现香港很多人还有演艺界明星都喜欢在手腕上戴一串水晶手链或蜜蜡手链，明星的穿着打扮时时引发着一大班追星族的仿效。

经过一番研究和市场调查后，蓝景云发现水晶的利润高得惊人，于是他决定投资水晶首饰的生意。水晶首饰一般都是穿好了一条条卖，蓝景云却独辟蹊径，将水晶拆散逐粒卖，这样不仅节约了成本，还可以根据顾客的需求，将不同的水晶任意组成一条手链或饰物。在朋友的引荐下，蓝景云与香港吉之岛签订合作协议，由吉之岛提供经营场地，蓝景云负责经营，吉之岛收取营业额的30%作为回报。不到一年，蓝景云先后与吉之岛、千色店及先施百货等十几家专柜合作卖散装水晶。由于价廉物美，在“SARS”横行、百业萧条之际，蓝景云经营的水晶却一枝独秀，全线飘红。

在做水晶生意时，蓝景云又接触到比水晶更高层次的蜜蜡，天然蜜蜡的价值远高于天然水晶，而且利润更为丰厚。民间早就有人专门收藏蜜蜡，因为蜜蜡中有很多属于年代久远的精品，中国不是蜜蜡产地，因此，上等蜜蜡的价格不菲。蓝景云通过做天然水晶生意，认识了许多蜜蜡玩家和蜜蜡产地的供应商，认识到做蜜蜡生意的利润同样高得惊人。2003年，蓝景云在香港沙田新城市广场附近的希尔顿商场，以月租3万多港元租下一间只有6平方米的商铺，起名“清雅古蜡”，由他太太打理。经营半年后平均每月保持20多万港元的营业额，而成本只需三四万港元，加上铺租，纯利润有17万~18万港元。

对广州消费力极为熟悉的蓝景云决定再次进军内地。2004年初，他与朋友合作在广州中华广场6楼投资开了国内第一间蜜蜡专营店——“清雅古蜡”。2005年春节过后，蓝景云在广州环市中路世界贸易广场四楼开设了“清雅古蜡”分店。

蓝景云坦言，他的蜜蜡店之所以经营得那么好，原因有几方面：首先是货品来源广，品质可以说是城中最佳者，许多玩蜜蜡玩到出书的专家收藏的货品都不及他手上拥有的品质好；另外，其拥有的上等货款色和数量也几无对手；再者价格优惠。此外，他有一套他人无法仿效的销售手法：通常有新货品回来时，店员会通知熟客来看货，就算顾客不买也没有关系，如果顾客遇到心仪的货品但带的钱不够时，店员会将货品收起，为顾客保留数日等。

蓝景云说投资一间像样的蜜蜡店，光是开店倒不需要很多钱，钱都压在进货上了，遇到好的货品就要设法购入，因为蜜蜡属于稀有资源，是经过数千万年而成的，通常买少见少，凡是上等的好货都不愁没有买家，而且蜜蜡是保值的。有一枚清朝的吊坠，经苏富比拍卖行拍得20多万港元。

思考与讨论

1. 蓝景云为何将投资的触觉伸向比较冷门的蜜蜡？

2. 蓝景云做水晶首饰的生意有什么独特的营销方法？

3. 在"SARS"横行、百业萧条之际，蓝景云经营的水晶却一枝独秀，全线飘红，你能分析一下是什么原因吗？

4. 2004年，蓝景云是如何再次进军内地市场的？

5. 蓝景云的蜜蜡店之所以经营得那么好，成功的秘诀是什么？

6. 什么是市场细分？什么是目标市场？什么是市场定位？

7. 请谈谈创业企业目标市场细分与定位的方法和技巧。

8. 什么是销售渠道？销售渠道的作用是什么？

9. 创业企业市场营销过程中应如何选择销售渠道？

10. 创业企业的产品如何定价？

第二节　创业企业的目标市场定位

一、在市场细分过程中发现市场机会

（一）市场细分：创业企业营销成败的关键

市场细分是现代市场营销观念的产物。它是指按照消费需求的差异性把某一产品（或服务）的整体市场划分为不同子市场的过程。

市场细分和目标营销是第二次世界大战后市场营销思想和战略的新发展，是20世纪50年代由美国市场营销学家首先提出的一个新概念，此后受到广泛重视和普遍应用，现在已成为企业市场营销战略的一个核心内容，是决定企业营销成败的一个关键性问题。

创业企业开展市场细分的原因在于：

（1）市场行为的差异性及由此决定的购买者动机和行为的差异性。市场需求的差异性取决于社会生产力的发展水平、市场商品供应的丰富程度及消费者的收入水平。除了对某些同质商品，消费者有相同的需求外，消费者的需求各不相同，这是由性别、年龄、地理位置、文化背景及职业等方面的差异所决定的。

（2）市场需求的相似性。从整体上看，人们的消费千差万别，然而在差别之中已包含着某种共性。这种交叉中的相似性和差异性使市场具有可聚可分的特点，为企业按一定标准细分市场并从中选择自己的目标市场提供了客观可能性。

（3）买方市场的形成。由于现代市场经济的高度发展，买方市场的全面形成和卖方之间市场竞争的日益激化，有厚利可图的市场越来越少，企业只有依靠市场细分来发掘未满足的市场需要，寻求有吸引力、符合自己目标和资源的营销机会，才能在市场竞争中取胜。

（二）开展市场细分是创业企业营销所必需的第一步

（1）有利于企业发现新的市场机会，选择新的目标市场。通过市场细分，企业可了解市场各部分的购买能力、潜在需求、顾客满意度和竞争状况等，从而及时发现新的市场机会和问题，及时采取对策，夺取竞争优势。

（2）有利于巩固现有的市场阵地。通过市场细分充分把握各类顾客的不同需要，并投其所好地开展营销活动，就可稳定企业的现有市场，这对于发展余地不大的成熟行业和不愿或不能转向新市场的企业来说意义尤其重大。

（3）有利于企业产品的适销对路。企业选择一个或几个细分市场作为目标市场，就可更加深入地研究这些市场需求的具体特点，集中人力、物力和财力，生产出满足目标市场需要的产品，从而取得更大的经济效益。

（4）有利于企业制定适当的营销战略和策略，把有限的资源集中用在目标市场上，以取得最好的经济效益。

这样，一方面，企业可在市场细分的基础上针对目标市场的特点制定战略和策略，做到知己知彼；另一方面，企业只是面对一个或几个细分市场，可及时捕捉信息，按需求变化调整发展策略。

（三）创业企业如何开展消费者市场细分

消费者市场上的需求千差万别，影响因素也错综复杂。对消费者市场的细分没有固定的模式，各行业、各企业都可根据自己的特点和需求，采用适宜的标志进行细分，以求得最佳的市场机会。常用的几个具有代表性的市场细分标准主要包括地理环境、经济文化、商品用途及购买行为等，每一细分标准中又包含不同的具体细分变数。

（1）地理环境因素。消费者所处的地理环境和地理位置，包括地理区域、地形、气候、人口密度、生产力布局、交通运输和通信条件等。按照地理环境细分市场称为地理细分。地理条件的不同，会形成不同的消费习惯和偏好，同时，市场潜量和营销费用也会因地理位置的不同而有所不同。

（2）人口和社会经济状况因素。包括消费者的年龄、性别、家庭规模、收入、职业、受教育程度、宗教信仰、民族、家庭生命周期及社会阶层等。其中，按年龄细分是各种市场细分中最一般的方法，其适用范围比较广泛。

（3）商品的用途。一是要分析商品用在消费者吃、喝、穿、用、住、行的哪一方面；二要分析不同的商品是为了满足消费者的哪一类（生理、安全、社会、自尊及自我实现）需要，从而决定采用不同的营销策略。

（4）购买行为。主要是从消费者购买行为方面的特性进行分析，如从购买动机、购买频率、偏爱程度及敏感因素（如质量、价格、服务、广告、促销方式及包装等）等方面判定不同的消费者群体。

二、创业企业目标市场选择

（一）目标市场和目标市场营销

目标市场是指在需求异质性市场上，企业根据自身能力所确定的希望满足的现有和潜在消费者群体的需求。

目标市场营销是指企业通过市场细分选择了自己的目标市场，专门研究其需求特点并针对其特点提供适当的产品或服务，制定一系列营销措施和策略，实施有效的市场营销组合。

为有效地实现目标市场营销，创业企业必须相应地采取三个重要的步骤：

（1）市场细分。在市场调研和预测的基础上，将整个市场区分为几个不同的购买者群体，对不同的群体销售不同的产品或提供不同的服务。

（2）选择目标市场。选择对本企业有吸引力的一个或几个细分的小市场（子市场）作为自己的目标市场，实行目标营销。

（3）市场定位。为本企业的产品确定一个在市场上竞争的有利地位，即在目标顾客心目中树立适当的产品形象，做好市场定位工作。

（二）创业企业可以开展的三种目标市场营销战略及其优缺点

三种目标市场营销战略是：无选择（差异）性市场营销、选择（差异）性市场营销和集中性市场营销。

（1）无选择（差异）性市场营销。企业面对整个市场，只提供一种产品，采用一套市场营销方案吸引所有的顾客，它只注意需求的共性。

优点：生产经营的品种少，批量大，节约成本，提高利润率。

缺点：忽视了需求的差异性，较小市场部分需求得不到满足。

（2）选择（差异）性市场营销。企业针对每个细分市场的需求特点，分别为之设计不同的产品，采用不同的市场营销方案，满足各个细分市场的不同需要。

优点：适应了各种不同的需求，能扩大销售，提高市场占有率。

缺点：因选择性营销会增加设计、制造、管理、仓储和促销等方面的成本，会造成市场营销成本的上升。

（3）集中性市场营销。企业选择一个或少数几个子市场作为目标市场，制订一套营销方案，集中力量为之服务，争取在这些目标市场上占有大量份额。

优点：由于目标集中能更深入地了解市场需要，使产品更加适销对路，有利于树立和强化企业形象及产品形象，在目标市场上建立巩固的地位。同时，由于实行专业化经营，可节约生产成本和营销费用，增加盈利。

缺点：目标过于集中，把企业的命运押在一个小范围的市场上，有较大的风险。

（三）影响创业企业目标市场营销战略选择的因素

上述三种市场营销战略各有利弊，它们各自适用于不同的情况。企业在选择营销战略时，必须全面考虑各种因素，权衡得失，慎重决策。这些因素主要有：

（1）企业的实力。

（2）产品差异性的大小。

（3）市场差异性的大小。

（4）产品生命周期的阶段。

（5）竞争者的战略。

三、创业企业的市场定位

市场定位就是针对竞争者现有产品在市场上所处的位置，根据消费者或用户对该种产品某一属性或特征的重视程度，为产品设计和塑造一定的个性或形象，并通过一系列营销活动，把这种个性或形象强有力地传达给顾客，从而适当确定该产品在市场上的位置。

（一）创业企业如何开展市场定位

创业企业的市场定位工作一般应包括三个步骤：

1. 调查研究影响定位的因素

适当的市场定位必须建立在市场营销调研的基础上，必须先了解有关影响市场定位的各种因素。这主要包括：

（1）竞争者的定位状况。

（2）目标顾客对产品的评价标准。

（3）目标市场潜在的竞争优势。

2. 选择竞争优势和定位战略

企业通过与竞争者在产品、促销、成本及服务等方面的对比分析，了解自己的长处和短处，从而认定自己的竞争优势，进行恰当的市场定位。市场定位的方法很多，且还在不断开发中，一般包括七个方面：

（1）特色定位，即从企业和产品的特色上加以定位。

（2）功效定位，即从产品的功效上加以定位。

（3）质量定位，即从产品的质量上加以定位。

（4）利益定位，即从顾客获得的主要利益上加以定位。

（5）使用者定位，即根据使用者的不同加以定位。

（6）竞争定位，即根据企业所处的竞争位置和竞争态势加以定位。

（7）价格定位，即从产品的价格上加以定位。

3. 准确地传播企业的定位观念

企业在作出市场定位决策后，还必须大力开展广告宣传，把企业的定位观念准确地传递给潜在消费者。

（二）可供创业企业选择的市场定位战略

（1）“针锋相对式”定位。把产品定位在与竞争者相似的位置上，同竞争者争夺同一细分市场。实行这种定位战略的企业，必须具备以下条件：①能比竞争者生产出更好的产品；②该市场的容量足够吸纳这两个竞争者的产品；③比竞争者有更多的资源和实力。

（2）“填空补缺式”定位。寻找新的尚未被占领，但为许多消费者所重视的位置，即填补市场上的空位。这种定位战略有两种情况：一是这部分潜在市场即营销机会没有被发现，在这种情况下，企业容易取得成功；二是许多企业发现了这部分潜在市场，但无力去占领，这就需要有足够的实力才能取得成功。

（3）“另辟蹊径式”定位。当企业意识到自己无力与同行业强大的竞争者抗衡，从而获得绝对优势地位时，可根据自己的条件获得相对优势，即突出宣传自己与众不同的特色，在某些有价值的产品属性上取得领先地位。

第三节 创业企业市场营销计划与方案的制订

一、销售渠道的策划和选择

创业企业要在市场营销上取得成功，就要在把握市场环境变化的基础上，正确选择产品的销售渠道。

（一）策划和选择销售渠道的策略

销售渠道的选择是指生产厂家对所需中间商的数目和种类的决策。可供选择的策略主要有三种：

1. 普遍性策略

这是指生产厂家广泛利用中间商经营自己的产品。此种策略能使该品牌广泛显露，迅速占领市场。但由于中间商同时经销众多厂家的产品，生产厂家难以控制渠道，一般要独家负担广告促销费用。

2. 专营性策略

这是指生产厂家选择有限数量的中间商分销产品，包括独家经销。此种策略通常用于销售高档特殊商品或技术服务性强的商品。厂家在销售、储运、促销和服务等方面能提供优良的经销条件，使中间商有大利可图；经销商也能全力为厂家推销商品，促进销售，顺利实现厂家的营销目标。但此策略具有排他性，产销双方依赖性较强，一旦中间商经营失误，厂家的损失就会较大，甚至使厂家失去某一目标市场。

3. 选择性策略

这是指生产厂家从愿意合作的众多中间商中选择条件好的批发商和零售商经销产品。它介于普遍性策略与专营性策略之间，适用于各种产品，但相对高档选购品或精选特殊品更为适宜。采用此种策略，厂家能取得比普通性策略更好的效益，其风险也小于专营性策略。

（二）策划和选择销售渠道要考虑的因素

1. 从目标市场考虑

目标市场作为企业的重点市场，它包含潜在用户数量、市场地区分布和市场容量等因素。潜在用户多，企业可以考虑通过中间商经销。市场地区分布较集中，企业可以在密集区设点经销。市场容量大，企业可以采取订货会形式经销。

2. 从产品特点考虑

对于生产资料产品，可通过物资系统销售渠道或采取产销双方订货合同自销。对于生活资料产品，除少量自销外要通过中间商固定销售渠道。对于易腐烂、样式易过时的产品，其中间环节越少越好。对于高新技术产品，一般要有专门的推销人员直接向用户详尽介绍产品性能。

3. 从企业自身条件考虑

依据规模，大中企业可以逐步扩大销售队伍，以开辟自己的销售渠道为主；中小企业一般应以依靠中间商为主，不宜以自销渠道为主。依据企业声誉、销售人员素质和企管能力，其声誉高、销售力量强、管理水平高和经验丰富的企业，可以自销渠道为主。否则，以通过中间商、代理商经销为主。

（三）策划和选择最佳的销售渠道

最佳销售渠道是指销售费用少、销售效率高、产品销售快、经济效益好的渠道。其策划和选择要解决的主要问题如下：

1. 销售渠道优化

在各种销售渠道中，选择一条最佳渠道。渠道优化要求根据具体情况，比较分析，选择一条或几条有利的销售渠道。

2. 确定销售范围

在某一特定市场范围内，确定中间商的数量，是选择大量的中间商经销，还是几家或独家经销，这是销售对象确定为多大范围的问题。

3. 确定销售网点

销售范围确定后，再确定每一个对象范围内的经销网点，也就是解决各个范围中的批发商、零售商或代理商的挑选问题。它们的地理位置、财务状况、商店信誉、营业能力、服务质量和管理水平的相互比较，是具体挑选的依据。

二、创业企业如何制定定价策略

定价策略是指企业根据市场中不同变化因素对商品价格的影响程度采用不同的定价方法，制定出适合市场变化的商品价格，进而实现定价目标的企业营销战术。

（一）新产品的定价策略

新产品的定价直接关系到新产品能否顺利进入市场，能否站稳脚跟，能否获得较大的经济效益。目前，国内外关于新产品的定价策略，主要有三种，即取脂定价策略、渗透定价策略和满意定价策略。

（1）取脂定价策略，又称撇油定价策略，是指企业在产品寿命周期的投入期或成长期，利用消费者的求新、求奇心理，抓住激烈竞争尚未出现的有利时机，有目的地将价格定得很高，以便在短期内获取尽可能多的利润，尽快收回投资的一种定价策略。其名称来自从鲜奶中撇取乳脂，含有提取精华之意。

［案例］

柯达如何走进日本

柯达公司生产的彩色胶片在20世纪70年代初突然宣布降价，立刻吸引了众多的消费者，挤垮了其他国家的同行企业，柯达公司甚至垄断了彩色胶片市场的90%。到了20世纪80年代中期，日本胶片市场被富士所垄断。对此，柯达公司进行了仔细的研究，发现日本人对商品普遍存在重质而不重价的倾向，于是制定高价政策打响牌子，保护名誉，进而实施与富士竞争的策略。他们在日本发展贸易合资企业，专门以高出富士1/2的价格推销柯达胶片。经过5年的努力和竞争，柯达终于被日本人接受，走进了日本市场，并成为与富士平起平坐的企业，销售额也直线上升。

（2）渗透定价策略，又称薄利多销策略，是指企业在产品上市初期，利用消费者求廉的消费心理，有意将价格定得很低，使新产品以物美价廉的形象吸引顾客、占领市场，以谋取远期的稳定利润的一种定价策略。

(3) 满意价格策略，又称平价销售策略，是介于取脂定价策略和渗透定价策略之间的一种定价策略。取脂定价法定价过高，对消费者不利，既容易引起竞争，又可能遭到消费者的拒绝，具有一定的风险；渗透定价法定价过低，对消费者有利，对企业最初收入不利，资金的回收期也较长，若企业实力不强，将很难承受；而满意价格策略采取适中价格，基本上能够做到使供求双方都比较满意。

(二) 差别定价策略

差别定价，也叫价格歧视，就是企业按照两种或两种以上不反映成本费用的比例差异的价格销售某种产品或服务。差别定价有四种形式：

(1) 顾客差别定价，即企业按照不同的价格把同一种产品或服务卖给不同的顾客。例如，某汽车经销商按照目标价格把某种型号的汽车卖给顾客 A，同时按照较低价格把同一种型号的汽车卖给顾客 B。这种价格歧视表明，顾客的需求强度和对商品的了解程度有所不同。

(2) 产品形式差别定价，即企业对不同型号或形式的产品分别制定不同的价格，但是，不同型号或形式产品的价格之间的差额和成本费用之间的差额并不成比例。

(3) 产品部位差别定价，即企业对处在不同位置的产品或服务分别制定不同的价格，即使这些产品或服务的成本费用没有任何差异。例如，虽然剧院的不同座位的成本费用都一样，但是不同座位的票价有所不同，这是因为人们对剧院的不同座位的偏好有所不同。

(4) 销售时间差别定价，即企业对于不同季节、不同时期甚至不同钟点的产品或服务分别制定不同的价格。

[案例]

蒙玛公司在意大利以无积压商品而闻名，其秘诀之一就是对时装分多段定价。它规定新时装上市，以 3 天为一轮，凡一套时装以定价卖出，每隔一轮按原价削 10%，以此类推，那么到 10 轮（一个月）之后，蒙玛公司的时装价就削到了只剩 35% 左右的成本价了。这时的时装，蒙玛公司就以成本价售出。因为时装上市仅一个月，价格已跌到成本价的 1/3，还怕没人买？所以一卖即空。蒙玛公司最后结算，利润比其他时装公司多，又没有积货的损失。国内也有不少类似范例，杭州一家新开张的商店，挂出日价商场的招牌，对店内出售的时装价格每日递减，直到销完。此招一出，门庭若市。

(三) 心理定价策略

心理营销定价策略是针对消费者的不同消费心理制定相应的商品价格，以满足不同类型消费者需求的策略。心理营销定价策略一般包括尾数定价策略、整数定价策略、习惯定价策略、声望定价策略、招徕定价策略和最小单位策略定价等。

(1) 尾数定价策略。尾数定价又称零头定价，是指企业针对消费者的求廉心理，在对商品定价时有意定一个与整数有一定差额的价格。这是一种具有强烈刺激作用的心理定价策略。

心理学家的研究表明，价格尾数的微小差别，能够明显影响消费者的购买行为。一般认为，5 元以下的商品，末位数为 9 最受欢迎；5 元以上的商品末位数为 95 效果最佳；100 元以上的商品，末位数为 98 或 99 最为畅销。尾数定价法会给消费者一种经过精确计算的、最低价格的心理感觉；有时也可以给消费者一种是原价打了折扣，商品便宜的感觉；同时，顾客在等待找零期间，也可能会发现和选购其他商品。

尾数定价法在欧美及我国常以奇数为尾数，如0.99，9.95等，这主要是因为消费者对奇数有好感，容易产生一种价格低廉的概念。但由于8与“发”谐音，在定价中8的采用率也较高。

（2）整数定价策略。整数定价针对的是消费者的求名、求方便心理，将商品价格有意定为整数，由于同类型产品，生产者众多，花色品种各异，在许多交易中，消费者往往只能将价格作为判别产品质量、性能的指示器。同时，在众多尾数定价的商品中，整数能给人一种方便、简洁的印象。

（3）习惯定价策略。某些商品需要经常、重复购买，因此这类商品的价格在消费者心理上已经定格，成为一种习惯性的价格。

许多商品尤其是家庭生活日常用品，在市场上已经形成了一个习惯价格。消费者已经习惯于消费这种商品时，只愿付出这么大的代价。对这些商品的定价，一般应依照习惯确定，不要随便改变价格，以免引起顾客的反感。善于遵循这一习惯确定产品价格者往往受益匪浅。

三、创业企业如何制定品牌策略

（一）创业企业的品牌设计

1. 品牌设计要求

（1）简洁醒目，易读易懂，使人在短时间内产生印象，易于理解记忆并产生联想。

“美加净”、“佳洁士”，其品牌易记易理解，被誉为商品品牌的文字佳作。

“M”这个很普通的字母，对其施以不同的艺术加工，就形成表示不同商品的标记或标志。棱角圆润、鲜艳金黄色的拱门“M”是麦当劳的标记，给人以亲切之感，已成为人们喜爱的快餐标志；而棱角分明、双峰突起的“M”是摩托罗拉产品的标志，突出了自己在无线电领域的特殊地位和高科技的形象。

（2）构思巧妙，暗示属性。品牌应是企业形象的典型概括，反映企业的个性和风格，令人产生信任感。

Benz（本茨）先生作为汽车发明人，以其名字命名的奔驰车，100多年来赢得了顾客的信任，其品牌一直深入人心。那个构思巧妙、简洁明快、特点突出的圆形的汽车方向盘似的特殊标志，已经成了豪华、优质、高档汽车的象征。

圣马龙商标图案是由一个手持利斧的神兽和皇冠组成，它出自一个神话：一支正义的欧洲某国军队遭到敌军伏击，在突围中，前面是一座难以翻越的大山，后有敌军追兵，在危难关头，一个手持利斧的神兽从天而降，用手中的斧头劈开大山，使正义军队得以通过，此后又将山推拢，一斧挡万军。它象征着“决不放弃、大道光明”的奋斗勇气。而圣马龙集团将此理念上升为“励精图治、终成大器”的服装内涵。

（3）富蕴内涵，情意浓重。品牌可引起顾客强烈的兴趣，诱发美好的联想，使顾客产生购买动机。

“红豆”是一种植物，是川门常用的镶嵌饰物，是美好情感的象征。同时，“红豆”也是江苏红豆集团的服装品牌和企业名称，其英文是“The seed of love”（爱的种子）。提起它，人们就会想起王维的千古绝句和牵动人的思乡及相思之情。红豆服装正是借助“红豆”这一富蕴中国传统文化内涵、情意浓重的品牌“红”起来的。

（4）避免雷同，超越时空。品牌运营的最终目标是通过不断提高品牌的竞争力，超越竞争对手。如果品牌的设计与竞争对手雷同，那将永远居于人后，达不到最终超越的目的。在我国，由于企业的品牌意识还比较淡薄，品牌运营的经验还比较少，品牌雷同的现象非常严重。据统计，我国以“熊猫”为品牌名称的有311家，“海燕”和“天鹅”两个品牌分别有193家和175家企业在同时使用。除重名外，还有品名极其相似的品牌。

超越空间的限制是指品牌要超越地理文化边界的限制。由于世界各国的历史文化传统、语言文字、风俗习惯、价值观念和审美情趣不同，对于一个品牌的认知、联想必然会有很大的差异。

若将“Sprite”直译成“妖精”，又有多少中国人乐于选购呢？而译成符合中国文化特征的“雪碧”，就比较准确地揭示了品牌标定产品的“凉、爽”等属性。再如，“白象”译成英语为“累赘”、“芳芳”译为“毒牙”、“紫罗兰”译为“同性恋”，如此，有多少消费者愿意选购这样的产品呢？

美国通用汽车公司，曾因其一个叫“诺瓦”（Nova）的品牌在西班牙语中含有“不走”或“走不动”的意思，而在西班牙语系的国家销售受阻，后改为拉美人比较喜欢的“加勒比”，结果很快打开市场。

在营销实践中，许多企业不惜重金设计品牌。

美国埃克森（EXXON）公司为了给自己的产品创出一个能够通行于世界，为全世界消费者所接受的名称及标志，曾动用了心理学、社会学、语言学及统计学等各方面的专家，历时6年，耗资1.2亿美元，先后调查了55个国家和地区的风俗习惯，对约1万个预选方案几经筛选，最后定名为EXXON，堪称世界上最昂贵的品牌设计。

2. 品牌命名的主要方法

（1）效用命名。以产品的主要性能和效用命名，使消费者迅速理解商品功效，便于联想和记忆（如感冒清、胃必治、太太口服液等）。

（2）产地命名。用商品的产地命名，可反映商品传统特色和优越性能（如茅台、鄂尔多斯等）。

（3）人物命名。以历史人物、传奇人物、制造者及对产品有特殊偏好的名人命名，衬托和说明产品品质，提高产品身价（如麦当劳、李宁、奔驰、吉列等）。

（4）制法命名。多用于具有独特制造工艺或有纪念意义的研制过程的商品，表示制作精良以提高产品威望（如北京烤鸭、北京二锅头、傣家干烧牛肉等）。

（5）好兆命名。以吉利的词句、良好的祝愿命名，既暗示商品优良性能，又迎合消费者美好愿望（如登喜路、草原兴发、红双喜等）。

（6）译名命名。指国外进口商品的商标译名，以及模仿国外商标译名而制作的中文品牌。有音译、意译和音意兼顾三种。

音译：纯粹音译的品牌有限（如SONY——索尼、Olympus——奥林巴斯、Lux——力士等）。

意译：意译的外国商标较少（如Crown——皇冠、Gold Queen——金皇后等）。

音意兼顾：品牌译名中最为常见（如Pepsi－Cola——百事可乐、Montaqut——梦特娇等）。

（7）夸张命名。用艺术夸张的词句命名，以显示商品的独特功效（如永久、飞鸽等）。

（8）企业命名。可直接说明商品的来源，有利于借助企业声誉推出新产品（如伊利、蒙牛等）。

（9）形象命名。用动物形象或抽象图案为商品命名，以增强感染力（如雪花、天鹅等）。

（10）数字命名。用阿拉伯数字命名，有两种情况：一是数字本身无任何含义，只是简单易记、活泼（如 555、999 等）；二是数字的谐音暗含一定的意义（如 3388、888、520 等）。

（二）创业企业的品牌策略

1. 品牌建立决策

有关品牌的第二个决策就是决定是否给产品加上一个品牌。

品牌所起的作用在商品经济高度发达的今天体现得十分突出，几乎所有产品都有品牌。一方面，越来越多传统上不用品牌的商品纷纷品牌化（如草原兴发肉鸡）；另一方面，名牌日益成为一种无形资产。世界一流企业无不是以名牌打天下，如美国的可口可乐、德国的奔驰、日本的丰田等。海尔品牌价值在 2001 年年底为 430 亿，它先后兼并了 18 家企业，盘活了 15 亿资产。目前，海尔已成为中国最有价值的品牌。

2. 品牌归属决策

品牌归属决策是指使用哪家品牌。有以下几种选择：

（1）使用制造商品牌。如果制造商具有良好的市场信誉，拥有较大的市场份额，则使用制造商品牌。享有盛誉的著名商标常可租借给他人使用，而收取一定的特许权使用费。如具有良好声誉的永久牌自行车商标已在全国若干家自行车的产品上使用。

（2）使用中间商品牌。如果中间商在某一市场领域拥有良好品牌信誉及庞大完善的销售系统，那些新进入市场的中小企业往往借助于中间商商标。西方国家已有越来越多的中间商使用自己的品牌。美国著名的大零售商西尔斯公司已有 90% 以上的产品使用自己的品牌。

（3）制造商品牌与中间商品牌混合使用。如制造商在部分产品上使用自己的品牌，另一部分以批量卖给中间商，使用中间商品牌，以求既扩大销路又能保持本企业品牌特色。为进入新市场，可先采用中间商品牌，取得一定市场地位后改用制造商品牌。

日本索尼公司的电视机初次进入美国市场时，在美国最大的零售商店西尔斯出售，用的是 S. R 品牌。之后，索尼公司发现其产品很受美国人的欢迎，就改用自己的品牌出售了。

（4）制造商品牌与销售商品牌同时使用，兼收两种品牌单独使用的优点。许多大型零售商店，如上海中百一店、北京王府井百货大楼有不少商品除了使用制造商品牌外，还标明上海中百一店或北京王府井百货公司监制或经销。

3. 品牌质量决策

（1）决定品牌的最初质量水平：低质量、一般质量、中上质量、高质量。

每一种质量水平都有其市场，都有与之相适应的顾客。决定品牌最初质量水平应该与选择目标市场和产品定位结合进行。

欧米茄手表的历史源远流长，它决定品牌的最初质量就是高质量，力求造型高雅、性能精确，因此在制表业独占鳌头。

（2）管理品牌质量。有三种可供选择的策略：一是提高品牌质量，在研究开发上不断投入资金、改进产品质量，以取得最高的投资收益率和市场占有率（如宝洁公司）；二是保持品牌质量；三是逐渐降低品牌质量，如产品进入衰退期，淘汰已成定局时。此外，因产品价格下跌或原材料价格上涨而改用廉价材料替代，或为多得利润而偷工减料、掺假等，也会降低质量，当然这样做必然会败坏品牌声誉，损害其长期盈利的能力。

4. 品牌统分决策

制造商决定使用自己的品牌，但各产品是分别使用不同的品牌还是使用一个统一的品牌或几个品牌呢？可供选择的策略有：

（1）个别品牌，即企业各种不同的产品分别使用不同的品牌。其好处是有利于企业扩充高、中、低档各类产品，以适应市场的不同需求。产品各自发展，在市场竞争中加大了安全感。

宝洁公司生产的各种日化产品，分别使用汰渍、奥妙及碧浪等不同品牌，并创造了飘柔、海飞丝、潘婷、沙宣及润妍等不同洗发水品牌。从1988年进入中国以来，宝洁成了一个难以企及的神话。

（2）统一品牌，即企业所有产品统一使用一个品牌，也称为整体的家族品牌。其优点是节省品牌设计和广告费用，有利于为新产品打开销路。

我国上海益民食品公司的所有产品都是“光明牌”；美国通用电气公司的所有产品都统一使用“GE”这个品牌名称。

（3）分类品牌，包括两种情况，一是各产品线分别使用不同品牌，避免发生混淆；二是生产或销售同类型的产品，即使质量水平有较大差异也使用不同品牌以便于识别。

西尔斯公司所经营的器具类产品、妇女服装类产品及主要家庭设备类产品分别使用不同的品牌名称；美国斯维夫特公司同时生产火腿和化肥两种截然不同的产品，分别使用普利姆和肥高洛的品牌名称。

巴盟河套酒业公司生产的白酒，一等品的品牌名称是河套王，以下依次是：河套老窖、河套人家等300多个名称。

（4）企业名称加个别品牌，即在产品的品牌名称前冠以企业名称，可使产品正统化，既享有企业已有的信誉，又可使产品各具特色，这是统一品牌与个别品牌并行的一种方式。

美国通用汽车公司（GM）所生产的各种小轿车分别使用不同的品牌：卡迪拉克、土星、欧宝、别克、奥斯莫比、潘蒂克、雪佛莱等，每个品牌上都加上“GM”两个字母，以表示这是通用汽车公司的产品。

5. 品牌延伸决策

品牌延伸决策指企业利用其成功品牌的声誉来推出改良产品或新产品的策略。

营销实践告诉我们，在中国，品牌延伸有顽强的生命力，是企业发展的加速器。即使在美国等发达国家的市场上，品牌延伸还是十分盛行，并取得了较大的成功。有人比喻，在西方国家，品牌延伸就像当年成吉思汗横扫欧亚大陆一样，席卷了整个广告界和营销界。过去十年来，十分成功的品牌有2/3属于延伸品牌，而不是新品牌。

6. 品牌重新定位决策

随着时间的推移，品牌在市场上的位置会有所改变，如竞争者的品牌定位接近本企业，夺走了一部分市场；消费者的偏好发生变化，企业面临良好经营机会。这时，就有必要对品牌进行重新定位。

品牌重新定位，确定新的市场位置主要考虑两个因素：

（1）品牌转移到新市场位置所需要的费用，如改变产品质量、包装、广告等。

（2）品牌在新位置上所能得到的收入，它受市场范围大小、平均购买频率、竞争者数目、实力及其他品牌价格水平对本企业品牌定价的约束等因素的影响。

7. 品牌防御决策

商标是企业的无形资产，驰名商标更是企业的巨大财富。因此，企业在品牌与商标经营过程中，要及时注册，防止被他人抢注，还要杜绝“近似商标注册”事件的发生。防止近似商标注册的有效方法就是主动进行防御性注册，实施商标防御性策略。

（1）在相同或类似的产品上注册或使用一系列互为关联的商标（联合商标），以保护正在使用的商标或备用商标。

（2）将同一商标在若干不同种类的产品或行业注册，以防止他人将自己的商标用在不同种类的产品或不同的行业上（防御性商标）。

四、创业企业如何制定包装策略

（一）包装的含义、种类与作用

1. 包装的含义

包装是指对某一品牌商品设计并制作容器或包扎物的一系列活动。其构成要素有：

（1）商标、品牌。商标、品牌是包装中最主要的构成要素，应占据突出位置。

（2）形状。形状是包装中必不可少的组合要素，有利于储运、陈列及销售。

（3）色彩。色彩是包装中最具刺激销售作用的构成要素，对顾客有强烈的感召力。

（4）图案。在包装中，其作用如同广告中的画面。

（5）材料。包装材料的选择，影响包装成本，也影响产品的市场竞争力。

（6）标签。标签含有大量的商品信息：印有包装内容和产品所含主要成分、品牌标志、产品质量等级、生产厂家、生产日期、有效期和使用方法等。

2. 包装的种类

（1）运输包装（外包装或大包装）。主要用于保护产品品质安全和数量完整。

（2）销售包装（内包装或小包装）。实际上是零售包装，不仅要保护商品，更重要的是要美化和宣传商品，便于陈列，吸引顾客，方便消费者认识、选购、携带和使用。

3. 包装的作用

包装的作用主要表现在保护商品、便于储运、促进销售及增加盈利上。

据美国杜邦公司研究发现，63%的消费者是根据商品包装作出购买决策的，因此，包装是“沉默的推销员”。

苏州生产的檀香扇，在香港市场上原价为65元/把，后来改用成本为5元的锦盒包装，售价达165元/把，结果销量大幅度提高。

（二）包装的要求与策略

1. 包装的要求

（1）消费者的要求。包装的颜色、图案、形状、大小及语言等要考虑不同国家、地区及民族等消费者的习惯和要求。

（2）运输商的要求。必须便于装卸、结实及安全，不至于在到达目的地前就遭到损坏。

（3）分销商的要求。设计要合理、美观，能有效利用货架，容易拿放，同时能吸引顾客。

（4）政府要求。包装材料的选择要符合政府的环保标准，节约资源，减少污染，禁止使用有害包装材料，实施绿色包装战略。

2. 包装策略

（1）类似包装策略。指企业生产的各种产品，在包装上采用相同的图案、相近的颜色，体现出共同的特点，也叫产品线包装。它可以节约设计和印刷成本；易树立企业形象，提高企业声誉，有助于推销新产品。但是，某一产品的质量下降会影响到类似包装的其他产品的销路。

（2）等级包装策略。不同质量等级的产品分别使用不同包装，表里一致；同一商品采用不同等级包装，以适应不同购买力水平或不同顾客的购买心理。

（3）异类包装策略。指企业各种产品都有自己独特的包装，设计上采用不同风格、不同色调和不同材料。它使企业不致因某一种商品营销失败而影响其他商品的市场声誉，但增加了包装设计费用，新产品进入市场时需要更多的销售推广费用。

（4）配套包装策略。指企业将几种相关的商品组合配套包装在同一包装物内。它方便消费者购买、携带与使用，有利于带动多种产品销售及新产品进入市场。

（5）再使用包装策略。指包装物内商品用完之后，包装物本身还可用作其他用途。它通过给消费者额外的利益而扩大销售，同时包装物再使用可起到延伸宣传的作用，但这种刺激只能收到短期效果。

（6）附赠品包装策略。指在包装物内附有赠品以诱发消费者重复购买。

（7）更新包装策略。指企业的包装策略随市场需求的变化而改变。它可以改变商品在消费者心目中的地位，进而收到迅速恢复企业声誉之佳效。

［案例］

改变包装带来的利润

20 世纪 80 年代初，内地的一些商人将一种粉末用品以大包装卖给沿海商人，沿海商人将大袋改装成 10 袋装，总价值提高了 3 倍；尔后卖给香港商人，香港商人又将 1 袋装了 10 盒，又提高了 3 倍的价格卖给日本商人；日本商人采用精美的小瓶子包装，一盒装了 10 瓶，又提高了 6 倍的价格。

五、创业企业如何开展客户管理

客户是创业企业生存与发展的根本，客户管理不仅是创业企业获得稳定销售收入的保障，也是创业企业提高竞争力的有效手段。

对客户的管理主要集中在了解客户、认识客户并根据客户的要求进行产品销售活动等方面。为此，销售人员应建立完善的客户档案，对其进行分类管理，以便确定不同的拜访时间、拜访方式和销售方式，并通过必要的保证措施，实现销售任务。

（一）客户的分类及客户资料的收集

客户可以按不同的方法分类，常用的方法有以下几种：

（1）按客户的性质分，可以划分为政府机构（以国家采购为主）、特殊公司（如与本公司有特殊业务等）、普通公司、顾客个人和商业伙伴等。

（2）按交易过程分，可以分为曾经有过交易业务的客户、正在进行交易的客户和即将进行交易的客户。

（3）按时间序列分，可分为老客户、新客户和未来客户。

（4）按交易数量和市场地位分，可分为主力客户（交易时间长、交易量大等）、一般客户和零散客户。

客户资料的内容应尽量完整，归纳起来主要有以下几项：

（1）基础资料。即客户最基本的原始资料，主要包括客户的名称、地址、电话、所有者、经营管理者、法人代表及他们个人的性格、兴趣、爱好、家庭、学历、年龄及能力、创业时间、与本公司交易的时间、企业组织形式、业种、资产等。

（2）客户特征。主要包括服务区域、销售能力、发展潜力、经营观念、经营方向、经营政策、企业规模及经营特点等。

（3）业务状况。主要包括销售实绩、经营管理者和业务人员的素质、与其他竞争者的关系、与本公司的业务关系及合作态度等。

（4）交易现状。主要包括客户的销售活动现状、存在的问题、保持的优势及未来的对策，企业形象、声誉、信用状况、交易条件及出现的信用问题等方面。

（二）客户档案的建立

经过对准客户资格的鉴定，剔除各种不合格的顾客，就可以确定一张准客户名单，以备产品销售时使用。将通过鉴定的各类准客户名单积累起来并装订成册，建立档案，就可以做成各类分析表格，供销售人员进行客户分析时使用。

通过长期的档案积累，可以将客户分为三类，即现有客户、过去客户和将来客户，对其进行详尽分析，就可获得许多有价值的资料。现有、过去和将来客户情况分析见表 10－1。

表 10－1　现有、过去、将来客户情况分析表

<table>
<tr><td rowspan="3">现有客户</td><td colspan="4">哪些人</td><td>向我们买什么</td><td>不可能买什么</td><td colspan="2">能推荐哪些客户</td></tr>
<tr><td>名称</td><td>地址</td><td>电话</td><td>采购员及主管姓名</td><td></td><td></td><td>子公司</td><td>朋友、亲戚</td></tr>
<tr><td></td><td></td><td></td><td></td><td></td><td></td><td></td><td></td></tr>
<tr><td rowspan="3">过去客户</td><td colspan="4">哪些人</td><td>为什么失去</td><td>如何挽回</td><td colspan="2">能买什么产品</td></tr>
<tr><td>名称</td><td>地址</td><td>电话</td><td>采购员及主管姓名</td><td></td><td></td><td></td><td></td></tr>
<tr><td></td><td></td><td></td><td></td><td></td><td></td><td></td><td></td></tr>
<tr><td rowspan="3">将来客户</td><td colspan="4">哪些人</td><td colspan="2">怎样才能向我们订货</td><td colspan="2">他们可能购买什么</td></tr>
<tr><td>名称</td><td>地址</td><td>电话</td><td>采购员及主管姓名</td><td></td><td></td><td></td><td></td></tr>
<tr><td></td><td></td><td></td><td></td><td></td><td></td><td></td><td></td></tr>
</table>

在客户分析表的基础上，销售人员还应对每个经过鉴定的客户制作详细的资料卡（见表 10－2，表 10－3），对卡中的有关内容作充分的调查和了解，便于将来在接近客户和面谈时查找，使产品销售工作系统化、表格化，进一步提高产品销售工作的效率。

表 10－2　消费者个人或家庭资料卡

顾客姓名		性别		地址	
学历		年龄		性格特征	
职业				平均收入	
购买商品		购买日期			
付款方式					
备注					

表 10－3　客户（组织）资料卡

组织名称		营业地址	
企业性质			
联系电话		经营规模	
日销售额			
订购商品			
交易日期			
付款方式			
收款日期			
营业状况			
信用等级			
备注			

（三）客户资料卡的利用

首先，根据以上的有关资料，销售人员就可以将准客户分为 A、B、C、D 四个等级，根据不同的级别，确定相应的访问频率，见表 10－4。

表 10－4　准客户的四个等级及访问计划

项目 等级	具备准客户要求条件的程度	计划访问次数	计划购买产品的时间
A 级	具备完整的购买条件	1 周访问 1～2 次	计划当月就购买产品
B 级	虽未具备完整的购买产品的条件，但具有访问价值	隔周访问 1 次	2～3 个月内购买产品
C 级	尚不具备完整购买产品的条件，偶尔可以访问	应该每月访问 1 次	半年内购买产品
D 级	尚不具备完整购买产品的条件，但从长远看有一定的开拓潜力	顺路访问或电话访问即可	1 年内购买产品

其次，根据客户资料卡，销售人员可以随时掌握客户购买本企业产品的情况及订货次数，并通过分析，掌握客户的购买进度及采购时机，发掘该客户的潜在购买能力；还可以依此分析与每位客户每笔交易所花费的销售费用，了解销售费用占产品总销售额的合理比例，以此衡量以后销售业务的投入水平与产出效益。

再次，销售人员利用客户资料卡还可以定期地对客户进行综合评价，及时发现销售过程中存在的问题，并提出改进措施。表 10－5 是一张利用客户资料卡编制的客户综合评价表，对销售人员完成配额任务非常有用。

表 10－5　客户综合评价表

客户资料		评语	存在的问题	改进措施
1	客户的基本情况			
2	每次订购产品的数量			
3	订购产品的次数			
4	占公司销售总额的比例			
5	销售费用水平			
6	贷款费用水平			
7	客户对本公司的评价			
8	客户对销售业务的支持程度			
9	访问计划			
10	延迟的情况			

（四）创业企业开展客户管理的原则

在客户管理的过程中，需要注意以下原则：

第一，动态管理。客户的情况总是在不断地发生变化，所以客户的资料也要不断地加以跟踪调整，使客户管理保持动态性。

第二，突出重点。重点客户不仅要包括现有客户，还应包括未来客户或潜在客户。这样可为企业选择新客户、开拓新市场提供资料。

第三，灵活运用。在建立客户资料卡或客户管理卡后，应以灵活的方式及时全面地提供给推销人员及其他有关人员，使他们能进行更详细的分析，以提高客户管理的效率。

第四，专人负责。由于许多客户资料是不宜流出企业的，只能供内部使用，所以，客户管理应确定具体的规定和办法，应由专人负责管理，严格控制客户情报资料的利用和借阅。

六、创业企业不同阶段的营销组合策略

营销组合策略包含有产品策略、价格策略、促销策略及营销渠道策略四个策略，如何巧妙地将这四个策略进行组合，以树立企业品牌来达成销售是制定营销组合策略的目的。

营销是一个动态的科学，由于有太多的变数影响着营销的成效，因此，营销组合策略没有既定的最佳方案，最佳的组合方案要视市场现状自己去制订。创业企业在其不同成长阶段有各自的成长特点，应采取不同的营销组合策略，以适应成长各阶段的不同要求，达到营销

战略的目标。

（一）创业期的营销组合策略

在创业期，如果企业选择建立自己的品牌，要在创业一开始就树立极强的品牌意识，对品牌进行全面的规划，在企业的经营、管理、销售、服务及维护等方面都以创立品牌为目标，不仅仅要依赖传统的战术性方法，如标志设计和传播、媒体广告及促销等，还要侧重于品牌的长远发展。因此，企业在创业期除了要尽快打响品牌的知名度外，关键的问题是要确立品牌的核心价值，给顾客提供一个独特的购买理由，并力争通过有效的传播和沟通让顾客知晓。

尽管品牌化是商品市场发展的大趋向，但对于单个企业而言，是否使用品牌还必须考虑产品的情况和顾客的实际需要，尤其对实力较弱的创业型企业而言，受企业规模、人员、资金及时间的制约，对于在生产过程中无法形成一定特色的产品，或由于产品同质性很高，顾客在购买时不会过多地注意品牌的产品，无品牌化策略不失为一个可选的方法，这样可以节省费用，扩大销售。

（二）成长期的营销组合策略

当创业企业步入成长期时，提高品牌的认知度、强化顾客对品牌核心价值和品牌个性的理解是企业营销努力的重点。其中，最重要的途径是加强与顾客的沟通。顾客是通过各种方式获得信息的，既可通过各种媒体的广告、产品的包装及商店内的推销活动，也有产品接触、售后服务和邻居朋友的口碑，因此，企业要综合协调地运用各种形式的传播手段，来建立品牌认知，为今后步入成熟期打下良好的基础。建立、提高和维护品牌认知是企业争取潜在顾客、提高市场占有率的重要步骤。

成长期的企业由于资源相对于消费需求的多样性和可变性是有限的，不可能满足市场上的所有需求，因此，企业必须针对某些自己拥有竞争优势的目标市场进行营销。品牌定位是企业为满足特定目标顾客群的，并以与产品有关联的独特心理需求为目的，在同类品牌中建立具有比较优势的品牌策略。通过锁定目标顾客，并在目标顾客心目中确立一个与众不同的差异化竞争优势和位置，连接品牌自身的优势特征与目标顾客的心理需求。在当今这个信息过度膨胀的社会里，只有有效地运用定位这种传播方式和营销策略，才能使品牌在激烈的竞争中脱颖而出。这样，一旦顾客有了相关需求，就会开启大脑的记忆和联想之门，自然而然地想到该品牌，并实施相应的购买行为。

至于成熟期、衰退期，由于已超出创业范围，此处不再介绍。

本章实训

实训项目一：案例分析

[案例]

某创业服装店的营销策略

小王准备建立一家服装店，对营销作出了下述计划：

1. 创业服装店的产品定价

尽管消费者的购买心理千差万别，但无论是对于顾客还是对于店铺本身而言，货品价格都是一个敏感的问题。对于店铺而言，价格的高低影响货品的销路，而货品销售状况又直接影响店铺的盈亏；对于顾客而言，货品价格是判断所购买货品是否有价值的重要尺度。

女性在购物的时候有一个“传统品德”，那就是要讲价，无论店家便宜多少，就算是便宜一两元钱也好，女性在心理上就会觉得自己没有吃亏。因此，在定价时，要先分析好顾客的心理，根据顾客的不同心理制定不同价格。本人设定了三种定价方法：

(1) 奇数定价。该定价利用了消费者求廉的心理，以奇数作尾数，尽可能在价格上不进位。假设，一件衣服的价格定为49元，而不定50元，就可以在直观上给消费者一种便宜的感觉，从而激起消费者的购买欲望，促进产品销售量的增加。

(2) 习惯定价，即依据顾客在购买商品中形成的习惯价格作为定价依据。顾客在长期购买活动中，对经常购买的商品价格有一种比较固定的认识。因此，店铺应从长远发展来看，有些服装不一定有相当大的利润，但为了迎合顾客习惯定价的心理应保持价位。

(3) 分档定价，即服装服饰店将同类型但不同牌子、型号、花色及面料的服装分成几档，每一档定一个价格。

此外，经过调查结果显示，所抽查的50位顾客对于服装价格最大接受限度为80~100元。因此，本店铺的部分商品应相应地在这个幅度定价。

2. 服装价格调整

每隔一段时间，店铺应该对还没卖出的服装进行清货，很多时候采用的方式就是价格调整。

降价是指直接降低产品的价格，多在一次性清货时使用。一般而言，顾客对提价都抱有反感心理，但顾客也是通情达理的，如果能据之有理、涨之有因，消费者也是可以接受的。而采用一些方法与技巧可使提价顺利进行：提价幅度不可太大；对服装服饰分批提价；附送赠品或取消折扣；提高服装质量。

3. “特色”服务

(1) 服装修改与翻新。在购买衣服的时候，很多人都会遇到一些问题，可能腰围合身但裤脚太长，可能裤脚合适但大腿的地方太松，也可能嫌衣摆太长，因此，本店特设了一项免费服务——服装修改。凡在本店购买服装的客人，如觉得哪个地方不合身需要修改的，我们都将免费修改，我们的宗旨是“能改则改，顾客至上”。

我们的另一项服务是服装翻新。女生爱美，有时候去年买的衣服今年觉得款式旧了就不想穿了，但又舍不得丢。本店针对这个问题，利用一些小配件，如花边、蕾丝及珠片等添加到旧衣服上，于是旧衣服顿时变成其他款式的“新衣服”。翻新的价钱不贵，视配件的多少而定，1~10元钱不等。

(2) 新型服装加香。该技术俗称“持久留香技术”，小车、房间及衣物等加香一次，芳香气味留香2~4个月。原理是：长效香料通过高速气流喷涂进入服装纤维内部，经过与空气隔绝之后，香料在服装内由气体（液体）变为固体，再与空气接触，缓慢释放出来，达到较长时间的留香目的。一般衣物经洗晒多次香味依然。长效香料是用食用酒精做溶剂，以食品级高分子包裹材料将天然或合成的香精在高温高压和反复乳化的情况下包在囊膜内（包囊粒径小于0.1微米），在可食用黏合剂的作用下稳固化于各种表面，所使用的原料全是可食用的，因此对人体无任何伤害。

据了解，本区暂时还没有一家服装店有此技术。该技术本小利润大，成本为0.2~0.3元，收费2元。开业初期，预计月利润在900元左右。

4. 转季期间的应变策略

(1) 变价处理。季末货品的处理应在换季前一个月就开始，一旦认为某些服装可能会积压或滞销，就要加强促销，力争把握住最后的销售机会清空。此时，可通过变价来处理。

一是折扣，熟客的话可以给到七八折；一次性购买2件衣服的话，可以给7.5折。

二是特价，将特别难销售出去的服装，以低于原价的一个特别价格来促销，如T恤一律25元，短裤一律39元等。

三是组合特卖，即把两件以上货品组合在一起，制定一个特卖价格的促销方法。如买一送一等。

四是配套特价，对功能互补的商品重新组合配套，对配套服装制定一个价格。如衬衣与西裙配套特价80元等。

(2) 变价注意要点，一是制订计划，如张贴宣传海报、更换价格标签；二是选择时机，变价要选择合适时间，通常选择一些重大节日，如国庆、元旦、圣诞及春节前夕等日子。

5. 其他相应的营销策略

(1) 开张酬宾。当一切都准备完之后，就要择日开张了。开张当天为吸引顾客，举行一些促销活动是少不了的，促销活动不外乎打折、赠品及免费加香服务。

(2) 建立忠诚顾客档案，给不同的顾客提供个性化服务，争取更多的回头客，让其介绍更多朋友光临，并给予相应的优惠价。

(3) 网络销售。在各大论坛发帖宣传，在淘宝网上开一家网上店铺，将本店的服装远销市外。

(4) 信誉营销。商业上的诚信，说白了就是为了下一笔生意，为了更大的利润。如果你失去了起码的信誉，那么，失去的将会是你的店铺。

思考与讨论

请你结合本案例，用理论来分析该创业企业在市场营销过程中分别采用了哪些策略？有哪些亮点？你对该服装店的营销还有哪些建议？

实训项目二：制定营销策划书

根据下述营销策划书撰写的步骤和方法，为自己的创业企业撰写一份营销策划书。

营销策划书内容包括封面、目录、策划目的、营销环境分析、市场机会与问题分析、营销目标、营销战略、行动方案与机会等。

(1) 封面，标注策划书名称、被策划的客户、策划人名称、策划完成日期及本策划适用的时间段。

(2) 营销环境状况分析，包括市场环境和宏观环境两部分。

当前市场状况及市场前景分析包括：产品的市场性、现实市场及潜在市场状况；市场成长状况，产品目前处于市场生命周期的哪一阶段上，对于不同市场阶段上的产品，公司营销侧重点如何，相应的营销策略效果怎样，需求变化对产品市场的影响；消费者的接受性，要凭借已掌握的资料分析产品的市场发展前景。

产品市场影响因素分析主要是对影响产品的不可控因素进行分析，如宏观环境、政治环境及居民经济条件，如消费者收入水平、消费结构的变化及消费心理等，对一些受科技发展影响较大的产品，如计算机、家用电器等产品的营销策划中还需要考虑技术发展趋势方向的影响。

（3）市场机会与问题分析，首先要对产品目前的营销现状进行问题分析。营销中存在的具体问题，一般表现为多方面，如企业知名度不高、形象不佳影响产品销售；产品质量不过关、功能不全，被消费者冷落；产品包装太差，提不起消费者的购买兴趣；产品价格定位不当；销售渠道不畅，或渠道选择有误，使销售受阻；促销方式不对，消费者不了解企业产品；服务质量太差，令消费者不满；售后服务缺乏，消费者购后顾虑多等。

在此基础上，还要针对产品特点分析优、劣势，从问题中找劣势予以克服，从优势中找机会，发掘其市场潜力，通过分析各目标市场或消费群的特点，进行市场细分，抓住主要消费群作为营销重点，找出与竞争对手的差距，把握、利用好市场机会。

（4）营销目标，是在前面目的任务的基础上，公司所要实现的具体目标，即营销策划方案执行期间，经济效益目标达到：总销售量为×××万件，预计毛利×××万元，市场占有率实现××。

（5）营销战略包括营销宗旨、产品策略、价格策略和销售渠道四个方面。

营销宗旨，一般企业可以注重这几个方面：以强有力的广告宣传攻势顺利拓展市场，为产品准确定位，突出产品特色，采取差异化营销策略；以产品主要消费群体为产品的营销重点；建立点广面宽的销售渠道，不断拓宽销售区域等。

产品策略，是通过前面产品市场机会与问题分析，提出合理的产品策略建议，形成有效的“4P”组合，达到最佳效果。具体包括：产品定位、产品质量功能方案、产品品牌、产品包装和产品服务。

价格策略，如拉大批零差价，调动批发商、中间商的积极性；给予适当数量折扣，鼓励多购；以成本为基础，以同类产品价格为参考，使产品价格更具竞争力。

销售渠道，包括产品目前销售渠道状况如何，对销售渠道的拓展有何计划，采取一些实惠政策鼓励中间商、代理商的销售积极性或制定适当的奖励政策。

（6）行动方案与机会。

实训项目三：师生互动

师生共同讨论、总结或点评本章第一节的讨论主题。

附：

市场营销计划方案体会

我们通常将市场营销行为视为带动整个企业发展的火车头，而市场营销计划犹如火车的运行轨道，引导着企业始终朝着我们所预期的正确方向前进。

制订一份完整的市场营销计划方案，并且使方案真正适宜产品乃至公司的发展，需要根据公司现状、市场环境等多方面因素综合考虑。从以下几个方面谈谈如何制订市场营销计划方案：

一、内容摘要

内容摘要是整个方案的精神核心，在书写时要对整个方案的营销目标和有关建议简短地进行概述。摘要应把计划的中心描述出来，以利于大家迅速了解计划方案。

二、营销状况与环境分析

在营销状况和环境分析上，我们应从微观和宏观的两个角度去分析，目前绝大部分的营销人员缺乏从以上两个角度去分析市场环境。通过分析市场形势、产品情况、竞争形势、渠道情况、宏观环境等找出主要的机会点和问题点，寻找自己的优势，发现自己的弱点。

三、营销目标

营销目标是整个营销计划的核心，所有的营销计划都围绕着最核心的目标开展工作。整个营销计划方案应在明确所有的问题点和机会点后，作出与目标相关的最终选择，从而明确营销目标，为下一步工作的继续开展提供方向。我们在设定营销目标时还应考虑到整个财务目标，因为任何一个营销计划方案都离不开公司的资金支持。

营销目标的设定主要应考虑以下几个方面：①产品知名度提升；②价格、销售目标及市场占有率的提升；③渠道规划目标与拓展；④公司利润。

四、制定营销策略及行动方案

营销策略决定着营销目标能否完成。它是整个计划方案中的武器，主要由以下三大部分组成：

（一）目标市场

必须对方案中的市场进行细分，只有精心细分市场，企业才能合理地利用手中的营销资源针对不同市场进行分配和支持。

（二）市场营销组合

1. 产品策略

营销策划人员应选择一款针对性较强的产品作为活动的主要项目，产品必须有其个性鲜明的一面。在思考产品组合的问题上，应多了解当地市场，与大区销售人员进行充分沟通，切勿盲目规划产品组合。在产品策略方面一定要抓住消费者的心理，并根据五个产品层次进行反复论证。

2. 定价策略

营销计划方案中的产品定价策略，应主要以定价目的去考虑。定价目的分为以提升产品知名度和市场占有率为主，还是以完成挑战活动销售目标为主等多种情况。

3. 渠道策略

营销策划人员应以整个方案的营销目标为依据，根据整个营销计划时间的长短合理地设计渠道的长短。渠道策略应充分考虑公司现有的渠道运作情况，适当调整适合本次营销计划方案的渠道模式。

4. 促销策略

我们通常认为促销组合是市场营销中最复杂、最富技巧的一个环节。我们可以根据促销的方式、对象和目标来制定促销策略。常见的促销基本方式有：①人员促销；②广告投放；③销售促进；④公共关系。

我们可以把促销目标分为：①是否以传递产品的信息为目标；②是否以激发购买欲望为目标；③是否以建立产品形象为目标；④是否以扩大市场份额为目标。

但从企业整体的观点出发，我们往往会把上述四点全部列为促销目标，需考虑的是促销目标必须按步骤一步一步进行，才能达到促销的效果。

确定了促销方式和目标后，我们则需要考虑促销对象，针对促销对象主要有以下几种方式可以考虑：

(1) 针对营销人员的内部促销。

目的：调动员工积极性，激发潜能，创造佳绩，达成活动销量。

措施：设置销售竞赛奖励方案，提供学习、培训、旅游及晋升的机会等。

因为营销人员是整个营销计划方案中不可缺少的部分，所以将奖励内部员工列为促销对象的内容，以另外一种方式完成活动销售目标。

(2) 针对渠道的促销。

目的：促进对产品的认知理解，稳固并开拓网络，加快渠道终端出货进度，达成活动销量。

措施：设置销售竞赛奖励方案，树立渠道典型进行内部传播等。

(3) 针对现代通路的促销。

目的：提升品牌形象，提升在卖场的优势，达成活动销量。

措施：现代通路形象布置，门店公关联谊等活动。

(4) 针对消费者的促销。

目的：提升品牌形象，促进终端销量。

措施：在主流媒体以产品或新闻体育事件为切入点开展品牌形象事件促销活动，卖场开展买赠、折扣、抽奖等促销活动。

在制定好营销策略后，必须根据策略的要求制订行动方案，行动方案必须具体化，形成整套战术及具体的行动方式、行动时间和计划安排等，从而为方案的执行部门提供执行参考。

五、营销计划预算

在营销目标、策略、行动方案确定后，应与财务部门一同会商编制相关的预算书，当然在整个计划未出炉前应与财务部门提前沟通，这样能更好地为整个营销计划方案的编写提供帮助。

六、营销计划控制

营销计划的控制主要体现在对整个计划方案在实际执行的过程、进度等进行相关考核管理，这样才能在执行的过程中发现问题、解决问题。

在计划方案中应该提前做好应急预案和风险防范工作，为整个营销计划方案的顺利执行提供保障。

第十一章　创业企业财务管理与税收筹划

第一节　读创业故事的思考与讨论

[创业故事导读]

案例一：

南京仁杰电子公司的理财经

企业的生生死死是再寻常不过的事了，但能在风口浪尖上赚到钱的企业也不在少数。关键是决策正确。一提决策，好像是一个很大的项目，要慎重再慎重。其实，任何事情只要按照优秀的理念踏踏实实地做，成功就不是遥不可及的事。南京仁杰电子公司是南京电子一条街上一个不足20人的小企业，但它能在电子产品的激烈竞争下始终保持较高的盈利水平，与其财务理念有很大关系。

成本控制有张有弛

南京仁杰电子公司是一家成立于1995年的私营企业，注册资金300万人民币。该电子公司的经营范围是代理国内和国际品牌的通讯产品，属于商品流通单位，也负责对终端用户的安装。

成本控制是许多中小企业普遍重视的，但成本的节约应该是一种有取舍、有原则的节约。为了节约人员的开支，该公司对成本的控制采取了不同情况不同对待的方法。对于少量的终端用户安装业务，多采用临时聘请熟识的工程队；对于机器的日常小规模维护，则采用对业务人员进行普及技术培训的方法；针对高端机器的紧急修理则采取和上游厂商签订维护协议的方法。

中小企业应树立不断通过技术创新来降低产品成本的观念。以技术创新促进成本管理，从短期看，技术改造需要投入，开发新产品也需要投入，这都是增加成本的因素。但从长期看，不仅可以获得更大的效益，而且有利于争取竞争的主动权，它所带来的增利因素要大于其投入的成本因素。

人人参与财务管理

公司的财务部有4名会计。虽然公司的会计人员很少，但他们的财务工作却对整个公司的运作起到了强大的约束作用。南京仁杰电子公司推行的是“人人参与财务管理”的模式。在公司的走廊以板报的形式，由财务人员每天按照合同的具体条目更新现金回收状况。它的出现，引起了公司每个人的关注：业务人员经常来查对，讨论并通过它来跟进自己负责的合同的收款进度；主管也可以通过它来获得对二级经销商回款情况的估计。每个人都可以从这里获得重要的信息。在公司，应收账款在收回前只不过被看成是一项市场费用，如果还没有收到货款，就不能算销售已经完成，也没有客户满意度可言，当然也不会给相应的销售人员支付佣金。“人人参与财务管理”的模式，极大地调动了销售人员的积极性，杜绝了销售人员只管签订合同而不管实际收款的情况。

很多企业建立了销售收款责任制，销售人员不但要推销产品，还要负责收款，并把催讨货款与销售人员的奖金挂钩，这是防范应收账款风险的有效措施，但需注意激励和约束的平衡关系。如果企业的业务量较大，可以建立应收账款的计算机管理系统，利用计算机对客户实施适时监控。

重视存货管理

南京仁杰电子公司对每月的销量进行细致的统计记录，并设定了管理软件中的库存模式，一旦存货低于警戒线则立即补货。长期经营的经验使公司的存货占用资金的比例非常低。也因为他们的业务大体是订制的机器，所以和厂家的协调非常重要。该公司和长期合作的生产企业均有详细的协议。对于设置的付款比例是按照与买方合同的收款比例同步的，这样大大降低了由于付款时间差距引起的对现金大量占用的风险，也对厂家为机器设备安装期间提供的售后服务起到了一定的牵制作用。而对于小型设备突然出现的需求量浮动，他们采用向同行调货的方式实现，虽然比直接从供货商调货价高，但由于次数少，相比起来也比囤积大量库存占用流动资金要合算得多。

该公司规模不大，但却注重吸收先进技术，运用管理软件进行库存管理，在保证存货供应的同时，节约了存货上占用的资金。目前大多数的贸易类企业采取零存货的方式，按单订制直接供应给客户，避免了存货因价格变动导致损失的风险。也有很多企业实施企业流程再造（BPR）、企业资源计划系统（ERP），这些都是提高企业运转速度的手段。

思考与讨论

1. 南京仁杰电子公司成功的主要经验是什么？
2. 该公司的成功经验对你有什么启示？
3. 请谈谈创业企业财务管理的重要性。
4. 创业企业财务预算的作用有哪些？
5. 如果你准备投资一家企业，应该如何分析该企业的财务报表？
6. 怎样加强企业资产的使用效率？
7. 对现金的日常管理，你有哪些想法？

案例二：

通过税收筹划为企业节省税款

某公司2005年3月在北京注册成立，注册资金2 000万元人民币。该公司的主营业务是汽车租赁，年营业额达1 000万元人民币。按照5%的营业税率，该公司每年至少得交50万元的营业税；按照10%的租赁行业利率，该公司每年应缴纳33万元的所得税；加上每年约5万元的附加税，该公司每年应缴纳的总税额在88万元左右。

税收筹划解决方案：

(1) 通过安置下岗失业人员获得税收优惠。财税2002年208号文件规定，如果服务性企业安置下岗失业人员达到其员工总数的30%，可以免缴三年营业税、三年企业所得税和城建、教育等其他附加税种。该公司主营业务是汽车租赁，属于服务性行业，对招收员工的学历知识水平的要求不太高，完全可以招收一部分失业下岗人员作为员工。因此，如果该公司能够安置超过30%的下岗失业人员，就可以免缴三年的营业税、企业所得税及附加税。

(2) 通过安置退伍军人获得税收优惠。财税2004年93号文件规定，如果服务性企业安置军队退役士官达到其员工总数的30%，企业可以免缴三年营业税、企业所得税和其他附加税。因此，如果该企业租赁公司能够依此招收部分军队退役士官作为其员工，就可以在三年内免缴营业税、企业所得税和附加税。

思考与讨论

1. 结合案例分析税收筹划给企业尤其是新成立企业带来的好处。
2. 试分析税收筹划和避税的区别。

第二节 创业企业财务管理

一、创业企业财务管理贵在有“道”

创业企业财务管理是创业企业对其资金的获得、积累、分配、支出等进行规划、核算和监察等工作的总称。所有创业企业都需要严格的财务管理，创业企业要想生存发展，都必须管好钱，算好账。创业企业的财务管理至关重要，因为开店创业的目的就是为了赚钱，如果不能抓住财务这个关键，就有可能前功尽弃，或者只出力，没有效益和利润。更为麻烦的是，财务管理并不是轻而易举就能做好的，这需要创业企业经营者付出更多的精力和时间，付出更大的努力。创业企业财务管理的关键是要找到其中的“道”，也就是关键和窍门。

1. 一定要做好财务规划

据有关部门研究，国内个人自行创业开店存活两年以上的不到30%，即70%的个人企业或个人创业企业会在两年内倒闭。在这些失败的创业企业中，有一大部分失败的原因来自财务上的问题。

通常而言，较小的创业企业很少对店里的财务作整体的规划。在开店前，创业企业经营者很少会预估营业额，也不拟定年度预算和销售计划，因此在成本和利润的控制上往往不得要领，常常是只注意到现金的盈亏，却不知实际收支上的盈亏。例如，有一家小服饰店，店主一直觉得小店生意很好，每天都有现金盈余，所以每个月都慷慨地给店员发奖金。但年终一结算，却发现亏损不少。探究其中原因，原来是未将当初投入的设备和人力（店主本身的薪资）费用算进成本。

由此可见，财务规划是企业经营的重头戏。规划周到，理财有方，才能以钱生钱，才能扩大创业企业规模，获取更大的利润。

2. 必须明白创业企业财务管理的目的

轻视和盲目是创业企业财务管理的大敌，也是创业企业出现问题的重要原因之一。一般而言，财务管理要达到以下三个目的：

（1）积累创业企业发展所需的资金。为了创业企业的发展，就要通过有效的财务管理来筹集发展资金，广辟财源，增加资金积累。筹集发展资金最有效的方法是增加营业收入，而增加营业收入的途径是提高经营水平、保证商品质量、增加服务项目等。

（2）获得利润。对开店而言，只有不断获利，才有存在的价值。通过增加营业收入、控制成本才会获得更多的利润。

（3）达到收支平衡。财务管理可以使创业企业能够以收抵支和偿还到期债务。只有这样，创业企业才能持续经营，否则就要亏损甚至破产。

3. 熟悉创业企业财务管理的原则

熟悉原则才能使管理更轻松自如，所以，绝不能忽视创业企业财务管理的基本原则。创业企业财务管理一般应遵循以下原则：

（1）预测原则。财务预测是指根据创业企业经营活动的历史资料，结合创业企业的现实情况，对创业企业未来的财务状况作出预计和估算。财务预测是财务决策的依据，是编制财务计划的前提，也是提高创业企业经济效益的手段。财务预测主要有定性预测和定量预测两种方法。

（2）决策原则。财务决策是财务管理的核心，是指为了实现财务目标，根据财务预测，从多个管理方案中选择最优管理方案的过程。决策的正确与否，与创业企业的兴衰关系极大。决策正确，可以保证创业企业的经营活动建立在高效率和高效益的基础上，使创业企业在激烈的竞争中立于不败之地，否则，创业企业的生存和发展将面临危机。

（3）计划原则。财务计划是在一定时期内以货币形式综合反映创业企业资金运转和经营成果与分配的计划。它包括平稳法、因素法、比例法、定率法、定额法、趋势计算法。

（4）控制原则。财务控制是指在经营过程中，以计划的各项定额为依据，通过一系列措施，对财务活动进行监控和审核，以实现财务目标。主要有事前控制、事中控制、事后控制等方法。

（5）分析原则。财务分析是以创业企业的会计资料为基础，对创业企业的财务状况和经营成果进行分析和评估。财务分析是对创业企业一定期间内经营活动的总结，可以为创业企业进行下一步的财务预测和决策提供依据。

4. 掌握创业企业财务管理的技巧

要想真正管好创业企业，经营者还要掌握一些财务管理的技巧。

（1）合理控制创业企业财务开支。要想使创业企业的财务管理顺畅自如，一个最基本的办法就是要合理控制创业企业的运营成本。创业企业应对每个月的经营支出列出明细并进行分析。作为创业企业经营者，对创业企业费用支出的控制要从员工工资、人事费用、固定费用支出、变动费用支出四个项目入手。通常而言，创业企业应把握以下五个要点对经费开支进行控制：

①店员薪金总额不得超过经费的50%。

②经费与销售总额之比要在15%以内。

③人事费用与销售总额之比要小于6%。

④固定费用占总经费之比应维持在85%以上。

⑤变动费用占总经费之比应为15%。

（2）要合理避税。我们在此强调的是在合法的前提下避税。合理避税是纳税筹划的一种形式，它是指纳税人依据税法规定的优惠政策，采取合法的手段，最大限度地采用优惠条款，以达到减轻税收负担的合法经济行为。税法的规定会对偷税、逃税和漏税行为给予严厉的打击，所以创业企业应该严格依法行事，积极纳税，不要因偷税漏税而得不偿失。

财务管理可以使表面杂乱无章、千头万绪的创业企业生意变得条理清晰，还可以防止创业企业经营中的各种弊端。管理好创业企业的财务是创业企业发展壮大的基础。财务管理必须要严格，制定并严格执行有关的财务制度，是创业企业规范化管理的一部分，也是创业企业生存发展的有力保障。

二、要制定严密的财务制度，不要让他人有机可乘

创立企业要涉及大量的财务问题，包括日常的销售收入和各项经费支出。作为经营者要建立一套完善严密的财务制度，有序地进行财务管理。如果自己不懂可聘请财会人员。

创业企业的财务管理制度可大体分为三大类：记账管理、财务核算管理、资金管理。

1. 记账管理

记账管理就是账本管理制度，即对创业企业收入和支出的钱、物进行登记。可在会计用品店买到账本和创业企业会计登记表。每日认真记账是做好账本管理的关键。从某种意义上说，一些小店的生意非常简单，每日的收入和支出金额都一清二楚，而且，其中大多是现金收入。因此，这样的创业企业记账方式很简单，故可以做到日清日结，把每天的收支情况在当天记录整理好。

如果认为金额较少，拖延两三天再记账也无关紧要，那么就会在不知不觉中养成不及时记账的习惯，拖延至一周记一次账，甚至一个月记一次账，这样便会因无从知晓创业企业资金的来往情况而影响工作。

因此，当天的工作应在当天总结整理，这样无论多么细小的情节都能回想起来。如果将工作累积至一周或一个月后再作总结、整理，则很多细节早已忘到九霄云外，一旦出现问题，就不好处理了。如果是财务记账有误，以致不得不缴纳多余的税金，对创业企业来说更是雪上加霜。记录一天的账目不需要太多的时间，所以千万不要因为舍不得这一点时间而给创业企业带来更大的麻烦。除了及时记账外，还应该对账目及时进行整理统计，制成一览表，存档备用。

2. 财务核算管理

财务核算管理是对创业企业经营活动的过程和结果以货币为单位进行计算和统计，然后编制出具有一定格式的会计报表。通过这些会计报表了解创业企业的经营情况、评价经营和出现的问题，是经营者决策的重要依据。所以，财务核算制度一定要严格。

（1）成本费用的组成。一家创业企业的成本费用基本由以下费用组成：人员工资、房租、设备费用、水电费用、库存商品费用、应收账款、广告宣传、促销费用、杂费、损耗。

以上费用可以分为固定费用和可变费用。固定费用包括房租、设备费用等，其他属于可变费用。有效控制成本费用，需从可变费用着手。

（2）有效控制费用的措施。在创业企业的成本核算中，一般人员费用所占的比率最高，往往会超过月营业额的6%。创业企业经营者应该重点关注员工的作业安排表，将人员灵活

调度，从而产生最高的工作效率。

对于水电费用、杂费等，采用节约原则，如减少不该有的照明，或者办公用品集中采购等，以节约部分杂费。夏天，一些创业企业将空调的温度调至十几度，不仅顾客一进门就觉得冷，还浪费电，店员在这样的环境待久了，一旦进入室外炎热的场地，极易感冒，影响工作与健康。还有些创业企业，夏天开着空调，大门洞开，一方面冷气向外涌，一方面外面的热气往里灌。这种情况下，可以在门口挂上透明的帘子，一方面可以防止室内外空气的对流，另一方面也方便顾客的出入。

合理控制库存商品，尽量减少资金占用。合理的库存可以提高门店的盈利率；库存太少，将增加商品的采购费用；而库存太多，不仅占用大量的资金，而且会产生更多的仓储保管费用，甚至因为商品销售不畅而造成大量的商品损耗。创业企业经营者可以利用“库存/销售比”的计算公式来帮助预算出某种商品的合理库存。

广告及促销费用要精打细算，有些广告促销用品要反复利用，或者亲手制作，以节约费用。

避免不合理损耗即根据商品的特质来避免不合理的损耗。例如，食盐类产品怕潮湿，因此不要挨近地面存放，或者靠近生鲜冷冻食品存放。有时商品接近保质期时，要果断降价促销，以避免更大的损失。

3. 资金管理

资金管理是建立一定的制度确保资金合理、安全地运用，有计划地周转资金，使创业企业的经营正常进行。

（1）现金收入的管理制度。创业企业的现金收入管理，主要就是收银管理，其在创业企业管理中非常重要。收银员是顾客服务链中极为重要的环节，对顾客是否再次光临有重要的影响。因此，万万不可轻视收银管理。具体的收银制度如下：坚守岗位，不得空台，做到热情服务，态度和蔼，语言礼貌，坚持唱收唱付；收银须严格按照程序操作，不得出错，并备好充足零钞，不因短缺零钞而走失生意；熟悉业务，提高辨别假钞能力，发现假钞及时处理，收到假钞由当事人负责赔偿，下班前收银员将当天收到的每一笔货款如实输入收银机内，在结账时累计实收必须与输入收银机内的款项相符。严格遵守现金管理制度，做到当天款项当天清。

（2）现金管理制度。绝大多数顾客是通过现金与创业企业进行交易的，因此完善现金管理制度是创业企业财务管理的重要项目。创业企业经营者可以将现金管理的重点落在清点、安全两个方面。

①现金的清点及结算。现金由收银员与老板在指定地点、指定时间面对面清点清楚，并填写每日营业收入结账表，由收银员与老板签名确认。

有这样一个真实的故事。工作结束后，一家创业企业的收银员将一日的营业收入交给老板，老板随手将钱放在柜子上，然后离开房间大约20分钟。当然，这时包括收银员在内的全体员工还留在店内尚未回家。老板工作繁忙，收当天的营业收入已成为每天的例行工作，因此，很多时候，老板收到钱后并未留下深刻印象。不幸的是，就在这短短的时间内，小偷溜进了老板的办公室，将营业收入偷走了。

20分钟内房门大开，内无一人，可是对于忙碌的老板来说，这段时间只相当于两三分钟。当老板发现钱不见了时，他大吃一惊，转念一想：“哦，今天的营业收入还没交给我，我还以为放在柜子上。”于是，老板来到店内问收银员：“今天的营业收入呢？”“我刚才交给您了。”“没有，我没有收到。我每次都把钱放在柜子上的，现在柜子上没有……”最后，小偷被抓获，在警察局坦白了一切犯罪事实后，双方的误会才得以消除。

因此，为了避免此类现象重演，交接现金时，收款人必须签名画押，写上收款日期。

②现金的安全措施。为了现金的安全，创业企业至少要配备一个保险箱，用于存放当日现金或过夜营业款，保险箱要由老板亲自保管。如果要到银行存款，最少要有 1 人陪同老板前往，以防路上出现意外。

三、严格执行，奖惩分明

要确保每个员工理解每一项财务制度，并在实践中坚决予以贯彻执行。如有任何问题出现，应追查责任，并予以及时处理。

四、要公私分明

作为创业企业老板，可能会想创业企业都是我自己的，还有什么我不能用、不能管的呢？如果有这种想法你就错了，因为许多创业企业经营混乱的财务状况，在很大程度上与老板公私不分有直接关系。本来创业企业的现金周转、利润水平都处于相对理想的状态，但老板个人的高消费足以严重影响创业企业的财务状况。老板的日常消费如果完全由创业企业按需供应，一定会增加创业企业的营业费用，比同业者多了一笔成本，势必会削弱自己的竞争力。解决老板无“收入”的问题，使其公私分开的方法很简单，就是自己给自己开一份适当的月工资。

总之，应制定完善的财务管理制度，并严格执行，从而尽量减少创业企业运营过程中的不可预计因素，以保证创业企业的正常运营与发展。

五、宁愿少赚，也不要赊账

对于创业企业的人来说，赊账是经常遇到的棘手事。因为赊账的一般是熟人，不赊可能会得罪顾客；赊账太多，又会占用资金，影响资金周转，还有可能形成“死账”，甚至导致创业企业倒闭。

[案例]

张先生和妻子都是四川人，到东莞打工两年了。后来，他看到身边有很多老乡习惯吃辛辣的食物，两人回家一合计，决定开家小炒店专做川菜。于是，他俩向亲戚朋友借了两万多元，在一家工业园区附近找了两间房，简易装修了一下就开张了。

小炒店开张后，生意不错。但有的老乡喜欢赊账，张先生抹不下面子就同意了。不料，开店还不到两个月，账本上就有了近 6 000 元的欠款，最多的一个老乡欠了 600 多元。

没想到有些人趁机占小便宜，欠了钱后不还。

刚开始碍于情面，张先生不好意思要账，直到店里资金周转不开，夫妻俩才决定去要。他们找到老乡所在的工厂，才知道一些老乡已经换工作了，有一些老乡借口还没发工资，没钱还。

后来，张先生又去过两次，也没要回多少钱，最终他被迫关门。

张先生夫妇因赊账而关门，真是太可惜了。因此，从稳健经营的角度来说，宁愿少赚点，也不要赊账。当然，任何事情也不是绝对的，关键是要根据具体的情况灵活处理。

1. 不能靠赊账拉生意

靠赊账拉生意是非常危险的经营方式。因为人和人不一样，诚信度也不一样，你以诚待人，但是不能保证和你打交道的人都是讲诚信的。坚持不赊账，虽然一开始时，生意可能会受到影响，但时间长了，顾客看你卖的东西货真价实，服务又好，也就会慢慢接受了。

2. 没有把握的账不能赊

有时候，到了万不得已需要赊账时，也要有很大的把握。赊账的顾客一定要是非常熟悉的，要知根知底，了解其信誉度，而且要设定赊账金额的上限，只要超过上限，无论如何都要结账。赊与不赊的关键问题是能不能按期收回资金。所以，要赊就必须有收回来的把握，不可靠的事情宁愿不做。遇事要多设想一下后果，不能因为贪图眼前利益而吃了大亏。

3. 赊账要注意方式方法

每个店都有自己的经营手段和吸引顾客的方法，赊账就是其中的一种。但赊账要分清对象，注意方式方法。在两种情况下可以考虑赊账：一是买东西的人是老顾客，赊欠的金额不大，又是在急用的情况下；二是顾客是熟识的人，而且是第一次来店里买东西。而对于不讲诚信的人绝不能赊，不要觉得面子上过不去，要坚持原则。对于没能及时还账的顾客要善意提醒，同时要注意千万不能因催要欠款而让顾客心生反感。只要你坦诚地把话说开，顾客一般也会理解。

赊账是把“双刃剑”，用好了，可以巩固和发展好客户群，增加经济效益；用不好，可能会影响资金周转，从而使经济利益受损。因此，创业企业经营者一定要慎重对待赊账问题，即使因实际情况需要赊账，也一定要在时间上、金额上把握好度，这样才能把赊账风险降到最低。

六、开源节流，勤俭持店

开店经营大部分是小本经营创业，所以，节约成本是至关重要的问题。如果大手大脚，铺张浪费，增加不必要的开支，就会很快消耗有限的资金，出现财务危机。

精打细算与节约是做生意必备的两点。要做到精打细算，就要从许多细节上入手。如开店初期，经营中不会有太大的旺季，许多事情可由店主自己干，这样可以精简大批人员、降低成本。有些店必须雇人的，则要充分利用每个人，合理安排人力资源，使成本降到最低。

对于降低筹资的成本，个人独资与合伙出资则要安排好总出资额，要以最佳的配置出资，以达到最好的效果，不能一味追求降低成本，筹资不足，很有可能造成将来的经营失败。

1. 尽量简化作业流程

创业企业要尽量精简人力和各种作业流程，整个作业流程要简化，使各种成本、人事费用降低，而且最好一个人能身兼数职，如外场服务员兼清洁员，老板兼服务员、接待员，甚至是出纳员，内部的作业还要精简、快速。

2. 尽量开源节流

一家创业企业刚开始经营时，赚的是蝇头小利，因此应努力提高营业额。如果一个月开店 25 天，每天营业额多出 200 元，那么一个月就多出 5 000 元；如果能努力多招来顾客，每天多 5 位顾客，每人消费 50 元，每天就多出 250 元的营业额，如果每天多 10 位顾客，那么每个月业绩就多出上万元。一家创业企业的成败在于点点滴滴的小细节上，经营创业企业绝对不能“大而化之”，绝对要斤斤计较，处处精打细算。

各种费用当然也要尽量能省则省，如夏天的电费，常常是非常惊人的，如果在高峰时间，尽量减少冷气用量或把温度控制在26℃，室内温度达26℃以上时才开空调，那么一家营业面积为25平方米的创业企业一个月可能就会省下好多电费。其他费用也是一样，如水费、电话费、其他杂费等，能省则尽量省。另外，最重要的是进货成本和库存的控制，如果能使进货成本减少，即使是3%～5%，都可以使成本减少，利润增加不少。还有，库存的控制也要精打细算，不能囤积太多库存，一来积压资金，二来库存太久会使商品不够新鲜。每个月努力使业绩增加1万元，假如可以使净利增加4 000元，每月节省开销4 000元，这样子加起来，每个月的收入就多了8 000元，对一家创业企业来说，每月增加8 000元收入，真的是一笔不小的收入。

3. 老板亲力亲为

创业企业经营之盈亏只在一念之间，每个细节都要精打细算。如果经营者不亲力亲为，一切管理及运作都任由聘用员工为之，那么工资支出就会增加很多。只有经营者亲力亲为，因为是自己的事业，才会一点一滴地省下各种成本，一点一点地努力去拼业绩。况且一家创业企业本身就没太多利润，人事费用能省就省，自己亲力亲为，不但可以赚取自己的一份薪水，更可以节省其他没有效益的人事费用。

开店创业成功不一定需要大资本，小资本也可以成功，但是最重要的是要用心经营，流程要简单化，成本要精打细算，老板要亲力亲为，注意每个细节，尽量缩短回收期，用心经营……这是开店的成功之道。

七、做好创业企业财务指标分析

创业企业的经营状况是否良好，可以通过财务指标的变化看出来。因此，作为创业企业的经营者，就需要掌握分析财务指标的方法，通过分析财务指标，了解创业企业的经营状况，提高盈利能力，规避经营风险。

1. 熟悉财务报表

财务分析的基础工具是企业的资产负债表和损益表。这两张报表囊括了企业的财务状况对经营业绩的影响。作为创业企业经营者，要能看懂这两张报表，并能从中发现经营中存在的问题。

（1）资产负债表。资产分为流动资产和长期资产，负债分为流动负债和长期负债。资产负债表通过显示资产和负债的比例，可以反映出创业企业的经营效率。

（2）损益表。损益表反映出创业企业是否赚到利润。它由销售收益、成本、费用三部分组成。通过对损益表进行细致的分析，可知有许多方法能改进创业企业的盈利经营情况：

①增加销售额，但是要确保不要同比例地增加销售成本或营业费用。

②降低营业费用，但是要确保不要同比例地减少销售额或同比例增加销售成本。创业企业经营者要分析不同时期各种费用增长或减少的原因，不要仅仅简单地靠增加销售额来改善创业企业的经营情况。

2. 分析各种财务指标

创业企业经营者了解了资产负债表、损益表两张基本的财务报表之后，还要通过各种财务指标计算公式来具体了解创业企业的盈利水平、费用成本等具体的财务状况，以便根据情况作出对策。

（1）毛利率。

毛利率是指毛利额与营业额的比率。它反映的是创业企业的基本获利能力。其计算公式为：

毛利率＝毛利额/营业额×100%

毛利率的参考标准为16%～18%以上。

（2）营业额达成率。

营业额达成率是指创业企业的实际营业额与目标营业额的比率。其计算公式为：

营业额达成率＝实际营业额/目标营业额×100%

营业额达成率的参考指标为100%～110%。

（3）营业费用率。

营业费用率是指创业企业营业费用与营业额的比率。它反映的是每一元营业额所包含的营业费用支出。其计算公式为：

营业费用率＝营业费用/营业额×100%

该项指标越低，说明营业过程中的费用支出越小，创业企业的管理越高效，获利水平也越高。营业费用率的参考指标为14%～16%以下。

（4）净利率。

净利率是指创业企业税前实际净利与营业额的比率。它反映的是创业企业的实际获利能力。其计算公式为：

净利率＝税前实际净利/营业额×100%

净利率的参考标准为2%以上。

（5）净利额达成率。

净利额达成率是指创业企业税前实际净利额与税前目标净利额的比率。它反映的是创业企业的实际获利程度。其计算公式为：

净利额达成率＝税前实际净利额/税前目标净利额×100%

净利额达成率的参考标准为100%以上。

（6）流动比率。

流动比率表明创业企业是否有能力用流动资产偿还流动负债。例如，流动比率为2∶1，被认为是安全的比率，表明该创业企业可以用2元的流动资产偿还每1元的流动负债。如果流动比率小于1，即流动资产小于流动负债，则意味着该创业企业的现金入不敷出，离破产不远了。其计算公式为：

流动比率＝流动资产/流动负债

（7）速动比率。

当创业企业的流动资产被大量的存货所占用时，就需要用速动比率来检测创业企业偿还流动负债的能力。速动比率用来说明创业企业可以马上转化成现金用来偿还流动负债的能力。对于创业企业，将大量的现金压在货物上是不明智的行为。其计算公式为：

速动比率＝速动资产（现金＋应收款）/流动负债

（8）营业额增长率。

营业额增长率是指创业企业的本期营业额同上期相比的变化情况。它反映的是创业企业的营业发展水平，其计算公式为：

营业额增长率 =（本期营业额 - 上期营业额）/上期营业额 ×100%

通常而言，营业额增长率高于经济增长率，理想的参考标准是高于经济增长率2倍以上。例如，去年的经济增长率为8%，则营业增长率应该达到16%以上才算合格。

（9）营业利润增长率。

营业利润增长率是指创业企业本期营业利润与上期营业利润相比的变化情况。它反映的是创业企业获利能力的变化水平。其计算公式为：

营业利润增长率 =（本期营业利润 - 上期营业利润）/上期营业利润 ×100%

营业利润增长率至少应大于零，最好高于营业额增长率，因为这表示创业企业本期的获利水平比上期好。

（10）每平方米销售额。

每平方米销售额是指创业企业单位卖场面积所负担的销售额。它反映的是卖场面积的有效利用程度。其计算公式为：

每平方米销售额 = 销售额/卖场面积

不同类型的商品所占的面积、销售单价、周转率不同，其每平方米销售额也不同。

（11）人均劳效。

人均劳效是指创业企业的销售额与员工人数的比值。它反映的是创业企业的劳动效率。其计算公式为：

人均劳效 = 销售额/员工人数

如果创业企业的人员越少，销售额越高，则人均劳效越高，劳动效率就越高。

（12）总资产报酬率。

总资产报酬率是指税后净利润与总资产的比率。它反映的是总资产的获利能力。其计算公式为：

总资产报酬率 = 税后净利润/总资产 ×100%

总资产报酬率的参考标准为20%以上。

（13）总资产周转率。

总资产周转率是指创业企业的年销售额与总资产的比值。它反映的是创业企业的总资产利用程度，其计算公式为：

总资产周转率 = 年销售额/总资产 ×100%

该项指标越高，说明总资产的利用程度越好。

（14）盈亏平衡点。

盈亏平衡点是指创业企业的营业额为多少时，其盈亏才能达到平衡。其计算公式为：

盈亏平衡点时的营业额 = 固定费用/（毛利率 × 变动费用率） ×100%

毛利率越高，营业费用越低，则盈亏平衡点越低。一般情况下，盈亏平衡点越低，表示该门店盈利越高。

八、努力避免财务危机

资金是创业企业的命脉，是创业企业生存与发展的基础。但很多创业企业的老板不懂财务，也没有经常查看财务报表的习惯，或看了也看不懂。他们只在年终或创业企业出了重大财务问题时，才关心财务报表。但有些创业企业的老板不是把财务一把抓就是会计、出纳一人包办。虽然压缩了人员成本，方便了财务进出，却加大了各项不确定性风险。

一般来说，造成创业企业财务危机的原因有以下四种：

1. “以短支长”，造成财务危机

企业发生周转不灵的财务危机，大多是将借贷来的短期资金移作长期使用，犯“以短支长”的资金运用禁忌。

要避免犯“以短支长”之错，创业企业所需购买设备的资金，宜采用长期负债或自有资金来支付，而日常营运所需的成本费用、应付淡旺季变化或季节性变动所需的成本，则应采用短期借款来支付。妥善规划可动用资金额度的调度，充分掌握资金及现金流量管理，才能发挥最有效的资金配置，创造出企业最大的投资收益，也才不会发生因扩充过速、突发事件或因经济不景气的影响，导致资金周转不灵的财务危机，进而导致企业倒闭。

2. 过度负债，导致财务危机

适度负债，创业企业可以获取财务标杆利益，但过度负债则会使创业企业的支付能力变得极为脆弱，甚至发生支付危机。偏高的负债一方面会弱化创业企业的支付能力，隐含着财务危机。一旦信用链条上某一环节出现故障，必然会出现财务危机。要避免过度负债，就要做好财务预算，增加盈利，拓宽筹资融资渠道，避免债务过于集中。

3. 内部财务管理混乱，造成财务危机

创业企业财务管理制度不完善，在资金管理及使用、利益分配等方面存在权责不明，造成资金使用效率低下，或者由于财务制度的漏洞，造成资金流失严重，资金的安全性、完整性无法得到保证。

要避免这一点，就要完善和严格财务管理制度，杜绝各种漏洞，不给他人留可乘之机。

4. 预算失误，现金断流，造成财务危机

每年因为资金周转不灵而倒闭的企业应不在少数，其中有些企业的经营状况和业绩成长都不错，却因无法应付短期资金支出而面临顶让创业企业的地步，把努力的成果拱手让给他人，相当可惜。

一家会赚钱的店，如果手上没有足够的周转资金（企业营运后每月固定支出含店租、工资、货款、水电费、电话费、还款本息等）和现金流量，就表示这家店的经营管理有问题，也许企业赚到的都是库存，其财务状况不佳，也就容易发生资金周转不灵变成关门大吉的短命公司。

所以，创业者特别是需向银行借贷的创业者，一定要未雨绸缪，也就是准备好周转金，或者有一条可立即筹到足够周转金的借贷渠道，让自己随时保有一段应变缓冲期，以应付因意外、特殊状况所产生的无法预知的财务危机。

很多创业企业都是败在资金链的断裂上，我们当以此为鉴。资金就像血液一样，是维持一个创业企业正常运转与发展的根本，时刻保持财务状况的健康非常关键。赚钱重要，而管钱更重要，不仅要有赚钱的能力，更要有管钱的能力，这样创业企业才能健康持久地发展。因此，企业要不断加强财务管理，想方设法避免财务危机的出现，以保证创业企业顺利地经营下去。

第三节　创业企业的税收筹划技术

一、企业税收筹划的概念与方法

（一）税收筹划的定义与作用

税收筹划也叫纳税筹划，是指在符合立法精神的前提下，纳税义务人、扣缴义务人利用税法的特定条款和规定，借助一定的方法和实现技术，通过对经营活动、投资活动与理财活动的周密安排，实现降低纳税成本和纳税风险的活动。

税收筹划在西方国家是一个家喻户晓的名词。在美国，一般大公司的经营活动首先要充分考虑在税收上作一些安排，并进行详细的税务分析，进而为企业选择一个最节税的方案。随着经济全球化的迅猛发展，我国由于纳税风险、税收制度的多变及税收筹划知识的广泛传播等因素的存在，税收筹划越来越被智慧的企业家们所接受。税收筹划正走向经济前台，成为企业赚钱的新渠道。

［案例］

通过税收筹划为企业节省税款

湖南某公司是一家产品全部出口的生产型外资企业，享受税收优惠政策（免二减三）后已经恢复征税两年。由于业务迅猛增长，2003 年，公司董事会决定投资 2 000 万元购置一条生产线以扩大生产规模（其成立时核定的投资总额已经用完）。该公司就如何进行税收筹划咨询了税务顾问，通过实施税务顾问提供的税收筹划解决方案，该公司节省税额 1 864. 52 万元。

税收筹划解决方案如下：

（1）先用税后利润转增注册资本，并申请增加投资总额。

（2）由该公司的外国股东向主管税务机关申请再投资退税。

（3）对供应商提供的生产线进行性价对比，在国内厂商与国外厂商提供的产品性能与价格接近并且都能符合生产要求的情况下，选择国内厂商生产提供的生产设备。

税收筹划方案依据如下：

（1）外资企业中，外国股东利用税后利润转增资本，可以享受再投资退税优惠。该公司是外资企业，如果该公司用税后利润转增注册资本，并由外国股东向主管税务机关提出申请，那么，该公司可以享受再投资退税政策，公司可以获得税务机关返还的前两年已经征收的税款。

（2）采购国产设备可享受国产设备抵免所得税政策。如果该公司购买国产设备，那么，价款的 40% 可以申请在当年及以后年度共计 5 年，从购置前一年度新增的企业所得税中抵免；另外，该公司购置的生产线的增值税也可以申请退税。

以上案例反映出，企业进行有效的税收筹划，能够节省大量税款。

（二）税收筹划与避税的区别

避税，是指纳税人利用税法规定上的漏洞、不足和缺陷，在纳税前采取合乎法律规定的方法规避或减轻税收负担的行为。避税不符合国家的立法精神，但不违法，国家用反避税措施对其加以限制；而税收筹划符合国家的立法精神，受国家的保护和支持。

税法存在漏洞，但其中的漏洞有时很难被纳税人找到并利用。要找到税法的漏洞，纳税人需要花很长的时间研究税法。逃税和税收筹划的区别见下表：

逃税和税收筹划区别表

	利用依据	国家对其态度	风险大小
逃税	利用税法漏洞	采取反避税措施	大
税收筹划	利用税法差别	保护支持	小

（三）税收筹划“五步排查法”

企业的税收风险，源于对纳税的管理。许多企业忽视对纳税的科学管理，以至于对企业日常的纳税工作流程缺乏评估和有步骤的排查，导致税收风险的存在。税收筹划“五步排查法”是对企业纳税情况进行排查的有效方法。

1. 纳税政策识别与评估

国家税务主管机关会经常对税收政策进行调整，缺乏税收政策接受程序与评估程序的企业，不仅不能深刻理解新出台的税收政策，甚至不了解相关税收政策已经发生了变化。因此，如果企业没有建立起有效的税收政策识别和评估程序，就无法进行有效的税收筹划。

2. 纳税内控制度的建立与流程设计

企业要进行成功的税收筹划，必须建立完整的涉税内控制度。如企业对外签订合同或进行重大营销激励政策调整时，必须经过严格的企业内部税务审核程序。

3. 纳税风险的监测与评估

完整的企业纳税风险监测和评估系统应该内外结合，即企业内控制度与外来监测相结合，以弥补企业内控制度可能存在的缺陷。在税务主管机关查账之前，企业不仅要进行自我审查，并且有必要定期对财务和纳税状况进行审查，杜绝纳税风险给企业造成税款损失。

4. 最优纳税方案的设计

国家税收政策经常会进行调整，因此，在随时关注税收政策变化的同时，企业要有针对性地进行最优纳税方案设计，即不断完善自己的纳税方案。

5. 税企争议的处理与协调

由于纳税问题比较复杂，因此企业与税务主管机关出现争议的情况时有发生。在争议情况发生时，企业有必要外请专业机构，如专业税务师事务所或专业税收筹划事务所，为企业提供建议，以有效地处理税企争议。此外，企业还要注意提供更多的证据。

二、三大主导税种的税收筹划

（一）增值税税收筹划

增值税是我国税制改革后的一个主要税种，因此也是企业进行税收筹划安排的主导税种。增值税的税收筹划，实际上就是利用税收筹划的基本原理，结合增值税的相关政策，寻找筹划空间的过程。

1. 从增值税计算公式中的内嵌要素入手

就增值税进行税收筹划，首先应该从增值税计算公式的内嵌要素入手，找到税收筹划的空间。增值税应纳税额的计算公式如下：

应纳税额 = 销项额 × 税率 - 进项税额

销售额、税率和进项税额是增值税计算公式中的三个内嵌要素。在三个内嵌要素中，税率由国家税务主管机关制定，一般而言比较固定，对于企业来说没有太大的筹划空间。企业进行筹划的重点是销售额和进项税额。

(1) 筹划销售额。进行税收筹划时，要从特殊政策入手，许多特殊政策就是围绕价外费用来制定的。如符合条件的代垫运费不属于价外费用，可以不并入销售额征税；自来水公司代收的污水处理费不属于价外费用，可以不并入销售额征税。此外，手机专卖店在销售手机过程中代办的入网费用和话费储蓄所发生的费用，同样不属于价外费用，不缴纳增值税。

[案例]

筹划价外费用

四川的白酒生产企业习惯于通过专卖的方式销售白酒，企业把产品销售给专卖店，允许专卖店使用酒厂的品牌。通过这种销售方式，企业从专卖店既收取产品货款，也收取品牌使用费。2002 年之前，一般认为价外费用仅包括延期付款利息、奖励费及包装物租金等，品牌使用费并不属于价外费用。因此，这些企业把品牌使用费按照营业税缴纳税款，不缴纳增值税款，从而实现了税款的节省。

(2) 进项税额。对增值税进行筹划的另一个角度是进项税额：国家税务主管机关希望能够把进项税额控制在一定的范围之内，不能由纳税人随便多抵扣；而纳税人希望提高可抵扣的范围以增加进项税额，从而减少要缴纳的税款。

[案例]

筹划进项税额

一家汽车修配厂被税务主管机关认定为一般纳税人。在其所购买的零部件中，一部分能够取得增值税进项税额发票；另一部分由于是从散户处买来的，只能够取得普通发票。该厂如何才能够尽量减少税款？

税收筹划专家建议该企业设立两个修配厂，取得两份营业执照，一份营业执照是小规模纳税人身份，另一份营业执照是一般纳税人身份，且两厂距离不要太远。凡是能够取得增值税进项税额发票的材料采购，由具有一般纳税人身份的修配厂记账；只能够取得普通发票的材料采购，由具有小规模纳税人身份的修配厂记账。同时，修车的客户也由两个修配厂分别接待。索要增值税专业发票的工业企业、商业企业客户，由具有一般纳税人身份的修配厂接待；而只索要一般发票的客户，由具有小规模纳税人身份的修配厂接待。由于一般纳税人和小规模纳税人缴纳增值税的方法不一致，因此，企业可以进行分类管理，从而使整体税务负担降到最低点。

从事农产品收购业务的企业也应该就进项税额进行筹划。在向农民收购农产品的时候，必须取得原始证明，如农产品产地村委会的证明材料等。

企业与运输企业存在业务关系时，运输企业开具的发票可以抵扣进项税额，抵扣额度达7%。

企业还应该关注非正常损失。如果纳税人的原材料、产品等发生了非正常损失，如自然灾害或管理不善导致的损失，那么，损失部分的金额不能抵扣进项税额。因此，企业要对原材料、产品等加强管理，尽量减少非正常损失的发生。

2. 从增值税纳税主体拆分入手

增值税纳税主体可以通过拆分的方式获得税收筹划空间。增值税纳税主体进行拆分的情况可以分为两类：收购业务发生时和从事混合销售时。

（1）收购业务发生的时候。许多企业都需要收购原材料，如果该企业收购的原材料是废旧物资或者农产品，就可以进行业务拆分。如钢铁生产企业可以把收购废旧钢铁的业务进行拆分，另外注册一家废旧钢铁回收企业，由钢铁生产企业向其收购废旧钢铁。钢铁生产企业可以10%的额度抵扣进项税额。另外，采购农产品进行食品生产的企业也有必要进行业务拆分。

（2）从事混合销售的时候。纳税主体在从事混合销售的时候，有必要进行业务拆分。如从事出售玻璃幕墙的企业一般都提供安装业务，安装业务与出售业务构成混合销售，需要缴纳增值税和营业税。为了减少缴纳的税款，该企业可以把安装业务进行拆分，单独成立一个从事安装业务的公司。由于从事安装业务的公司仅需要缴纳营业税，因此，该企业缴纳的总税额就降低了。

3. 从增值税优惠政策入手

关于增值税有许多优惠政策，企业可以充分加以利用。增值税税收优惠政策主要有三种情形：免征额优惠政策、先征后返优惠政策和免税优惠政策。

（二）营业税税收筹划

营业税是对在我国境内提供应税劳务、转让无形资产或销售不动产的单位和个人所得营业额征收的一种流转税。营业税涉及的行业较为广泛，因此，这也是纳税人进行税收筹划的重点税种。进行营业税税收筹划的过程，实际上就是对营业税现行税收政策综合运用的过程。

1. 从营业税计算公式中的内嵌要素着手

营业税计算公式如下：

应纳税额 = 营业额 × 税率

营业税计算公式中的内嵌要素包括营业额和税率，税率的筹划空间并不大，因此，着眼点应该放在营业额上。通过深入理解营业额，深入理解相关税法对营业额的规定，找到进行税收筹划的空间。

在大多数情况下，营业额指企业在提供应税劳务、销售不动产或者提供转让无形资产的过程中，向购买方开具的发票金额。对营业税进行税收筹划，要跳出对营业额概念的一般理解，注意相关税收政策对其的特殊规定。

（1）针对退货退款服务进行税后筹划。纳税人在销售货物（包括提供应税劳务、销售不动产以及转让无形资产）以后，发生了退货退款服务，那么，已经就此货物销售的金额所缴纳的税款是否能被退还就成了一个问题。比如，某房地产开发企业售出房子以后，按照售出金额缴纳了营业税。一段时间以后，由于房子质量出现问题，该企业收回了房子，并把购房款退还了客户。根据财税2003年16号文件，纳税人如果发生退款服务，可以从以后的营业税中减除退款服务前所缴纳的营业税。因此，企业如果发生了退货退款服务，可以申请退还已缴纳的营业税，减少税务负担。

（2）针对转租代付业务进行税收筹划。广告公司代理广告业务时，并不完全按照自己向客户开具的广告发票金额交纳营业税。比如一家广告公司代理中央电视台早晨时段的广告，某企业向广告公司账户上打入2 000万元的广告费，而该广告公司向该企业开具2 000万元的发票。在缴纳营业税时，该广告公司不应该按照2 000万元的营业额缴纳税款，而应该减去向电视台支付的广告费，按照余额缴纳税款。劳务公司在缴纳税款时，不应该按其向企业收取的全部价款缴纳税款，而应该以其向企业收取的全部价款减掉代付的工资、劳动保险、医疗保险及代付的住房公积金（得到的余额为营业额），按照此营业额缴纳税款。

2. 从营业税优惠政策入手

在营业税方面，国家税务机关同样制定了许多优惠政策。企业只有随时关注国家税务机关发布的税收优惠政策，才能有针对性地进行税收筹划，节省税款。

如相关税收政策规定，博物馆收取的门票收入免征营业税；幼儿园的育养服务、养老院提供的养老服务所取得的收入免征营业税；服务型企业安置下岗失业人员或退役士官、军队转业干部及随军家属达到一定比例的，可以减免营业税；为实行社会化改革的高等院校提供住宿劳务的企业免征营业税；企事业单位提供技术咨询、技术转让及与技术转让相关的技术培训所取得的收入免征营业税。但是，这些业务必须通过相关部门的鉴定。

3. 从营业税税制要素入手

营业税的税制要素同样包括征税范围、纳税业务发生时间及纳税地点等，纳税人从这些要素入手，同样可以找到较大的税收筹划空间。

［案例］

筹划税制要素

北京一家科技公司研发了一种专利技术，由于没有资金使用专利生产产品，该公司计划将此专利技术转让。获悉该公司的转让意图后，同时有两家公司提出购买意向。一家公司的注册地是中国哈尔滨，另一家公司的注册地是美国，两家公司出资金额均为100万元人民币。从缴纳营业税的角度考虑，该公司向哪家公司出售产品对自己最为有利呢？

税收筹划专家首先研究了与之相关的税收政策。专利技术属于无形资产，相关税收政策规定，在中华人民共和国境内转让无形资产，即无形资产的转让及使用地应该是中国境内，应该缴纳营业税。因此，如果该公司把专利转让给美国公司，就不属于营业税的管辖范围，不需要缴纳营业税。

（三）所得税的税收筹划

1. 从所得税计算公式中的内嵌要素入手

企业所得税的计算公式如下：

企业所得税＝（销售总额－扣减项目金额）×税率

企业所得税计算公式中，应该予以考虑的首要内嵌要素是准予扣除项目。准予扣除项目对企业所得税筹划非常重要。企业所得税税前扣除的项目包括成本、费用、损失和税金。

对企业所得税进行税收筹划，必须深入理解上述税前扣除项目。

首先，必须按照法律规定的条件，掌握所得税税前扣除项目。法律对很多税前扣除项目都作了明确规定，企业专职税务人员要深入研究这些规定并予以掌握。其次，企业专职税务人员必须根据相关性原则理解准予扣除项目。

2. 从企业所得税税收优惠入手

企业通过研究所得税优惠政策，可以找到进行税收筹划的空间，并进行相关税收安排，可以节省税款。如中国东北的老工业企业，可以享受加速扣除的税收优惠政策；固定资产可以享受加速扣除和加速折旧的优惠政策；无形资产可以享受加速摊销的优惠政策等。

本章实训

实训项目一：案例分析

[案例]

中南日用化学品公司资本预算分析

1997 年 4 月 14 日上午，中南日用化学品公司正在召开会议，讨论新产品开发及其资本支出预算等有关问题。

中南公司成立于 1990 年，是由中洁化工厂和南宏化工厂合并而成的。合并之时，中洁化工厂主要生产彩虹牌系列洗涤用品，南宏化工厂主要生产波浪牌系列洗涤用品。两厂合并后，仍继续生产两种产品，并保持各自的商标。1995 年，这两种洗涤剂的销售收入是合并前的 3 倍，其销售市场已经从东北延伸到全国各地。

面对日益激烈的商业竞争和层出不穷的科技创新，中南公司投入大量资金进行新产品的研究和开发工作，经过两年的不懈努力，终于试制成功一种新型、高浓缩液体洗涤剂——长风牌液体洗涤剂。该产品采用国际最新技术、生物可解配方制成，与传统的粉状洗涤剂相比，该产品具有以下几项优点：①采用长风牌系列洗涤剂漂洗相同重量的衣物，其用量只相当于粉状洗涤剂的 1/6 或 1/8；②对于衣物较脏、洗衣量较大或水质较硬的地区，如华北、东北，可达最佳洗涤效果，且不需要事先浸泡，这一点是粉状洗涤剂不能比拟的；③采用轻体塑料瓶包装，使用方便，容易保管。

公司为该产品是否投产举行专门会议。参加会议的有公司董事长、总经理、研究开发部经理及财务部经理等有关人员。会上，研究开发部经理首先介绍了新产品的特点、作用，研究开发费用及开发项目的现金流量等。研究开发部经理指出，生产长风牌液体洗涤剂的原始投资为 250 万元，其中新产品市场调查研究费 5 万元，购置专用设备、包装用品设备等需投资 20 万元。预计设备使用年限 15 年，期满无残值。按 15 年计算新产品的现金流量，每年 30 万元，与公司一贯奉行的经营方针一致，在公司看来，15 年以后的现金流量具有极大的不确定性，与其预计误差，不如不予预计。

研究开发部经理解释，由于新产品投放后会冲击原来两种产品的销量，因此，长风牌洗涤剂投产后，每年可增加现金流量 25 万元。

考虑到风险等因素，公司要求新投资的最低报酬率为 10%。请分析是否要接受这个项目。

分析：

现值系数（P/A，10%，15）=7.606 1

依据现值计算公式，按照研究开发部经理的估算，可得出公司投资项目的净现值为：

NPV = -150 + 7.606 1 × 25 = 40.15（万元）

因为 NPV > 0，故可以接受该项目。

［案例］

某企业的税收筹划

当政府规定商品市场上的最高限价或最低限价时，纳税者并不盲目追求最高价格或最低价格，而是追求对自己来说最大利润总额的价格，这种价格可能使企业直接获得的利润最大，也可能使企业获得的直接利润最小。例如，在政府对烤烟生产实行金额累进税率的情况下，企业生产是追求最大定价还是追求最大利润，在确定产品价格上存在着差异。如当政府规定，烤烟业生产适用税率见下表时，某烤烟厂年产量为 10 万条。

烤烟企业所得税税率表

利润收入（万元）	税率（%）
100～200	25
200～500	50
500～1 800	75
1 800 以上	90

企业会采用哪个价格呢？（每条烟的最高限价为 27 元，最低限价为 20 元）

分析：

当企业追求最高限价时，企业的利润收入为 270 万元（27 元/条×100 000）。

当企业追求最低限价时，企业的利润收入为 200 万元（20 元/条×100 000）。

依照税率表计算 270 万元应纳税额为 135 万元（270 万元×50%）；200 万元应纳税额为 50 万元（200 万元×25%）。

在最低限价情况下，10 万条香烟的税后实得收入为 150 万元（200 万元 - 50 万元）。看来，实行低价反而比实行高价更有利于纳税人。

点评：

对案例中的情况，可能有人认为，在全额累进税率情况下是这样的，但在超额累进税率情况下，结果就会不一样。这种认识虽然有一定的道理，但是在实行超额累进税率情况下，企业在增加产量的同时，也必然伴随其他投入物的增加，而且随着产量的增加，单位产品所获得利润需要的投入也呈增加趋势。因此投入产出有一个最佳结合点，在这个结合点上，投入最小，产出最多。从这个意义上讲，税收的累进增长是影响其投入产出的重要因素，就企业自身利益而言，在有一定规模或数量的情况下，再增加投入，其结果是收入中就会有越来越多的部分表现为税收，而企业增加投入中获得的利润收入就会越来越少。案例给我们的启示有以下几点：

（1）高价格不一定带来税后高利润。这是因为有可能在累进税率情况下，应纳税额大大增加。

（2）寻找最佳价格，给企业带来最大的税后利润，这是符合企业经营发展的目标的，即企业经营发展的目标不是单纯追求高价格。

（3）吸取避税精华，精通税法知识，这样才可能作出合理的、有效的、正确的决策。

（4）熟悉案例，掌握避税运行规律。

避税不是一件很困难的事，只要了解了避税的真正含义，了解了大量的实际案例，那么避税是大有空间的。

实训项目二：

针对自己拟创建的企业，制订财务计划，并进行财务预测分析。

实训项目三：师生互动

师生共同讨论、总结或点评本章第一节的讨论主题。

第十二章　创业风险管理

第一节　读创业故事的思考与讨论

［创业故事导读］

史玉柱的两次创业

一、史玉柱与巨人集团

史玉柱以开发 M6401 桌面中文电脑软件起家后，巨人集团一下子发展了起来，资产规模很快接近 2～3 亿。此时，史玉柱开始不满足于只做巨人汉卡，他开始做巨人电脑。巨人电脑虽然挣钱，但管理不行，坏账达到一两千万元。巨人电脑还没做扎实，史玉柱又看上了财务软件、酒店管理系统。史玉柱去美国考察，问投资银行未来哪些行业发展速度最快。投资银行说是 IT 和生物工程。史玉柱回国后立即上马了生物工程项目。巨人集团涉足的其他行业有服装和化妆品，摊子一下铺到了六七个事业部。

为了吸引留学生回国效力，巨人给予了他们优厚的待遇，史玉柱也因此被称作“中国大学生留在本土创业”的典型。作为支持，珠海市政府曾经批给巨人一块地，巨人准备盖 18 层的办公楼。在大厦图纸设计好之后，市政府领导希望史玉柱将巨人大厦建为中国第一高楼，认为只有这样，史玉柱才配做全国典型。为此，市政府批给了巨人 3 万多平方米土地，而 125 元/平方米的价格等于白送。

1993 年，中国经济过热发展，只要有房子就能卖掉。72 层的巨人大厦需要 12 亿元，但此时，史玉柱手中只有 1 亿元现金，他便将赌注压在了卖楼花上。可等到 1994 年史玉柱卖楼花的时候，中国宏观调控已经开始，对卖楼花开始限制。后来，规定越来越规范，限制越来越多。史玉柱使出浑身解数，也只卖掉了 1 亿多楼花，而盖巨人大厦时，仅打桩就花了 1 亿多元。

1995 年，巨人推出 12 种保健品，投放广告 1 个亿。史玉柱也被《福布斯》列为大陆富豪第 8 位，脑黄金取代巨人汉卡成为巨人新的摇钱树。1995 年，仍然认为形势一片大好的史玉柱又往巨人大厦地下三层砸了 1 亿多元。

1996 年，巨人大厦资金告急，史玉柱贷不到款，决定将保健品方面的全部资金调往巨人大厦。此时，脑黄金已经每年能为巨人贡献 1 个多亿的利润。“我可以用脑黄金的利润先将巨人大厦盖到 20 层。先装修 20 层，卖掉这 20 层后，再盖上面的。”没想到，保健品业务因资金“抽血”过量，再加上管理不善，迅速盛极而衰。

1997 年初，巨人大厦未能按期完工，国内购楼花者天天上门要求退款，媒体“地毯式”

报道了巨人财务危机。得知巨人现金流断了之后，“巨人三个多亿的应收款收不回，全部烂在了外面”。不久，只建至地面三层的巨人大厦停工。巨人集团名存实亡，史玉柱成为“全国最穷的人”。

二、史玉柱与征途网络

由于巨人的倒下，一文不名的史玉柱向朋友借了50万元，带领着十几名忠实的追随者转战江浙、东北，再度开始创业的历程。

脑白金于1998年5月份问世，史玉柱试探性地先花了10万元广告费在江阴打市场，很快产生了热烈的市场效应，影响扩大到了无锡。于是，他们用赚到的钱在无锡打市场，无锡也有了很好的市场反应。史玉柱开始重新树立起信心。接着，他们的市场开到了南京，带动了整个江苏，同时在吉林启动，很快，常熟、宁波和杭州都做开了市场。

就这样，1999年3月，史玉柱在上海注册成立了一家新的公司——上海健特生物制品有限责任公司。当年，新公司的主营产品——脑白金的销售额就达2.3亿元。

对于史玉柱和他的团队来说，“巨人危机”或许是他们最大的财富，因为史玉柱从中得到的教训和对自身的深刻认知，让他们在以后的创业中受益无穷。

2004年11月，上海征途网络科技有限公司正式成立。三四年前，史玉柱就曾想过投资做网游。在进入网游之前，史玉柱曾经找来专家咨询，也曾专门拜会一些行业的主管领导。他得出的结论是，至少在8年或者更长的时间里，网络游戏的增长速度会保持在30%以上。

史玉柱认为，网络游戏成功的因素有两个：钱和人。史玉柱不缺钱，多年保健品业务积累和投资收益给史玉柱带来了巨大的资金积累。几年前，史玉柱就对网络游戏动心过，但那时，他没有游戏团队。新浪的汪延曾经告诉他，新浪之所以没做成网游，也是因为缺人。

2004年，放弃大型网络游戏研发的上海盛大的一个团队准备离开盛大，并希望找一个合适的投资伙伴，并在与台湾的一个投资方接触。史玉柱听说此事之后，立刻找到这个团队。会谈之后，史玉柱投资IT的热情再度被点燃起来，决定投资。

史玉柱自问：如果失败，其原因有可能来自什么方面。一是产品，二是人员流失。

在一问一答当中，史玉柱罗列出十几个项目要点，也一一找到解决的方法。

初做网游的史玉柱，无法全面同对手竞争，因此，他制定了一个“聚焦聚焦再聚焦”的策略。征途网络只选择MMORPG类中的2D领域，声称要做“2D游戏的关门之作”。从现在的结果来看，史玉柱的聚焦策略取得了一定程度的成功，“征途”的在线人数已经领先于直接竞争对手。

对于网络游戏的项目，史玉柱预先估计到最高可能会亏损两亿元，因此，就在账上准备了两亿元人民币。但是，前期4千万元人民币投下去之后，“征途”很快就开始良性发展，在公测阶段就已经开始盈利。由此，史玉柱正式进入改变网游格局的征途。

有游戏同行说史玉柱太另类、不按常理出牌，但同时也认为将公司广告做到央视，将脑白金的地面推广经验运用到网游渠道，也确实有创意。

史玉柱称曾到农村去、到商店去，和买脑白金、买其他保健品的消费者聊天，了解他们的习惯、喜好。为了了解网游玩家的心理，史玉柱也称曾经直接到网吧里和玩家聊天，同玩家在网上交流。他发现，网游和保健品一样，真正的最大市场是在下面，而不是在上面。中国市场是金字塔形的，最大的网游市场就在农村，农村玩网游的人数比县城以上的人加起来要多得多。

虽然多次被盛大抢先，但是“征途”全面免费及给玩家发工资的策略也在市场上取得了不错的成效。现在，“征途”的所有用户当中，83%的用户都是免费的，真正收费的用户只有17%。史玉柱认为，免费用户很重要，因为他们可以为自己带来人气，而收费用户在代练及装备交易方面的市场潜力远大于普通的点卡计时收费市场。

外界普遍认为，史玉柱保健品成功的关键是广告，而史玉柱自称，最关键的一环其实是地面推广。现在，史玉柱将在保健品当中的营销经验应用到了网络游戏当中。据征途网络副总经理汤敏介绍，目前，征途网络的地面办事处已经近百家，并计划发展到上千家。

资料来源：百度百科（http：//www. baike. baidu. com)。

思考与讨论

1. 巨人集团失败的原因有哪些？
2. 史玉柱在做网游前，进行了哪些工作？这对于其成功有什么作用？
3. 根据案例提供的材料，你认为征途网络在创业过程中可能会面临哪些风险？应如何防范？
4. 谈谈风险管理的重要性。
5. 讨论识别风险的途径、方法和步骤。
6. 创业过程中可能出现的风险有哪些？如何防范？

第二节 创业风险的类型与识别

创业的过程是一个充满风险、艰辛与坎坷的过程，也是一个充满激情与喜悦的过程。如何才能尽量规避与防范可能出现的创业风险，使创业过程能够顺利一些，尽快掘得第一桶金，是每一个创业者都十分关注的问题。

一、创业风险的概念与类型

（一）风险与创业风险

风险是与不确定性紧密联系在一起的。对于风险的理解，一般有两个角度：一个角度强调了结果的不确定性，另一个角度则强调了损失的可能性。前者属于广义上的风险，说明未来利润多寡的不确定性，可能是获利（正利润）、损失（负利润）或者无损失也无获利（零利润）；后者属于狭义上的风险，只能表现为损失，没有获利的可能性。

无论如何定义风险一词，其基本的核心含义都是“未来结果的不确定性或损失”。如果采取适当的措施，或者说智慧的认知、理性的判断，继而采取及时而有效的防范措施，那么，不确定性可能会带来机会。

市场经济中，收益总是与风险相伴相随的。风险越大，回报越高、机会越大。因此，如何判断风险、选择风险及规避风险继而驾驭风险、管理风险，在风险中寻求机会创造收益，意义更加深远而重大。

创业风险是指企业在创业过程中存在的各种风险。由于创业环境的不确定性，创业机会与创业企业的复杂性，创业者、创业团队与创业投资者的能力和实力的有限性而导致创业活动结果的不确定性，就是创业风险。

（二）创业风险的类型

1. 按创业风险产生的原因划分

（1）主观创业风险，是指在创业阶段，由于创业者的身体与心理素质等主观方面的因素导致创业失败的可能性。

（2）客观创业风险，是指在创业阶段，由于客观因素导致创业失败的可能性，如市场的变动、政策的变化、竞争对手的出现及创业资金的缺乏等。

2. 按创业风险产生的内容划分

（1）技术风险，是指由于技术方面的因素及变化而导致的风险。

（2）市场风险，是指由于市场情况的不确定性而导致的风险。

（3）政治风险，是指由于战争、国际关系变化或有关国家政权更迭、政策改变而导致的风险。

（4）管理风险，是指因创业企业管理不善产生的风险。

（5）生产风险，是指创业企业提供的产品或服务从小批试制到大批生产的风险。

（6）经济风险，是指由于宏观经济环境发生大幅度的波动或调整而导致的风险。

3. 按创业过程划分

（1）机会的识别与评估风险，是指在机会的识别与评估过程中，由于各种主客观因素，如信息获取量不足、把握不准确或推理偏误等使创业一开始就面临方向错误的风险。另外，由于创业而放弃了原有的职业所面临的机会成本，也是该阶段的风险之一。

（2）准备与撰写创业计划风险，是指在创业计划制定过程中，各种不确定性因素与制定者自身能力的限制，给创业活动带来风险。

（3）确定并获取资源风险，是指由于存在资源缺口，无法获得所需的关键资源，或即使可获得，但获得的成本较高，从而给创业活动带来一定的风险。

（4）新创企业管理风险，主要包括管理方式，企业文化的选取与创建，发展战略的制定，组织、技术及营销等各方面的管理中存在的风险。

4. 按创业与市场和技术的关系划分

（1）改良型风险，是指利用现有的市场、技术进行创业所存在的风险。这种创业风险最低，但经济回报也有限。

（2）杠杆型风险，是指利用新的市场、现有的技术进行创业存在的风险。该风险稍高，常见于挖掘未开辟的市场，如彩电行业利用原有技术进入农村市场。

（3）跨越型风险，是指利用现有市场、新的技术进行创业存在的风险。该风险主要体现在创新技术的应用方面，往往反映了技术的替代，这是一种较常见的情况，常见于企业的二次创业，领先者可获得一定的竞争优势，但模仿者很快就会跟上。

（4）激进型风险，是指利用新的市场、新的技术进行创业存在的风险。该风险最大，如果市场很大，可能会带来巨大的机会。对第一个行动者而言，其优势在于竞争风险较低，但是知识产权保护力度较弱，市场需求不确定，确定产品性能有很大的风险。

此外，按创业中技术因素、市场因素与管理因素的关系，创业风险可分为技术风险、市场风险和代理风险。

二、创业风险的识别

既然创业风险是创业过程中不可避免的现象，那么，直面风险并化解之，是创业过程中的重要任务。

所谓创业风险识别，是指创业者依据企业活动，对创业企业面对的现实及潜在风险，运用各种方法加以判断、归类并鉴定风险性质的过程。风险识别是管理一切风险的基础。

（一）树立风险识别的基本理念

作为创业者，应该正确树立识别企业风险的基本理念。主要应具备以下意识：

（1）有备无患的意识。

（2）未雨绸缪的观念。

（3）持之以恒的思想。

（4）实事求是的精神。

（二）掌握风险识别的基本途径

创业风险的识别途径，重点应从风险的来源上入手，即自然因素和人为因素两大方面。

（1）自然因素。如在地震多发区、台风多发区和炎热地区，这些自然因素与企业的选址、项目有着密切关系。又如对许多行业来说，必须注意影响原材料供应的矿产、能源、农产品及交通问题。

（2）人为因素。主要应了解企业周边的营运环境，以及一个国家或地区的政经制度、法律政策及民情民俗等。

（三）了解识别风险的方法和步骤

在风险识别之后，就必须进行风险评估，这需要一定的专业知识，必须根据不同性质与条件，按照一定的途径，运用一定的方法或者借助一定的工具来实施。

1. 基本方法

一般而言，风险识别的方法包括：信息源调查法、数据对照法、资产损失分析法、环境扫描法、风险树分析法、情景分析法及风险清单法。

有能力的企业也可以自行设计识别的方法，如专家调查法、流程图分析法、财务报表分析法及 SWOT 分析法等。

2. 实施步骤

（1）信息收集。首先，通过调查、问讯及现场考察等途径获得信息；其次，需要敏锐的观察和科学的分析对各类数据及现象作出处理。

（2）风险识别。根据信息的分析结果，确定风险或潜在风险的范围。

（3）重点评估。根据量化结果，运用定量分析、定性分析、假设和模拟等方法，进行风险影响评估，预计可能发生的后果，提出方案选择。

（4）拟定计划。提出处理风险的方法和行动方案。

3. 实施中要注意的问题

（1）信息收集要全面。收集信息可以通过两个途径，一是内部积累或者专人负责，二是借助外部专业机构的力量。后者可获得足够多的信息资料，有助于较全面、较好地识别面临的潜在风险。

（2）因素罗列要全面。根据企业在运营过程中可能遇到的风险，逐步找出一级风险因素，然后再进行细化，延伸到二级风险因素，再延伸到三级风险因素。如管理风险属于一级风险因素，管理者素质属于二级风险因素。

（3）最终分析要进行综合。既要进行定性分析，也要进行定量分析。

三、创业企业风险管理的基本方法

对付风险的主要方法有六种，具体包括：减少可避免的风险，实行损失管理计划，非保险方式的转移风险，自担风险，通过保险方式转移风险。

（一）减少可避免的风险

当创业企业发现从事某一项活动会涉及过高的风险时，可决定减少或放弃这项活动，以便减少甚至完全避免风险。例如，不在洪水区域建造工厂，不在人口稠密的地区建造危险性高的工厂。

避免风险有两种方式：一种是完全拒绝承担风险，另一种是放弃原先承担的风险，但是，这种方法的适用性很有限。

首先，避免风险会使企业丧失从风险中可以获得的收益。

其次，避免风险的方法有时并不可行。例如，避免一切责任风险的唯一办法是取消责任。

最后，避免某一种风险可能会产生另一种风险。例如，某企业以铁路运输代替航空运输。

（二）实行损失管理

损失管理计划分为防损计划和减损计划。防损计划旨在减少损失的发生频率或消除损失发生的可能性。建造防火建筑物、质量管理、驾驶技术考核、颁布安全条例、提供劳动保护用品、检查通风设备及产品设计改进等均是减少损失频率的措施。减损计划是设法控制和减轻损失程度。例如，轮换使用机器设备、限制车速、安装自动喷水灭火系统和防盗警报系统、对工伤者及早治疗、建立内部会计监督及限制保险柜内的现金数量等。

（三）分散风险

人们日常所说的“不要把鸡蛋都放进同一个篮子”，讲的就是分散风险的原理。分散风险是指通过增加风险单位的个数来减少风险损失的波动。这样，企业一方面可以比较准确地预测风险损失，另一方面可以减少预防风险损失所需预备的资金。风险的分散又可分为隔离与兼容两种方法。

风险隔离是将现在的资产或活动，分散在不同的地方，万一有一处发生损失，不致影响其他地方各项业务的正常进行。例如，将存货分别储存在不同的地点；将原料分由几家供应商供应；投资项目组合分散等。

风险兼容是通过增加新的风险单位，达到分散风险的目的。例如，准备一套备用机器，随时替代机器损坏的风险，以保证生产的顺利进行等。

（四）非保险方式的转移风险

在风险管理中，较为普遍使用的非保险转移风险的方式有合同、租赁和转移责任条款。例如，一家公司在与某建筑承包商签订新建厂房的合同中规定，建筑承包商对完工前厂房的任何损失负赔偿责任。再如，计算机租赁合同中规定租赁公司对计算机的维修、保养及损坏负责。又如，出版商在出版合同中加入转移责任条款，规定作者对剽窃行为自负法律责任。

（五）自担风险

自担风险是指企业使用自有资金或借入资金补偿灾害事故的损失。自担风险分为被动的和主动的，即无意识、无计划的和有意识、有计划的。当风险管理人员没有觉察到所面临的风险，或者觉察到风险的存在，但没有作出对付风险的决策时，这样的自担风险是被动的。当风险管理人员觉察到风险存在，并相应地采取了对付风险的办法时，这种自担风险是主动的。

（六）通过保险方式转移风险

保险是转移风险的一种办法，它把风险转移给保险人。保险也是一种分摊风险和意外损失的方法，一旦发生意外损失，保险人就补偿被保险人的损失，这实际上是把少数人遭受的损失分摊给同险种的所有投保人。对创业企业来说，投保是其对企业各类纯粹风险进行管理的最为有效的手段。

第三节　创业各阶段风险与防范

风险贯穿于整个创业过程，各个阶段的创业风险既有共同的特征，也有自身独有的特征。创业风险在各个阶段的表现形式各不相同，所以，应对和化解风险的方法及手段也不尽相同。

一、创业前期的主要风险与防范

创业前期是指从打算创业到创业初期的这个阶段。万事开头难，对一个第一次创业的人而言，任何低估创业风险的做法都有可能使创业计划和事业夭折在摇篮当中。

（一）临渊羡鱼

要发展，就不能再仅仅停留在仰慕别人的财富上。临渊羡鱼，不如退而结网。

[案例]

农民工返乡创业

32 岁的江西人胡永利在桐乡打工已有 4 年了，由于老婆孩子都在老家，他不仅思念家乡，还一心思谋着在桐乡学点实用技术后回家自己创业。“这两年，水果种植效益特别好，像葡萄亩产效益都超过 1 万元，可以赶上老家一家人一年的收入。”胡永利跟着梧桐街道一位葡萄种植能手学种葡萄。从品种选育、大棚栽种到防虫疏土、品牌营销，胡永利足足记了两大本农业笔记。他说，老家的气候、土壤和桐乡相似，并且，有足够的土地资源可以利用。打算这次回去后先在自家地里试种 3 亩葡萄，效益好的话，带动村里人一起种，共同致富。

临渊羡鱼，不如退而结网，这已经成为许多农民工的共识，将淘得的农业技能带回家成了很多农民工的选择。“在外积累了一定的技术经验和创业资本，学到了经营知识，掌握了一定的技能，拓宽了信息渠道，而我们对家乡的资源、市场、商机相对熟悉，返乡创业成功的机会会大很多。”四川的张林如是说。

思考与讨论

1. 胡永利的做法给你的启示是什么？

2. 你认为胡永利创业将会面临怎样的风险？他该做哪些准备？

（二）无米之炊

创业需要资源，这是常识。创业资源包括人才、资金及市场等。

错误估计市场使很多初创企业面临巨大的风险，如果一个企业的主打产品没有足够的市场，其失败几乎是必然的。

缺少资金也会使很多创业者遭受挫折，事实上，只有企业经营到一定程度以后，才会有资金的回流。所以，创业者必须充分估计资金的需求量，而且，一定要留有较大的资金余地，努力降低创业成本。

但是，风险也意味着机会，例如，浙江是人均资源综合指数居全国倒数第三的“资源小省”，但现在却成了中国最大的“内资”输出省份。市场上流传一句话：哪里就有市场，哪里有浙商。也有人说：哪里有浙商，哪里就有市场。这说明，作为一名创业者，不仅要善于追逐市场，而且要善于创造市场。

（三）匹夫之勇

创业如同其他经济活动一样，其本质是以最小的费用取得最大的效用。创业问题不仅涉及技术，还牵涉天时、地利、人和等因素。在日趋激烈的商战中，没有智谋难以取胜。

创业不等于赌博，不是仅凭匹夫之勇就可以成功的，它需要更精明的头脑、可靠的方案、长远的眼光和可行的方法。如果没有这些，创业只是一个玩笑和冒险。

当今社会，体制趋于成熟，消费趋于理智。那种单纯凭借自己的一技之长，加上胆大妄为就能成为百万富商的年代已经成为过去，光有一点经济实力和一个好的项目就能在业界独占鳌头的时代也已经成为历史。

（四）自暴自弃

自暴自弃是创业成功的头号天敌。其实，大部分创业者在创业过程中都遇到过大大小小的挫折，真正一帆风顺的创业者微乎其微。在失败和挫折面前，态度是积极还是消极，直接决定了创业者未来的命运。向挫折和失败投降的人，就永远失去了成功的可能性，而乐观的态度对一个创业者和企业来说是至关重要的，跌倒了，可以重新站起来。

［案例］

屡败屡战的孙剑波

稀饭网 CEO 孙剑波创业的头两年，曾经和好友做过出版、广告、媒体及代理等多个行当，但很少有人知道他出校门的第一个项目其实是设计一种“卫比斯心情 T 恤”，幻想能用可怜的资金打造一个个性 T 恤的品牌。这并非一个很差的创意，个性 T 恤在美国流行文化的带动下确实开创了很大的市场，而两个年轻小伙子也确实具备打造一个品牌的创意能力和设计能力。但是，他们忽略了国内消费者的成熟程度和服饰市场渠道的复杂局面，更关键的是，他们忽略了盗版服装的巨大威胁。雪上加霜的是 SARS 的袭击，这使得他们开店卖 T 恤的打算彻底破产了。于是，他们只得先开了一个电子商务网站来贩售 T 恤。客观上说，正是这样的无奈让他们节约了部分资金，而不至于让这第一跤跌得更惨。

这一段短短的创业历程，几乎成为接下来两年他们从事出版和广告等行当的影子。用孙剑波的话来说，就是一个挫折接着一个挫折，一个失败接着一个失败。创业者犯过的错误，他们都犯过了；创业者可能遇到的艰难险阻，他们也都遇到过了；创业者传奇中的好故事，他们倒是一件都没碰上。短短两年，他们以极大的密度经受了别人在其他环境下十年才能经受的磨难，用最短的时间从学校人变为了社会人。

“我创业三年多，从来不知道什么叫一帆风顺。”孙剑波说，“挫折和磨难甚至曾让我丧失尊严和自信，但而今回头去看，全是财富。”

（五）计划不明

计划不明，意味着行动是盲目的。如果一个盲目的人成功了，那只能说是歪打正着，是一种偶然的幸运，绝不能作为成功的经验尊奉。计划是创业过程中指导性、方向性的东西，计划如果是错误的或不明确的，尤其是关键的地方、关键的步骤不明确，那么，失败几乎是不可避免的。

机遇从来都是垂青有明确目标的人，同样地，失败之神也很少放过那些没有明确目标的人。创业的道路上充满着荆棘和艰辛，不能光凭满腔热情和雄心壮志，还需要明确的目标和实现这些目标的周详计划。

（六）仓促上阵

选择自主创业的人越来越多，但其中，也有相当一部分人的创业行为未能成功。在创业的时候，一定要谨慎投资而不能仓促上阵。

[案例]

仓促创业的李女士

李女士对创业一直有相当的热情。早在几年前，她就决定摆脱打工者的身份自己当老板。不过，由于找不到好的投资项目，她一直没有开始自己创业。

一天，一位亲戚告诉她，当前生产塑料粒子非常赚钱。那位亲戚在经营塑料生意，而且赚了很多钱。由于得到了亲戚的指点，再加上看到在塑料行业赚钱的人的确很多，她抛开了创业应有的谨慎，没有做任何市场调查和前期准备，就投入了4万元资金，在当地办起了一家小型的塑料编织袋加工厂。

由于没有充分了解该行业，在创业初期，李女士就犯了一个低级错误。经营塑料制品，需要有场地堆放材料。可是，李女士只选择了一个很小的场地就开始动工生产了。由于材料堆放的原因，厂里的生产经常要停工。当发现这个问题时，李女士已经在小场地上投入了不少资金，已经没有足够的资金再去寻找其他场地了。

创业的仓促与盲目，使得困难不断找上李女士。除了场地问题，销路问题也让李女士烦恼不已。

李女士选择的是塑料编织袋生意，和亲戚的塑料粒子加工不一样。本来以为都是塑料加工企业，亲戚能在销售上帮忙，可事实上，他帮不上任何忙。在创业初期片面倚重亲戚，当发现亲戚不能提供帮助时，她才发现凭夫妻两人自己的能力，并不能顺利销售产品。

李女士的创业走进了死胡同，这让根本不懂塑料行业的李女士对创办塑料厂失去了信心。她觉得自己不适合经营这个行业。

二、创业过程中的主要风险与防范

（一）朝三暮四

进行创业，一定要坚持不懈，绝不可朝三暮四、见异思迁。比如，做大还是做强，这是每一个创业者都会遇到的两难问题。当你刚开始经商或者创业的时候，并不一定要做大，但是一定要做强，而做强就需要专心做一件事情，不要盲目地做一些看来似乎有发展的项目，从而分散精力，废弃主业，这样的结果往往是主业无法做强，即使做大了也只是一个空壳子。

每一个行业都有强劲的对手，都面临着严峻的竞争。如果不抓住自己的主业，盲目涉足一个自己不熟悉的领域，势必会分散精力、资金，不但新的行业难以有所建树，恐怕连自己的老本也要赔光。

打算创业的人，在开始时应该耐得住寂寞，守得住目标。企业发展最重要的是企业自我定位的问题。在创业的道路上，往往有很多诱惑。当你遇到一项新的投资时，安心做自己的事情，才能把这件事情做好；如果放弃自己的事情，去做新项目的投资，可能结果就是失败。

（二）急功近利

每一个创业者都想做一个成功的人、优秀的人，只不过在众多诱惑之下，往往会失去耐心。成功是要讲究储备的，仓库里的东西越充足，成功的机会就越大，才可能走得更远。

人生的成功之路更像一场马拉松赛跑而不是百米冲刺，前100米的领先者不一定能成为全程的优秀者，甚至有可能跑不完全程。在这遥远的征途上，基础的积累将会起到决定性的作用。如果你自觉先天不足而又已然踏上征程，那就更要格外注意，随时给自己补充营养。

（三）单打独斗

俗话说："一个好汉三个帮。"在现代社会，人与人之间的联系是非常紧密的，一个创业者需要和客户打交道，和政府部门打交道，和合作伙伴打交道。一个孤家寡人是不可能取得创业上的成功的。

此外，创业的时候最好有良好的合作伙伴，一个人创业实在太难了。就算你无所不能，你也需要同伴们来集思广益，避免愚蠢的举动，以及在遇到挫折时也能互相鼓励。当你有多个创业伙伴时，彼此信念上的支撑就好比是捆成了一捆的箭。这是一个人最强大的动力之一，而单一的创始人则缺少了这一动力。

（四）争权夺利

创业伙伴之间发生争吵比较普遍。但是，如果创业者能够谨慎地选择他们的创业伙伴，那么，大多数的争吵都可以避免。多数的争吵并不是因事而起，而是因人而起的。也就是说，这是早晚会发生的。而大多数因为争吵而一怒离开的创始人，可能从一开始就信心不足，只不过是被掩饰起来罢了。

不要掩饰你的疑虑，不要因为怕疏远你的同屋而拉他入伙；也不要因为某人有某种用得上的技能就一起创业，而不管你喜不喜欢他。一个初创公司，最重要的因素就是人，所以不要在这方面有所将就。

（五）固执己见

创业者要有自己的主见，但并不意味着固执己见。世事变化无穷，人的智力有限，不可能所有的事都做得正确。创业更像是从事科学研究，你更应该遵循自然规律而不是主观臆断。作为一个创业者，一旦发现他人是对的，自己错了，就应该立即认错。

［案例］

善于纳谏的比尔·盖茨

比尔·盖茨是一个没有老板架子的老板，但他有脾气，到处都能听到他的吼声和尖叫。别人也同样可以对他发脾气，他绝不会记恨别人的冒犯。他不在乎礼仪，只在乎效率。在微软公司，人们有什么不同意见，就直截了当地说出来，不管对方听了心情如何。

有一次，他跟行政助理马凯斯小姐发生了争论，两人都气得砸桌子，你砸一拳，我砸一拳，各不相让，但事后却像什么事也没发生过一样。这是微软的风气，当双方意见争持不下时，解决的方法是看谁吼叫的声音最高，仿佛声音越高就越理直气壮似的，但争论只是就事论事，并不影响到双方的关系。

盖茨也欢迎员工的挑战，他不怕下属的反驳。他很要强、固执，但并不是一个武断的人。有时，他会声嘶力竭地与某人争论一个观点，一两天后，他可能会承认自己的观点错了，并诚心地接受他人的意见。

比尔·盖茨很尊重那些敢于反对他、冒犯他的人，他不喜欢“应声虫”。有时，他甚至会故意反对某人的意见，以试探对方是否真的对自己的意见有把握，并且，不惜因此冒犯他。总之，他要英雄，不要奴才。

三、创业后期的主要风险与防范

一般而言，创业者把创业构想变成现实，并使企业开始盈利或具备盈利前景的时候，我们可以说创业获得了成功。俗话说，创业容易守业难。创业成功以后，创业者和企业仍然面临着各种各样的风险，有的风险甚至会导致创业者功败垂成。

创业成功以后，不管创业者选择让渡所有权或经营权，还是继续发展和开拓事业，保留企业的所有者和经营者的双重身份，企业都要经历一个休整期，这是不可逾越的阶段。在这个阶段，许多风险会迎面扑来，如果不及时化解这些风险，就会直接影响企业的继续生存和发展。

（一）盲目冒进

［案例］

昙花一现的秦池酒厂

2001年1月，中国国内媒体纷纷报道了一条消息：山东秦池酒厂准备资产整体出售。

1995年，名不见经传的秦池酒厂以6 666万人民币夺得中央电视台广告“标王”。1996年11月8日，再度以3.2亿元人民币的天价，蝉联“标王”。

二夺“标王”后的秦池，知名度如日中天，但知名度并不能决定消费者的购买行为。由于整个白酒市场的滑坡和来自政府、传媒方方面面的诘问和非议，尤其是企业膨胀式发展带来的一系列管理问题、素质提升问题及品牌成长问题等，使雄心勃勃一心要实现“酒王”梦的秦池，一时身陷困境。

1997年年初，一则关于“秦池白酒是用川酒勾兑”的新闻报道，给秦池当头一棒。虽然业内人士认为，秦池从四川收购散酒进行勾兑这种模式应该说是科学的，符合经营规律，但由于酒是一种嗜好品，消费者实际上消费的是酒背后的东西（包括产地、历史、工艺及文化内涵等）。一旦消费者发现秦池酒实际上是川酒，就有上当受骗的感觉，因此，秦池酒销量大减。

日益激烈的市场竞争，加上秦池自身的问题，使其市场份额产生了波动。由于发展太快，秦池对代理商失去了控制能力，导致代理商私自提价，将低档酒以高价卖出，造成质价背离。秦池二度中标后，消费者认为3.2亿元的广告额将转嫁到他们身上，对秦池品牌产生了不信任感。针对这种消费心理，秦池束手无策。

业内人士认为，秦池在企业管理、生产及销售各环节的衔接上，相对于品牌的快速扩张是滞后的，而这种滞后恰恰被“标王”的光环所遮掩，完全忽略了过度膨胀引起的并发症。最关键的一点是，秦池在成为全国知名品牌时，企业的发展步伐还停留在单纯的卖产品上，而没有进行品牌文化建设。只重视知名度不重视美誉度，一旦产品出现质量问题，自然会被淘汰出局。

2000 年 7 月，因供应商起诉秦池酒厂拖欠其 300 万元货款，法院判决秦池败诉，并裁定拍卖“秦池”注册商标。令人啼笑皆非的是，几亿元打造的商标最终却以几百万元的价格用来抵债。

（二）心理失衡

据有关专家对部分创业者失败原因的分析表明，他们有许多共同的地方，就是创业成功以后心理失衡。其主要表现在：

（1）好高骛远。务实的态度是创业的基础，好大喜功、好高骛远者最后只能是“竹篮打水一场空”。

（2）忘乎所以。例如，禹作敏成功后派头十足，用封建帝王的那一套来“统治”大邱庄，俨然成了割据一方的诸侯，到最后，甚至公然对抗国家司法机构。为商先为人，如果丢失了做人之本，也就失去了发展之本。

（3）坑蒙拐骗。曾有“中国大陆首富”之称的牟其中，最终因犯外汇诈骗罪而被判无期徒刑，靠欺骗手段建起来的基业最后只能是“空中楼阁”。

（4）胆大妄为。赖昌星出道之初是搞运输的，也算是一名创业者，然而生意越做越大，他的胃口和胆子也越来越大，甚至到了胆大包天的地步，最后成为中国历史上最大一起走私案的直接策划与领导者。

[案例]

胡志标与爱多

出身贫寒的胡志标 1995 年成立广东爱多电器有限公司，1997 年 11 月，爱多以 2.1 亿元的出价获得了中央电视台第四届广告招标的“标王”，全国轰动。

但胡志标的烦恼因此而来。爱多公司另一位大股东从来不过问公司的事，却每年可获得爱多 45% 的红利。这使胡志标心理很不平衡，他先是封锁财务不让其查账；而后，自己成立新公司，盗用“爱多”的招牌，从而引发了爱多的巨变，使公司元气大伤。最终公司以破产清算收场，胡志标也因其他种种触犯法律的行为被判处有期徒刑 20 年。

（三）义气过剩

具有儒家传统的中国人向来都把“义”看得很重，而义气就是甘于承担风险或牺牲自己利益的气概。但是，真正的友谊和义气有本质的区别。作为哥们义气来讲，它是一种基于无知和盲从的情感冲动，是一种非理智的行为。创业者如果盲目讲义气，可能会给企业带来危机甚至灭顶之灾。

[案例]

武东福的失败

湖南衡东现代节能工程有限公司董事长武东福，是个绝顶聪明的人，也是个白手起家的典范。在成为湖南省第一个百万富翁后，武东福想自己有今天，全凭与自己一起打天下的那帮农民兄弟，现在自己富了，他不能亏待这帮兄弟。

武东富在自己的节能公司底下成立了十几个分公司，好兄弟一人一个。他规定这些分公司只需定期向总公司交纳一些象征性的管理费，其他盈利都是自己的。那么，这些兄弟怎么回报他呢？开始他们还能严格按照规定办事，按期交纳管理费。慢慢地，有人就看出了武东福仁慈、好说话，于是管理费不交了，管理费慢慢变成了白条。武东福从来没有要求过他们将白条兑现。不但不交管理费，这些兄弟还想方设法从武东福的总公司弄钱。他们要求武东福担保贷款，武东福总是有求必应。为了照顾与自己一起打江山的这帮农民兄弟的面子，在武东福经营公司的这些年里，公司从来没有向外面招聘过一个高级管理人员和大学毕业生。

武东福还是一个非常讲社会责任感的人。武东福在公司创建初，就作出了一个决定：凡是自己获得了一块钱的利润，就必须无偿地捐出8毛钱给社会，自己只留2毛钱用于发展。不但自己这样做，同时他还要求分公司经理即他的那些农民兄弟必须三七开，赚1块钱，自己只可留3毛，7毛捐给社会。

武东福办企业的十几年，自己的账上竟然没有一分钱的积蓄。这样靠义气经营的企业，分光用尽的办企业方式，企业的发展后劲可想而知。公司经过最初几年的红火后，很快就陷入了沉寂。由红火至平淡，由平淡至落寞，可叹武东福自己竟然毫不自知。就是在他最困难的时候，他还捐助了100多万元去搞慈善事业，帮助穷人。

武东福很快就变成了一个穷人。2007年8月，武东福因为一张别人拿来抵债的价值2万元的虎皮而被警方逮捕，被叛刑四个月。当他出来后，发现自己昔日的那些兄弟早已作鸟兽散。

（四）坐享其成

有的创业者在创业成功以后，失去了创业初期的进取心和创新精神，骄傲自满，不思进取，没有进一步巩固成果并努力开拓新领域，或者采取一些消极、拙劣的方法维持现状。这主要表现在：

（1）故步自封，不愿学习、接受新的东西，最终被市场、社会遗弃。

（2）照搬照抄。照搬照抄其他利润丰厚的企业，但仅学到表皮，内部管理和经营理念等深层次经营要素跟不上，所以别人成功了，自己却失败了。

（3）臆断前景。所作的预测，没有科学依据。

（五）挥霍浪费

创业获得初步成功以后，放松了过苦日子的意识，再加上管理上出现混乱，虽然企业的业务在不断增长，可利润不断下降，关键就是不注意控制成本和费用。

（六）缺乏创新

有的创业者急功近利，只顾追求市场和产量，不主动要求创新，管理工作流于形式，最终导致技术创新能力慢慢衰竭，核心竞争力无法形成。有的创业者的创新尚处于浅层次，观念上还存在着“走老路稳当”的误区。

（七）管理危机

创业成功后，企业面临的主要管理问题是管理危机问题，具体表现为以下几点：

（1）创业者疲于奔命，顾此失彼。

（2）决策得不到有效执行，管理开始失控。

（3）企业利润状况徘徊不前。

（4）老员工缺乏继续创新的动力。

（5）新老员工出现矛盾冲突。

（6）创业者的家庭压力开始增大。

如果说，创业过程中企业是根据危机进行管理的，那么，创业成功后是管理造成了危机。创业者应该避免和解决创业成功后企业的管理危机问题。

本章实训

实训项目一：创业风险面面观

1. 选择创业项目阶段，由于不熟悉相关政策、法律、法规，将有一定风险

魏先生欲在医院设立大屏幕药品广告播放系统，合作医院已经找到，药品生产厂家也十分愿意投放产品广告项目，正在紧锣密鼓的实施过程中，却遭遇了相关执法部门的制止。

分析：不熟悉新修订的《药品管理法》，是该项目失败的直接原因。

规避办法：不管从事哪一行业，必须先了解相关的政策、法律、法规，这是项目可行性分析首先要研究的问题，如果遭禁，只有另行选项。

2. 创业阶段，如果对产品技术的成熟度了解不深入，将有一定风险

张先生与开发出计算机远程控制全色护栏灯的朋友合作，注册了一家公司，拟进行产品的推广。刚刚作出样机，就有客户找上门来，看到计算机模拟演示效果后，便签订了一个很大的工程订单，由于工期较紧，便直接开始大批量生产，投入工程安装。由于抗干扰性能不过关，导致客户退货，造成了巨大的经济损失。

分析：没有进行充分的产品可靠性试验，尤其是缺乏模拟现场工况的试验，是该项目失败的主要原因。

规避办法：凡是在创业选项中选择新发明、应用新技术或投资于高科技新产品的时候，产品的可靠性、技术的成熟度是必须进行重点考核的可行性指标。在产品投入市场之前必须进行产品质量的相关测试，作出产品质量检测报告。如有条件应提供给部分客户使用，作出客户使用报告，使客户的使用情况全面、客观地反映出来，使我们能够正确地作出是否可以投入市场的决定，有效地规避贸然进入市场的经济风险和信用风险。

3. 对所选行业未来发展趋势不了解，将有一定风险

金先生某次出差去深圳，看到深圳很多闹市区的路边正在立一些停车计费咪表，于是投入资金，研制停车计费咪表。尽管他很快研制出号称当代最先进的车载式咪表，但是公司却因为没有订单而长期亏损，两年后倒闭。

分析：路边停车收费，不符合中国国情。于是，咪表计费行业便成为陷阱行业。仅深圳就有 70 余家咪表研制企业先后倒闭，成为闯入陷阱行业的牺牲者。

规避方法：不管进入哪一行业进行创业，都必须对该行业的未来发展趋势作出正确判断，如果把握不准，宁可不入。

4. 对渠道建设的难度估计不足，将有一定风险

王先生研制出一种矿泉直饮机，水质好，使用方便且成本低，并自建销售渠道。由于没有一个好的营销策略，且缺乏营销渠道的建设经验及资金，市场始终没有打开，勉强坚持了两年，最终企业还是倒闭了。

分析：没有一个好的市场营销方案，是王先生失败的原因。市场营销渠道建设是一件似易实难的事，项目持有人或发明人在创业时常常会漠视渠道建设的难度而盲目创业，最终导致创业失败的案例不胜枚举。

规避办法：如果企业创办人没有市场营销方面的经验，就一定要吸纳一位有市场营销经验的人加入创业团队，如果没有合适的人选，就一定要请教专业咨询机构，花一点钱在营销策划上是十分必要的。但是，现实中却有很多创业者为节省咨询费而前仆后继地牺牲在渠道建设的路上。

5. 在创业项目实施阶段，易出现经营风险

孙先生开发出一种新型节电装置，找到一位颇有营销经验的李先生合作，创办了公司，李先生市场拓展能力很强，很快打开了市场，订单源源不断，却因为产品质量不稳定遭遇客户大量退货，导致企业倒闭。

分析：营销队伍与研发、生产队伍不平衡，是创业失败的直接原因。

规避办法：对于生产、研发型企业创业者来说，组建一支研发、生产与市场营销相平衡的团队，是创业者必须思考的问题，否则，轻者会使企业的发展速度受到影响，重者会导致创业的失败。

6. 上游供应链不稳定，存在风险

陈先生在农产品市场租了一个摊位做菌类生意，开始有稳定、低价的货源，市场销路也很好。不久，为其供货的菌农自己也在批发市场租了一个摊位，供货渠道中断，经营陷入了困境。

分析：仅仅依赖一两个供应商，没有及时开发新的供货渠道是其经营出现问题的主要原因。

规避办法：经营者必须要有居安思危的意识，尤其是在产品销路好的时候，一定要及时开发新的供应商，搞好供应链建设，才能使自己处于优势地位，立于不败之地。

7. 下游市场渠道不稳定，存在风险

艾先生开了一家手机批发点，位于省城，辐射到各地市，有40多家外地经销商从他那里进货。开业伊始，生意兴隆，各经销商回款也比较及时，可是，随着经营手机的批发商渐渐增多，出现经销商开始回款不及时，且经销商不断流失的现象，经营一度出现困难。

分析：竞争者的不断增加、下游渠道的不稳定，是其问题的症结所在。

规避办法：分析竞争对手的销售策略，利用自己的先行之利予以反击；同时采取与下游销售渠道产生共利的办法夯实销售渠道。例如，采取与下游渠道互相参股的方式是十分有效的方法；另外，对下游渠道进行培训、营销指导等也是切实可行的办法。

综上所述，创业的过程实际就是不断挑战风险的过程，只要不断学习，勤于研究，就可以战胜风险，取得创业的成功。

实训项目二：郑州亚细亚集团不重视风险管理的教训

1989年，由中原不动产公司和河南建设银行共同组建的大型零售商场诞生不久，就掀起了一场全国商界瞩目的“郑州商城”之风。

以不遗余力的形象战和广告战闻名全国——“中原之行哪里去——亚细亚！”成为20世纪90年代初认知率极高的广告语。

从1993年到1996年，亚细亚集团以中国百货前所未有的速度在全国各地建立起了20多家连锁店。

1997年，亚细亚集团总经理王遂舟辞职，河南各地的亚细亚连锁店和全国各地的“仟村百货”连锁店以平均每四个月一家的速度倒闭。

1998年5月，亚细亚五彩购物广场宣告停业。

2000年9月，郑州市中级人民法院裁定其破产还债。

分析：

亚细亚失败的最大原因在于忽视风险管理。

原郑州亚细亚集团总经理，对以往的经营失误总结了六点教训，其中四条涉及对风险的认识和把握问题。

“对市场认识不足，对形势认识不足”。“在我们前进的过程中，不但遇到了国内商业同行的压力，而且国外零售业的大举进入也给我们造成很大的冲击，导致我们认为的较先进的经营模式一下被冲得体无完肤。”

“过于自信、乐观、想当然，其结果是骄兵必败。”

“面对零售业艰难的状况，我们应变能力差，整个经营进入死胡同，最后到了山穷水尽的地步。”

“抗风险能力差，一遇事阵脚就乱了。”

从风险管理的角度来看，该公司存在下述问题：

（1）产权关系与组织结构混乱。上市不成功，埋下了一个巨大的资金隐患，形成了产权关系混乱的局面；董事会及职责分配，或处于瘫痪，或形同虚设，总经理成了国王；人事政策，随意用人，任人唯亲。

（2）集团管理层缺乏风险概念，盲目扩张；没有设置匹配的风险管理机制，因此，抗风险能力极低。

（3）公司的政策程序未得以充分遵守及执行，随意入货，大额费用的支出和使用缺乏监督。

（4）信息收集几乎不存在，信息成为管理层的话筒。

（5）无全面彻底的审计，内部审计发现的问题不了了之，内部审计人员缺乏监督发言权。

从这个案例中，可汲取的教训可总结成以下几点：

（1）忽视风险管理，盲目学习外国的某些做法，是“亚细亚”倒闭的根本原因。

（2）应该重视经营者的品行、操守及价值观。

（3）加强董事会的职能。

（4）理清企业的产权关系及组织结构，避免资金隐患。

(5) 应该健全企业的人事政策，提高员工素质。

(6) 建立一个良好的信息与沟通系统，提高内部控制和效率。

(7) 建立健全企业的政策和程序，并监督其实施。

(8) 确保企业内部审计职责的独立性和地位，充分发挥内部审计的监督功能。

实训项目三：师生互动

师生共同讨论、总结或点评本章第一节的讨论主题。

附：

东来顺创业史

东来顺是全国有名的涮羊肉店，在各地开了不少连锁店，至今盛名不衰。其创业者却是身无分文，也并无一技之长又没有文化的三兄弟。我们这里用讲故事的办法介绍这三兄弟创业的过程，相信对大家是很有启发的。

1. 勤劳节俭起家

清朝晚期，大约是19世纪初，姓丁的回族三兄弟赤手空拳地走进了当时还叫做北平的北京城。既无一技在身，又身无分文，为了谋生糊口，他们三兄弟三条扁担到城外挑黄土到城内卖给那些用煤做煤球的人家。一天下来，连吃饱都不够，但他们硬是从牙缝里节省，存了点钱后就租了一辆小推车，用车往城内运黄土。因为用了车，赚的钱够吃了，但他们还是节省每一个铜板。有了积蓄后就开始做干净一点的活，从城外挑水进城卖。北京城那时没有自来水，大户人家有自家的水井，但一般平民百姓只好买苦力从城外运河挑进城的水生活。这比卖黄土赚钱要多一点，三兄弟赚的钱集中存起来，图谋创业。

2. 服务苦力，开始创业

靠卖黄土卖水存了一点钱后，他们也认识了一些做苦力的朋友，其中有和他们一样卖黄土卖水打临工的人，也有拉黄包车的人。他们就分出一个兄弟买了最简单的东西开了一个卖粥的担子。说是卖粥的担子其实就是一个人挑着担，一头是煮着粥的火炉和锅，一头是碗和菜。服务对象是和他们一样的苦力，他们卖的是菜粥，都是前一天晚上到菜市场捡来的大白菜边叶、老叶等下脚菜，经细心挑选后和粥一起煮。一个铜子可以喝上一大碗，还有菜，而且是咸的，很受苦力们的欢迎。卖粥比卖水赚钱快得多，也比较容易存下钱。不久，他们就改善了粥担子，一头是供苦力吃的菜粥，一头是白米粥。担子收拾得干干净净，细瓷碗擦得光可鉴人，也就有不那么穷的人买他们的粥了。

3. 笑脸迎人，建立顾客群

那年头北京还有太监，宫里规矩也不那么严，经常有小太监溜出宫来看看街景，吃点新鲜。丁家人只要碰上太监出宫，就点头哈腰公公长公公短地叫着。小太监们看到老板这么有礼而且担子洁净，白米粥晶莹洁白，碗是细瓷，白粥爽滑，小麻油拌的咸菜清脆可口，吃过后赞不绝口。小太监们要给钱，丁家人就高低不要，说是孝敬他们就只当是孝敬皇上，把小太监们逗乐了，也很乐意给他宣扬。从宫中出来的太监就有人专门要吃丁师傅的白粥。丁师傅越是不收钱，人家给的就越是多，有时连成块的银子都给了。除了巴结太监多赚了钱以外，他们也不放弃专门做给苦力吃的大碗菜粥，还是照样为苦力们服务。因为有太监们捧场，赚的钱也多了，对苦力们也格外不计较，粥也比以前更稠了，收费也更宽了，有时手头不方便的就干脆免费。很快在苦力中就传开了丁家粥担子仁义，拉黄包车的车夫们也专门给他们扬名。慢慢地，有些落魄文人、小职员也来丁家的粥担子吃粥。他们的顾客群越来越大，名声也逐渐传开了。

4. 开个小面铺，感情笼络人

存了一点钱后，丁家兄弟想老是粥担子也成不了气候，于是就下决心租了一个小小的门面，开了一个小面馆。他们白手进北京，如今有自己的铺头，也算是一步登天，大小是个老板了。面馆开张后，生意平平，可隔着几家门面有一家大面馆的生意可火暴了，原因是那家煮面条的师傅有一手绝活，面拉得细匀不说，这位师傅能在水正滚的时候，伸手进锅里捞出面条来。就冲着这一手，不少人是慕名而来。丁家兄弟看在眼里，心里好生羡慕。他们一面打理自己的面馆，小心侍候来的客人，一面心里也打开了小算盘。

丁家兄弟开的这家小面馆与众不同的是，他们不但卖面，还开着粥摊，还继续卖大碗菜粥，也卖白粥。这时他们已经不是为了赚钱，完全是为了不丢下老顾客、老朋友。穷知识分子、小职员越来越多，生意倒是过得去。而拉黄包车的穷朋友除了每天自己来吃大碗菜粥，也不断地拉来新客人。但这些黄包车夫们也很识趣，并不进店而是捧着一碗菜粥在门外自己的黄包车上吃，吃了就走，怕登门进店坏了丁老板的生意。

一年四时八节，丁老板都悄悄地送钱送礼品给那位面点师傅，还要再三强调并不是有什么想法要挖墙脚，只是表示敬意，敬重他一手绝活。两年后，这个面点师傅从大面馆辞工，自愿转到这家很不起眼的小面馆甘心情愿地卖力干活。从此，丁家面馆的销量快速上升。很快，丁老板就租下了邻近的两家门面，丁家面馆成了这条街上的大面馆。

5. 巧用计谋，虚张声势

丁老板业务快速扩张，门面扩大，每天米面油盐不是一笔小数目，资金根本周转不过来，好在那时米店、粮行都是送货上门而且月结。为了提高供货商对他们的信任，增加供货商的安全感，丁老板偷偷地叫人从城外运来几十袋用粮袋装的黄沙，成垛地堆在大堂，让人一看就知道这家店货源充足。还用黄泥弄成银元的大小，成条，用包银元的纸一封封一条条码在账房先生的桌上。任何人一看，账房桌子上银元码成堆，都认为这家店资金雄厚。就这样，米面供货商总是主动送货上门，有时哪怕月结也有困难，人家也不催，就怕得罪了这家大主顾。用这种方法，丁家解决了资金周转不足的问题。

6. 运用谋略，竞争客源

当时的北京有很多来自全国的谋生人员，因为那是清王朝灭亡前后，是北京政治最活跃的一段时间，城头变幻大王旗，你方唱罢他登场，因此到北京为各个政权服务的人很多。当时一些文人、职员时兴到餐馆吃包伙，就是固定在某家餐馆吃饭，按月结算伙食费。这样的客人是餐馆重要的客源。一般固定在哪家吃饭就很难改变。但每家餐馆都是用烧煤的大灶，每年要对这种大煤灶维修一次，一般一次十天半月不等。在煤灶维修期间，餐馆的固定客人就要临时到别家餐馆吃饭，煤灶维修完成再回到原来的餐馆。大家习以为常，谁也没有在这方面花什么心思。但丁老板看出这是个机会，所以只要听到哪家同行要维修煤灶，他就提前十来天，每天在自己餐馆的菜中多加一点油，多加一点量，经十几天增加，老顾客没有发觉伙食有什么变化，新来的客人却感觉这家店伙食油水厚，滋味好，于是总有客人转到他这里包伙。等要走的客人走了后，他再花十多天的时间把增加的料、油、量都慢慢减下来，客人并不会感觉到有什么变化。用这种方法，丁家店的客人越来越多，同街的其他餐馆包伙的客人慢慢地都转到丁家面馆来了。

7. 挖名厨师，不停发展

丁家面馆生意越来越红火，在面的基础上又加上了煎饼、烧饼等经营品种，让客人能就着面汤有吃有喝。每个人在这里都能吃饱，不用再到别家。可丁老板觉得还要增加新品种。离丁家面馆一条街有一家羊肉馆，那家有位师傅手艺特好，人家一两羊肉只切十片肉片，他能切成十多二十片，每片薄得透亮。同样的分量，他的装盘显得格外多，而且易烫易熟，味道也好。丁老板就用挖过那位能用手在开水锅里捞面的师傅一样的手法，给师傅送年节礼，交朋友。这位师傅也被感动了，从那家辞工投到了丁老板门下。从此，丁老板的面馆就加了涮羊肉一项内容。因为利润高，这项内容以后成了丁老板的主要经营内容。

8. 业务发展，打出东来顺品牌

丁家兄弟从两肩担一口进北京，用了不到二十年的时间成了北京首屈一指的大餐馆老板，而且在上海开起了连锁店。东来顺的知名度响遍大江南北。丁家兄弟进北京时是1903年，他们发家的时间是1930年前后，正是北京最乱的时候。辛亥革命接着军阀混战，你走他来，形势动荡不安。但东来顺能一路发展，基本上不受干扰。这里的原因除了竞争策略外，还有几条是应该注意的：

其一，不忘老朋友、老顾客。

无论东来顺发展得多好，他们一直保持着给穷苦力一碗菜粥，并且越来越优惠，使东来顺老板仁义的口碑非常好，几乎形成了一股势力。

其二，严格把质量关。

做任何生意，无论有多少人宣传，如果人硬货不硬，人家顶多上一回当，以后就不会再来，上过当的客人还会成为反面宣传员。他们懂得拉来客人靠口碑宣传，留住客人靠货真价实。

其三，顾客是上帝，来人是衣食父母。

在东来顺，服务生只要得罪了客人，就得立马走人。“顾客是上帝，来人是衣食父母”的观念深入人心。要是来了达官贵人，就更加精心侍候。其实无论多么兵荒马乱，军阀豪强都不敢轻易对口碑好的店铺下手，怕激起老百姓反对。

其四，和气生财。

不狗眼看人低，不以衣帽取人，来人都是客，不结怨，不结仇。一些店铺开不下去，往往并不是被有钱有势的人欺侮，而是被有怨有仇的人报复。

由于以上种种原因，东来顺在中国最为混乱的半个世纪中，一直发展，直到新中国成立后公私合营。

参考文献

1. 张涛，熊晓云．创业管理．北京：清华大学出版社，2007

2. ［美］Donald F. Kuratko，Richard M. Hodgetts. 创业学．张宗益译．北京：清华大学出版社，2006

3. 赵国忻．大学生创业指导．北京：冶金工业出版社，2008

4. 李良智，查伟晨，钟运动．创业管理学．北京：中国社会科学出版社，2007

5. 丁栋虹．创业管理．北京：清华大学出版社，2006

6. 李时椿，常建坤．创新与创业管理．南京：南京大学出版社，2006

7. 杜跃平．创业管理．西安：西安交通大学出版社，2007

8. 郁义鸿，李志能．创业学．上海：复旦大学出版社，2000

9. 牟惠康．创业指导．杭州：浙江大学出版社，2004

10. 赵伊川．创业管理．北京：中国商务出版社，2004

11. 张涛，李学渊，包昆荣．创业教育．广州：广东高等教育出版社，2002

12. 刘国新等．创业风险管理．武汉：武汉理工大学出版社，2004

13. 胡丽芳，张焕强．团队工作实务．深圳：海天出版社，2004

14. 李蔚，牛永革．创业市场营销．北京：清华大学出版社，2005